思辨性阅读怎么教

余党绪　石海红　主编

上海科学技术文献出版社
Shanghai Scientific and Technological Literature Press

图书在版编目（CIP）数据

思辨性阅读怎么教 / 余党绪，石海红主编．—上海：上海科学技术文献出版社，2023

ISBN 978-7-5439-8466-0

Ⅰ．①思…　Ⅱ．①余…②石…　Ⅲ．①阅读课—教学研究—中学　Ⅳ．①G633.332

中国国家版本馆 CIP 数据核字（2021）第 218069 号

责任编辑：朱文秋　李　峰

封面设计：姚　洁

思辨性阅读怎么教

SIBIANXING YUEDU ZENME JIAO

余党绪　石海红　主编

出版发行：上海科学技术文献出版社

地　　址：上海市长乐路 746 号

邮政编码：200040

经　　销：全国新华书店

印　　刷：常熟市人民印刷有限公司

开　　本：720mm×1000mm　1/16

印　　张：20.25

字　　数：330 000

版　　次：2023 年 6 月第 1 版　2023 年 6 月第 1 次印刷

书　　号：ISBN 978-7-5439-8466-0

定　　价：78.00 元

http://www.sstlp.com

目　录

上·理论阐释

下·案例呈现

上 · 理论阐释

对话名家：批判性思维与思辨读写

董　毓，麦克马斯特大学（McMaster University）哲学博士，先后在华中科技大学、武汉大学、英国伦敦经济学院以及加拿大麦克马斯特大学接受理工科、哲学、逻辑、科学方法论和批判性思维的教育。国际知名批判性思维教学专家，代表作为《批判性思维原理和方法：走向新的认知和实践》。

余党绪，上海师范大学附属中学语文特级教师。十多年致力于在语文读写中探索批判性思维教学，中国教师发展基金会“中学生批判性思维教学与思辨读写教学实践研究”课题组组长。有批判性思维与思辨读写教学专著《祛魅与祛蔽》。

如何理解批判性思维的质疑与反驳倾向

余党绪：经过这几年的传播与推广，批判性思维逐渐成为基础教育界的热词，最近出台的《中国学生发展核心素养》中也提到。尽管社会反响有些差异，但对理性思考、批判质疑、问题解决等素养，大家还是高度认可的。据悉，在即将推出的新的国家课程标准中，批判性思维的理念与精神也渗透在多门学科之中。回想七八年前，每每提及批判性思维，都是小心翼翼，喋喋不休，忙着为其“正名”，唯恐被人看成刺头、“愤青”或“喷子”。董老师也有一篇文章，讲到批判性思维的三个认识误区，第一个误区就是人们常把批判性思维等同于“否定”，据说在国外的批判性思维推广中也存在同样的“误区”。根据我的观察，这样的情况已有明显改观，尽管“批判”这个词还是让有些人“过敏”和不适，但至少在专业领域里，多数人都理解了批判性思维的核心在于合理的分析与论证，而不是粗暴武断的否定，更非政治与道德上的羞辱与践踏。

不过，也有另一种倾向，或许是为了减少批判性思维在推广中的误会和阻力，有人极力回避或者“淡化”“软化”批判性思维的质疑色彩与反驳倾向。当然，这里的“质疑”指的是合理的质疑；这里的“反驳”，也是针对那种不加思考的接受和不加选择的服从来讲的。换句话说，这里的“质疑”与“反驳”是中性的，是认知活动的一个环节。但无论怎样说，批判性思维确实包含有质疑和反驳的倾向，我觉得这不用忌讳和回避。作为一种倾向，“质疑”与“反驳”意味着，我们的信念必须能经受合理的质疑与追问，只有经过论证和检验的东西，才有资格成为我们的信念。

董　毓：质疑和反驳是批判性思维的重要构成，但需要和其他部分一起运作。质疑不是先行的判断，反驳也不是片面的否定。批判性思维的质疑与反驳是在公正性、开放性和全面性的原则之内运行，从而成为认识和发展的一个有力工具。

从现代批判性思维研究的鼻祖约翰·杜威开始，批判性思维就是对我们的观念或假说作合理考察。杜威强调，没有对科学假说进行主动、持续和细致的理性反思，我们就不能表示接受或者反对它，而是要延迟判断。“延迟判断”就是一种谨慎状态，既非肯定也非否定，而是“先不慌作决定”，重心是合理的理由和论证。杜威的观点，一直延续到现在，是批判性思维的前提性原则。

当然，学者们对这个问题的见解的侧重有所不同。我在《当代批判性思维理论的理性观——一个批判理性主义的视角》①一文中讨论过，荷兰阿姆斯特丹的语用论辩学者，特别以波普尔的批判理性主义和批判性讨论观念为旗帜。

① 董毓，《当代批判性思维理论的理性观——一个批判理性主义的视角》，《华中科技大学学报（社会科学版）》，2014 年第 4 期。

批判理性主义认为，知识的增长才是理性的根本追求；要得到更好的知识，就要想办法去反驳现有的知识，提出它的对立面，去否证它。所以，对立面的批判，是理性的最佳表现。一个理论如果有正面的证据，那只能由对它的否证的失败而构成。您知道，我的学术生涯是从学习科学哲学开始的，有幸在波普尔学派的发源地伦敦经济学院学习波普尔的思想和亲聆他的指教，对他的“猜测与反驳”科学方法论有格外的亲近感和认同。不过，这种否定正面证据的存在和价值的观点，有极端和不合实际的地方，所以没有得到学界的普遍接受。但对必须包括反驳的批判性讨论的价值，批判性思维学者都是肯定的。波普尔自己的意思也是为了知识的增长：即使是占星术之类迷信的东西，都可以找到正面证据，这不能说明多少问题；因此，如果只是去找正面理由，我们得不到更好的知识；如果去反驳，一旦成功，我们会发现错误，得到新知识的生长点，即使不成功，那我们找到了有价值的正面理由，从而可以在目前条件下接受它。

余党绪：波普尔的这个观点倒让我想到了我的一次作文训练，我在好几篇文章中都曾提及这个案例，它给我的印象太深了。这是十多年前的事情。遗憾的是，最近我在高一年级又重复了一次，情况似乎并没有什么改变。作文题目是“细节决定成败”，这句话常作为警句张贴在考场或车间，提醒考生或员工注重细节。作为一句警语，这话有其价值；但作为一个独立的判断，它显然是不成立的，或者说它的成立是需要条件的。决定成功的因素很多，注重细节只是其中之一。当大局、大方向、大节尚未决定的时候，注重细节的意义其实不大，至少不能决定成败。但是，我们的学生普遍缺乏质疑与反驳的习惯，相反，在长期的写作训练中，习惯了“代圣人立言”，结论是别人给定的，写作的任务，就是为结论寻找证据和理由，成了“无条件辩护”。学生普遍缺乏质疑论题的习惯，也缺乏这个勇气。所以这十多年我多次组织学生讨论这个论题，结果，一茬又一茬的学生都不假思索，去搜寻成功者们注重细节的正面事例。就像波普尔说的，占星术都能找到正面证据，我曾对学生说，再离谱的观点几乎都能在世界上找到对应的事例，事例并不见得有论证力。有了质疑这个环节，思维的面貌就不同了。在教学中，我只需追加一句“细节真能决定成败吗”，机敏的学生就能发现其中的破绽。

董　毓：自然，大多数批判性思维学者强调正反两方面证据都要。比如当代批判性思维研究的著名权威恩尼斯，他当然知道反驳对认识发展的重要性，但他和许多学者都想消减“批判”一词带给批判性思维的“包袱”。我们在私下讨论这个“包袱”的时候，恩尼斯说他一度准备用“理性思维”（rational thinking）一词来代替批判性思维。他说，批判性思维不能用“反对”来定义，它要超越怀疑论。正如范西昂1990年发布的“世界批判性思维专家的共识报告”中指出的，世界专家的主流观点是，批判性思维要强调对自己信念的理性考察和自我纠正，强调有理由才相信、才行动的这个主轴含义。这就是说，每个被自己接受的观念都要有好的理由，即通过探究而得到的全面、可靠的理由。

因此，批判性思维的要点，就是“理性的考察之后再决定”，“理性的考察”才是开锁的钥匙。它的内容，或者我们说的“探究和实证”“好论证”，才是批判性思维的心脏地带。

这样理解了“理性的考察”的含义，那么对批判性思维者来说，探究的出发点是什么其实并不重要，重要的是探究过程的公正、开放和全面性。不管探究是出于找错，还是要找正面证据增强信心，只要牢记批判性思维规定的“全面多样”“公正开放”“寻求替代观念”的要求，那么不管最初意图是什么，最终你会把正反两面的观念都包括进来，你不仅考察自己的对立面，而且还是抱着公正的态度考察。而且，如果没有不同观念，批判性思维者还不忘去寻找甚至构造替代观念和论证。恩尼斯说，在教学中，倘若一定要他去只挑出一个批判性思维的素质来予以强调的话，他会挑“要时刻注意替代观念”（being alert for alternatives）。[①]它在实际中是最关键的。因此可以看到，对反驳的要求，在恩尼斯那里是对不同观点的要求，是对公正性、开放性和全面性要求，这些构成了他的“合理性”（reasonableness）概念的核心内容，并显得自洽完整。

我在《批判性思维三大误解辨析》[②]一文中强调，定义批判性思维，要看它有没有一个理性反思的过程，而不是看它的结论是肯定的还是否定的。否定的结论既不是代表有无批判性思维的充分条件，也不是它的必要条件。在这

---

① R.Ennis, Critical Thinking: A Streamlined Conception, in M.Davies & R.Barnett (Eds.) The Palgrave Handbook of Critical Thinking in Higher Education, New York: Palgrave Macmillan, 2015, p.36.

② 董毓，《批判性思维三大误解辨析》，《高等教育研究》，2012年第11期。

里还可以加上，批判性思维不在于它的出发点是肯定还是否定，而在于过程中是否有公正、全面的思考。因为有全面性的要求，就自然包括了正面和反面的交锋。

批判性思维过程要公正、开放和全面性

余党绪：不论动机，不看结果，关键看有没有一个理性反思的过程。理性反思离不开质疑与反驳，当然这可能让人不快，却是获取真相、走向真理的必经之路。能够坦然地面对质疑与反驳，恰恰是成熟与理性的表现。只要我们承认个人的无知、局限以及我们面临的各种遮蔽与魅惑，特别是董老师反复提及的自我中心，我们就应该承认，质疑与反驳能促进我们走向理性与公正。同时，面对权威、教条、本位思想、偏见、思维惯性，怀疑与反驳需要的恰恰是一种理性的勇气。

人的认知是有局限的，这并不是否定人类理性的可靠性。相反，认识到自己在思维与实践上的局限性，本身就是人类理性的保证。我们正是在不断的证实与证伪中，在持续的推断和确认中，在反复的验证与归谬中，确认了关于这个世界的许多事实与知识，找到了可靠的认知工具如形式逻辑，确立了基本的公共价值。

理查德·保罗在《批判性思维——思维、写作、沟通、应变、解决问题的根本技巧》中的一段话深深地打动了我："我不会认同任何信念的内容，我只认同自己形成信念的过程。我是一个批判性思考者，我愿意检验我的信念，并且愿意放弃那些不能被证据和理性思考支持的信念。我会时刻跟随证据和推理的脚步。"

保罗的这段话强调了怀疑、求证、选择和诉诸理性这样一些思维品质。需要补充的是，同样是这个保罗，他声明要"做批判性思维者，而非怀疑论者"。

董　毓：完全同意对理性采取理性的态度。理性运用的范围是有限度的，不能

用理性态度代替情感和美感占主导的地方。而且，理性的运用也要得当。它不能保证一定得到更好的认识或者决策，理性本身是可错的，它要依靠自我纠错来发展。但是在另一方面，在应该运用理性的地方——比如求真、求知和做出符合实际的决策——理性的运用是最有效的。

批判性思维是态度和方法的集合体，不能偏废。对人类理性的信任是一个合理运用方法的前提。波普尔认为，对理性、理由的相信，是批判理性思考的前提，如果没有这个信念，人就不可能被理由说服，一切论证对他都是徒劳的。

余党绪：在批判性思维的讨论中，还有一些人强调多元并存，而回避“合理性”的问题。人们对世界的看法是多元的，这是客观事实；但看法与看法之间，也存在着是与非、好与坏、合理与不合理的差别。回避多元之间的合理性辨析，可能陷入“多元的陷阱”，结果是泯灭是非、好坏的界线。在具体的问题上，人们的认知与判断还是存在着对错与否、合理与否的差别。有一个关于多元解读的理念，叫作“一千个观众就有一千个哈姆雷特”。这句话非常流行，夸张点说，已经到了泛滥成灾的地步。这句话的本意，是张扬读者在文本解读中的主体参与与创造性，但过分强调解读的主观性与多样性，而忽略了作品潜在决定性和限定性，这就是“多元的陷阱”。每一种解读或许都是有原因的、有理由的、有创见的，但并不见得都是合理的。现在的语文测试（包括高考），有一类所谓的“开放题型”。命题者往往提供好几个答案，并且声明“考生自圆其说即可”。命制这种题目是要加倍谨慎的。诚如董老师所说，除了“情感和美感占主导的地方”，还有多少事情是可以“自圆其说即可”的？即使是“自圆其说即可”，“说”得怎样，“圆”得如何，也还是存在高低优劣之分的。

董　毓：“一千个观众就有一千个哈姆雷特”这个说法，突出了因为阅读者的个人因素而影响阅读理解的现象。就阅读结果是文本内容和阅读者的共同结果，同一文本会产生的不同理解而言，这一点不能否认，可以理解。但是，这一点不能表明每个人的阅读都是一样“对”，不管怎么理解都无法做出合理性判断。这本来是显然的：对事实的判断有真假，对事物的观念有是非，不同的理解不是真值等价的。根据对原来的语境和作者的意图的整体理解，我们可以对个人的阅读结果做出合理与否的判断。如果有人把《金瓶梅》的潘金莲歌颂成寻求个性自由解放的女权主义者，他有言论自由，但这显然不等于《金瓶梅》文本的原意。

余党绪：在董老师的文章中，我看到您将“求真、公正和反思”称为批判性思维的轴心理念。那么，在今天这样一个开放、创新的时代，这些品质有什么特殊的意义？

董　毓：我在2010年出版的《批判性思维原理和方法》教材中把这三项列为批判性思维的主轴精神。后来我认识到，原来列为习性或者品德的“开放性”，虽然可从公正性的概念中推演出来（因为要公正就必须平等对待、包括不同的观念），但还是应该单列出加以强调，这样会更有提示意义。所以我们说，完整体现批判精神的，是“求真、公正、反思和开放”四大原则，在这些精神下面，又有具体的素质。在思考基础教育时，我在《角逐批判性思维》[①]文章中提出，应注重培育这样的素质，或者叫习性（理智美德）和明辨、发展能力：

1. 谨慎和谦虚的态度，愿意学习、思考的品质以及文明讨论的习惯。
2. 讲道理、下判断要有理由，有全面收集信息的习惯。
3. 意识到现实问题是复杂的，并有分解、分辨主次和关系的初步能力。
4. 懂得要清晰、具体和有条理地思考和表达。
5. 有判断信息的可靠性的初步能力。
6. 知道要考察信息是否足够支持自己和他人的立场、观点。
7. 试图辨别自己和他人观点背后的假设、立场和视角。
8. 注意寻求和对比不同观点，比较它们的根据和优缺点。

余党绪：这8条很具体，对于教学具有很强的针对性和可操作性，董老师一直致力于推动基础教育中的批判性思维教育，显然也是看到了它对于培养求真、开放、公正和反思精神的意义。

作为一个教师，我可能更看重在具体的读写教学和思维训练中，通过一个

① 董毓，《角逐批判性思维》，《人民教育》，2015年第15期。

一个的问题讨论、一个一个的训练项目，来培养学生的这些品质。求真、公正、开放与反思，不仅是当代社会推崇的美德，在传统文化中也有深厚的传统。悲哀的是，能够真心奉行的人毕竟有限，相反，多数时候沦为了道德口号或旗帜。即使做批判性思维的专家，也未必能够将其批判性思维的精神转化为自己的人格。因此，我在日常教学中，很少提及这些词汇；我更看重在具体的读写教学中，通过改善学生的思维方式，让学生不断接近那些美德。

美德其实与知识、思维方式密切相关。我们在日常生活中所表现出的某些德行上的瑕疵或行为上的谬误，并不见得都是良心或品德出了问题，完全可能是学识、眼光或思维方式出了问题。换句话说，因为愚蠢和无知，才导致荒唐和缺德，排除那些动机邪恶的，更多的恐怕还是“好心办坏事”。人是容易被蒙蔽和自我蒙蔽的，洞察力、判断力与选择力的欠缺所带来的恶果触目惊心。

我理解批判性思维的教育价值，正在于它试图，我说的是试图，将求真、公正和反思这些美德转化成一种可以显性化的思维方式，训练成一种可以解释与评估的思维习性，使之成为人的基本素养。这样，就可以在最低限度上，保证我们少说错话、少做错事，让我们说话做事有根据、有逻辑、更合理。

弱在深度分析、合理论证和建构发展的能力上

余党绪： 董老师，您在文章中说到，批判性思维的核心能力，主要表现在合理论证和发展完善两方面。我探索“思辨读写”这么多年，切身感受到我自己和我的学生，在合理论证和建构发展的能力上确实有明显的缺陷。不过，我同时还觉得，深度分析的能力也是学生所欠缺的，而且在我看来，这个可能是致命的，因为深度分析是批判性思维的基础。像 2016 年的高考上海卷作文，题目说，在网络时代，“评价他人生活变得越来越常见，这些评价对个人和社会的影响也越来越大”，要求考生对此发表看法。这个题目得到众口一词的好评，但据说学生的写作状况并不理想。我感到，大概是深度分析能力的欠缺，让学生无从下手。其实，仔细分析分析，便可发现很多切入的角度。比如，谁评

价，评价谁，评价谁的什么，怎样评价，在什么场合评价，以什么方式评价，以什么标准评价，评价带来了什么，评价的风险是什么，评价的法律与道德底线在哪里，等等，每一个角度都可写一篇不错的文章。

我一直觉得，学生分析能力的欠缺，与我们的阅读教学有关。在我看来，文本解读是训练分析能力的极佳场所。董老师，您能否根据批判性阅读的原理和方法，谈谈您对目前阅读教学的看法？

董　毓：根据我很久以前的基础教育的经验和现在有限的接触，我们的阅读教学包括了三阶段：先通读，了解文章的文体、背景、主题、目的、中心等；然后依次深入地细读文章局部，了解各段落、语句和词语的意思、关系和作用；最后把局部联系起来，再做出整体理解，这是个“整体—局部—整体”的阅读策略。如果我对此理解不错，看起来，这和我们提倡的批判性思维阅读过程类似。

但是，这个类似的相似性在表面层次上大于具体的和实质的内容。至少在实际阅读教学中，它和批判性阅读差别还是比较大。批判性阅读把阅读当作阅读者对外在世界的感受、理解、认知的过程，而且还是一个阅读者主动发展自己的认知、情感甚至人格的过程。比如说，批判性阅读强调，对论述性文本的阅读，在通读阶段先要寻找论题和论点（作者对议题的立场和结论），并将它置于语境和发展过程之中。对虚构性文学文本，批判性思维阅读也要找出文本的主题和作者的主要情感、思想。然后，进入细读阶段，批判性思维阅读要寻找、辨别、追踪文本给出的对主题论点的根据，或者产生作者的目的、情感、思想的深层原因。阅读者以这样的目的去细读文章的局部，去发现各个段落和词句对主旨的关系和作用，而不是一般性地、格式化地提取段落大意，或者无目的、烦琐地追究语词的意义（我自己在中学阶段的语文课中经常碰到这样的情况）。

而且，批判性思维阅读的分析所使用的工具，是扩大意义上的论证分析，包括逻辑的，更包括情景、历史、论辩和认识的分析。这就和传统的“整体感悟”阅读法有差别。

所谓分析，就是对问题、事物和原因的构成性和过程性要素、关系进行分解和全面理解。“分析”这个词谁都会写，但我们一定要强调它的细致、具体和全面的属性，我们有用“高屋建瓴”“整体概括”来代替沉入水下的探究的风气，明明是大话空话，人们也叫它“分析”。这是一个很多人还没有意识到的痼疾。批判性思维的分析也包括对不同观念的公正和细致的衡量、比较。批判性思维的判断，是具体、细致和全面的，就像对两个最好的车进行对比的报告一样，从发动机到座椅的调整方式，从驾驶室的视野到越野性能，从车内的噪声到车头灯的配置，一项项地来谈优缺点，而不是“这辆车比那辆车好”这样的一句话。

余党绪：董老师关于“分析”的分析，很有启发意义。深度分析须建立在文本细读的基础上，但我们的阅读教学形成了一套大而化之、笼而统之的解读模式，不仅没有深度分析，似乎还很“忌讳”深度分析，一分析就被人诟病，说你“肢解作品”。而现行的分析模式也存在诸多问题。比如小说，我们的分析重在人物形象，而人物分析重在言行的分析；通过人物的言行分析，归纳出人物的性格与品质；通过性格与品质的分析，给人物一个社会评价。于是，流行的小说分析路径就可简化为下列程式：

人物言行 ⟶ 性格与品质 ⟶ 社会评价

不难发现，这样的分析模式并不合理。俗话说“言为心声”，但要根据人物的言行来分析他的心理活动与性格特点，其间有多少误差？言行与性格之间，也绝非简单的直线关系。至于言行与品德之间，更是隔了很多层。鲁智深鲁莽焦躁但他是义勇侠客；贝尔曼粗鲁邋遢，却用生命画了“最后一片常春藤叶”（欧·亨利《最后一片常春藤叶》）。品质与言行的复杂关系可见一斑。还有性格与命运之间，也不是机械的一一对应。所谓“性格决定命运”，这是多么偏颇与苍白的说辞！

上海现行高一语文教材《促织》有这样的练习设计，摘录如下：

> 主人公成名的性格是在与众多人物的对比中逐渐鲜明丰满起来的，举出几处对比描写，分析成名的性格特征。

在《促织》的阅读中，引导学生关注成名的性格有意义吗？首先，这篇小说并不着意于人物性格的塑造，也根本谈不上什么“鲜明丰满”。其次，文中提及人物性格的，仅有“迂讷”二字，但小说情节发展与这个性格并无必然关系。再次，成名的命运取决于“促织”，而不取决于他的性格，这恰恰是小说的旨意之所在，其批判的力量也正在于此。让学生关注人物的性格，是不是暗示成名的悲剧是由其性格造成的？我在教学中，就发现有个别学生说成名倒霉是活该，原因是他太“迂讷”。学生理解上的偏差是一个原因，这个题目的暗示是不是也有责任？

也许，这样的练习设计的背后，就有“性格决定命运”的观念在起作用吧？

白居易说“周公恐惧流言日，王莽谦恭未篡时。向使当初身便死，一生真伪复谁知”，人的性格、品质、命运及其社会评价，最需要的就是深入的理解与全面细致的分析，但恰恰在这里，我们习惯了平面化、单极化、表面化的处理。这其实是既没有读懂作品，又没读懂自己，也没读懂人性，仅仅凭借自以为是、司空见惯的一些“信念”，就给人物做公式化、符号化的定性，这既肤浅，也很恶劣。

批判性阅读的两个阶段：一要理解，二要发展

董　毓：我的教材中介绍过，批判性阅读要经过两个阶段：一要理解，二要发展。在理解阶段，要努力理解作者的原意，特别是他这样下结论的原因和论证，要把他的理由和解释分析出来。读懂作品的原意，这是基础。然后是发展阶段，这时需要阅读者做出分析后的评估，不能停留在只是理解和接受文本中的思想的状态；即使是经典，也不能只是停留在膜拜、赞叹、欣赏、模仿它的地方。这个评估是思考向更深入和更广阔的地方发展，要找寻不同和不足的地方，要想象，要和自己的生活和其他的知识联系起来判断。这个评估，是批判性思维阅读的规定动作，而在我感觉的“整体感悟”阅读法中（理论上是否提倡我不知道，至少在实践中）这一点显得不足。

余党绪：深度分析的欠缺，妨碍我们对阅读理解的判断与评估。孙绍振先生说，我们的作品解读，深受机械唯物主义与形而上学的伤害，这话并不夸张。而我们的测试，似乎也在推波助澜，助长这种风气。比如高考“史传文”的阅读考察。往往摘选一个人物传记的片段，最多也就四五百字吧，让学生通过人物的言论或行为，总结人物的性格与品质，再给这个人物做社会评价。这是危险的。专家们在命制题目时，可以参考各种资料，做各种考证与分析，然后才敢给传主一个合适的评价。但应试的时候，这个过程被学生略去了。因为题目不可能提供全面的信息，考生对人物的环境、处境和其他因素都缺乏了解，他所做的判断，只能是简单而直接的。古代人物传记（尤其是官员）的撰写，须以朝廷的“定性”为准，传记中的言行事迹基本上就是对这个“定性”的解释和辩护。荒唐的是，一旦翻案，同样的言行可以做完全不同的解释。以前按照“定性”来解释传主的言行事迹，自然是荒唐的；现在根据传主的只言片语，就给人物“定性”，难道不荒唐吗？这培养的不就是一种简单而粗暴的人物分析方法吗？

董　毓：批判性阅读的这个评估要求，反映的是批判性阅读的一个根本观念，就是把阅读当作人的主动学习和主动发展自己的认知、情感、人格的过程。这个观念，决定了阅读者要把自己摆进去，要以自我为主体进行评估和发展，这是批判性思维阅读必不可少的环节。这在西方教学中，即使是小学阶段的阅读课中，也有体现。我们从各种报道中可以看到①，即使是小学生读故事，从一开始通读时，教师一方面会用问题引导孩子们注意故事和图画的作者、标题、目录提示的内容、图画表达的含义等；另一方面马上会用这样的问题来提请孩子们去猜测、去想：

- 你觉得作者为什么会选这样的标题？
- 你猜测这个故事是关于什么的？

---

① Critical Thinking Questions for Fiction Texts，https：//21stcenturycompetencies.wikispaces.com/file/view/CriticalThinkingQuestionsforFictionTexts.pdf.

- 从图画来看，你觉得故事是真实性的吗？

然后，在细致阅读中，教师一方面要用问题让孩子们注意、理解故事的背景和场景及其变化和作用，主要角色，角色的特点，角色之间的异同，作者的主要思想是从故事的哪些部分来的，故事的主要冲突、问题及其原因和解决，各段落的意思，文中的图画的作用，不理解的词句等等；另一方面还会用这样的问题引导孩子们进行理解、推理和想象：

- 你最喜欢和最不喜欢的角色有谁？为什么？
- 哪个角色最像你，如何像？
- 你从这一段中可以推断出什么？
- 如果某一场景变化，那么这个故事会有不同吗？如何不同？
- 这个场景对故事的发展重要吗，如何重要？
- 找到一个你不熟悉的词，试试用它的上下文来猜测它的含义。

在阅读后，教师还要问这样的反思性问题，来继续促使孩子们发展有关的理解性、推理性、评估性和想象性思考：

- 故事的问题是如何解决的？
- 故事的类型是什么，你怎样判断的？
- 作者到底想说的是什么？
- 你预测故事结束后会发生什么？
- 如果你自己是故事中的主要角色，你的行为会和他一样还是不一样？
- 故事中哪一部分最出色？
- 你不喜欢哪个角色？为什么？
- 你喜欢这个故事吗？为什么？
- 它和你自己的生活有什么联系吗？
- 它和你自己读的其他的书有什么联系吗？
- 你从这个故事中学到什么？
- 你会把这个故事推荐给别的孩子读吗？

- 你能提出一个问题让你的朋友回答吗？

您看，这样的问题活生生地体现批判性阅读原则。它们将人的主体性、全面性教育的目的具体化，潜移默化地培育学生开放思维，让他们学会把自己摆进来思考、发展和超越，从而获得实证探究的品德和技能，成为全面发展的人。

所以，这样对文本的批判性阅读，能有效实行以自主认知、全面发展为目标的教育，这就是为什么西方在教育中大力提倡批判性思维。

余党绪：批判性阅读，在特定角度看，就是读者与作品的对话，在对话中达成理解、反思与结论。要建立真正的对话关系，须有两个要素，一是清晰的理解，二是合理的评价。我想这就是董老师说的“理解与发展”吧？先要理解文本自身的逻辑，靠的是文本细读与综合分析的能力；然后用自己的逻辑去判断文本的逻辑，寻找共鸣，或者发现破绽，靠的则是质疑、分析、判断与评价的功夫。理解与评价的意义是不一样的。要理解文本，就要尽可能地贴近文本，走进文本，要换位思考，移情体验；而要评价文本，则要保持与文本必要的距离，保持审视的姿态。理清作品的因果逻辑，并不等于我们认可这个逻辑，清晰的理解是为了更准确的评价。①

自觉、明确和合乎规律地开展批判性思维教学

余党绪：《纽约时报》曾经报道了斯坦福大学关于批判性思维的一个研究结论，与国外学生相比，中国高中生的批判性思维并不差，甚至要好，但到了大学，批判性思维普遍停滞发展了，最终被国外大学生赶超。根据您的经验，您认同

---

① 余党绪，《思辨性阅读：在文本事实、因果逻辑和人性情理的纠葛中突围》，《语文学习》，2016 年第 9 期。

这个观点吗？

董　毓：这是一个热门话题，我在别的地方也评论了这个报道。我的看法是，它和我们通过长期而广泛的观察与调查所形成的结论是截然对立的。一般地说，中国理工学生大学入学时的学科知识比西方学生好，这不是新闻。但说他们的批判性思维能力也比西方高两三年，报道中也说是“意外”和“令人惊奇的”。这也说明这个调查需要面对所有与之对立的研究和报道，说明这个调查必须具有严密的科学性。虽然在仔细了解它的测量和评估方法之前，我不能下定论，但是，根据现有的有限信息来解读，有不少具体疑问。

报道说这个项目测试了中国 11 所大学的 2700 名计算机专业的学生，这样的选样调查本身有偏颇的嫌疑，作为证据，其品质有疑问；而且和它要做出关于中国学生的批判性思维能力的结论不配，是很不充足的推理。其次，测试的思维技能主要是“识别假设、测验假说和找出变量之间的关系”。按我们目前的批判性思维定义，前面这两项技能是批判性思维技能，但第三项不是。这些与理工类学科知识的关系密切，对中国理工学生有利。但是批判性思维远不止这些技能，比如与论证、判断和发展相关的大量技能都没有提及。一个人在某几项技能上表现不错，不代表他的批判性思维能力就一定强。所以，如果测量的就是这些项目，那么是极为不够，甚至是奇怪的。如果是这样，这个测量和推断，都缺乏批判性思维行内人士公认的专业性，其本身的推理论证也是低于批判性思维标准的。

另一个问题是，斯坦福的研究是如何测量那几项技能的，采用什么样的题目来测量的，又是如何判断的，等等，这些都是批判性思维测量中的大问题。这些内容语焉不详，有的概念相当的宽泛和模糊，所以难以判断这个调查确实是在准确测试它所说的那些能力。

多年来，关于中国留学生批判性思维能力与问题解决能力欠缺的报道已经很多。大家都知道的包括 2015 年中国留学生在悉尼大学的批判性思维课程上大比例挂科；2016 年美国教授评价中国留学生“几乎不知道怎样去分析，很难完成分析思考和写作的基本要求”。这些报道不仅与我们对海内外中国学生的观感和研究一致，其实稍稍一想就可推断出来。在中国几万所中学中，不仅开批判性思维课程屈指可数，而且像你们一样推行用批判性思维方法来阅读、写作、思考的学校也极少。中国中学生们大量时间花在准备高考中，那么斯坦福研究的中国中学生的超群绝世的批判性思维能力是哪里来的？

余党绪：但斯坦福的这个判断显然让很多人欣喜。以前我们一直耿耿于怀的，似乎一下子就可释怀了。国内一些媒体在转载时，也不假思索地采用了“中国学生的批判思维领先美国三年”“中国学生的批判性思维能力在全球名列前茅”这样的标题，很有蛊惑力。显然，我们的媒体也需要普及一下批判性思维的训练。新课标提出要培养学生的“媒介素养”，我觉得媒体自身也需要提升一下“媒介素养”。

其实，只要走进教室听听课，研究一些课例，就不难发现，思维训练特别是批判性思维的缺乏，是一个显而易见的问题。

董　毓：是这样。我一贯认为，最迫切的，还是精神的缺乏。人说态度决定一切，如果有讲理的态度，即使讲得不好，也有提高的希望。但我们的学生从小就缺乏理性态度和分析、推理、判断能力的培育。这些早就不是新闻。另一个大家都知道的消息，是 2011 和 2012 年杜克大学关于中国 SAT 的年度报告，它的调查是比较科学的。它的结论也直接断言中国学生缺乏批判性思维，指出其中最大问题表现在“比较和评价论点”这类题型中，因为这类题目需要学生剥离表象去探求文章的“前提假设”；同时，对比不同作者的观点也成为中国学生“最大的软肋”。这两方面反映的是深度分析和开放思维能力的欠缺。这也部分解释了我们创新能力低下的原因。而这些正是需要基础教育来帮助培育的。所以，虽然我们一直在推动大学进行批判性思维“补课”，基础教育中更应该这样。

余党绪：基础教育越来越意识到培养批判性思维的重要性。当然，推广中也面临各种问题，但主要的问题还是来自实践者自身。在语文教育中有两种声音值得关注。一种是“二元对立”的看法，他们担心强调批判性思维的训练，会妨碍学生的情感、想象力和悟性的发育，这个董老师在多篇文章中都谈过，我本人也写过一些文章探讨过。

另一个声音恐怕也不可小觑，那就是鼓吹说，批判性思维我们早就有了。

于是列举一大堆孔孟老庄关于质疑、理性、审慎的名言名句，或者找出先秦名家墨子等的名实之辩形名之辩，来佐证自己的结论。还有一些判断也过于简单，比如说批判性思维起源于东方整体混一的思维。这多少有点阿Q精神。在我看来，各民族的思维方式中，都包含了批判性思维的因子，像质疑，哪个民族没有？但将其发展成一套以分析论证为核心的思维技能，还是苏格拉底、杜威这一脉。承认这一点，我们才能谦逊地学习。

其实，从教育实践看，我们积累了大量的思维训练经验，而且有些经验切合了批判性思维的内涵与规律。我在研究一些名师大家如钱梦龙、陈钟梁等先生的课例时，发现他们的课例中有大量值得我们研究和总结的东西。推动批判性思维的教学，不妨从他们的经验中发现有价值的养分。

但不管怎么样说，以往的批判性思维教学尚处在不自觉、不明确的状态。如果我们认识到了批判性思维的价值，我们就应该自觉地、明确地、合乎思维规律地开展批判性思维教学，而不是躲躲闪闪、朦朦胧胧、似是而非地去做。

董　毓：是的，我提过，中小学的语文阅读和写作课，可以是批判性思维教育改革的入口：将它改造成包括培育探究和论证能力的课程。它应该训练学生根据问题来阅读和研究、追究理由、收集信息、鉴别真假、判断他人的观点、尝试提出自己的观点、并以论证文的方式有条理地把思想表达出来，使之清楚和有说服力。

中小学里进行批判性思维教育也需要遵循合适的、与实际相联系的原则。在教学中，要以培育实证和研究的精神为首，切实培养学生追求理性、倾听不同意见的习惯。做法上要从教学内容、方法和支持体系等多方面入手。

在教学内容方面，应该在课本和学习内容中，加入鼓励学生分析、推理和判断的信息，范围不要追求广度，而是深入训练学生的实证和研究为本的学习能力。

在教学方法上，要运用提问、互动和启发理性思考的教学法。教师不管教什么课程，要鼓励学生提出问题，知道说话要有理由，要考虑别人意见，不要为表面和片面的报道所困。这就是培养学生理性和多样性的思维能力。相应地，教学中融入高阶思维能力的培养，又会推进对该学科的学习理解和学科能力的发展，二者是相辅相成的。当然，最难最关键的环节还是需要改革考试类型，加强研究型写作，融入深度分析的要素。

推进批判性思维教育是系统性行动：在基础教育阶段推行批判性思维教育，绝非易事。因为它不是一所学校的课程加减的问题，它涉及考试、评价、课程标准等各个环节；它也不是单纯的教育问题，而是涉及文化、社会和精神的变革，是全面、深刻、系统的改造。可见，要让我们的学生有知识创造力、有理性、有问题求解的能力，我们的教育改革要向正确的方向走，而且有很长的路要走。

余党绪：批判性思维带来的，不仅仅是形式上的变革；它带来的，还应该包括教学思想的深层次的冲击与洗礼。这注定是一个漫长的过程。

十多年的实践，我越来越感到，不存在一个所谓的批判性思维的教学模式或课堂模式，思维教学渗透在教学的各种内容与各个环节中。有人质问，你拿个批判性思维的课型我看看？这显然是不切实际的要求。不能指望批判性思维带来暴风骤雨般的“疗效”，或者立竿见影的效用。那样的想法是有害的。我们的教育折腾得还不够吗？春风化雨，润物无声，这样才长久，才有力。

思辨性阅读

——走向真知的必由之路

余党绪

一、回到文本

2017 版语文新课标提出了“思辨性阅读与表达”学习任务群，那么，什么是思辨性阅读呢？

思辨性阅读是一种阅读方式。阅读的目的与诉求不同，方式与结果自然也不一样。有的阅读是为了消遣取乐，或者满足个人趣味，这样的阅读强调个体的兴会和悦纳，自由度大，个体差异也大，人们津津乐道的“一千个观众就要一千个哈姆雷特”，主要就是针对这种阅读讲的。

思辨性阅读则不同。它的目的是为了获取真知，或者为了解决问题，个人的好恶与体验都要退居其次，而阅读的准确性、明晰性与合理性，就成了判断阅读效果的首要标准。结论的对错，效果的好坏，效率的高低，都有一个客观的、公共的判断标准。这样的阅读，要求读者的思维处在“思辨”的理性状态，自觉地进行分析与论证、权衡与判断。思辨性阅读，正是批判性思维的用武之地。而批判性思维，则被专家们称为“21 世纪技能的核心”。① 因此，我们也可将思辨性阅读称为批判性阅读。

---

① 彭正梅、邓莉，《迈向教育改革的核心：培养作为 21 世纪技能核心的批判性思维技能》，《教育发展研究》，2017 年第 24 期。

思辨性阅读，就是基于文本的理性的反思。

中国人喜欢混沌思维，阅读也是如此。我们喜欢笼而统之地谈阅读，将个体感受与客观认知混为一谈，将“我认为”当作“它原本”，带来了很多模棱两可与暧昧不清的纠葛。即便是高考阅读命题，偶尔也会出现此类莫名其妙的题目，给评价和评分带来了诸多麻烦。大家知道，个体感受与趣味很难用分数来区分，如果还要精确到 0.5 这样的数字，那就更荒唐了。

当然，思辨性阅读并不排斥个体的感受与个人的趣味，因此，它并不在一般意义上排斥阅读的个体差异与主观创造；但在承认“一千个哈姆雷特”的合理性的同时，更强调追求“最哈姆雷特”① 的理解。也就是说，追求最合乎《哈姆雷特》这个“文本”的理解。《哈姆雷特》是莎士比亚的作品，而“哈姆雷特”正是这个客观存在的、独一无二的文本所承载的。

文本是思辨性阅读的根基。美国著名文艺理论家 M.H. 艾布拉姆斯提出了阐释作品的两种路径，一是直面文本，一切关于文本的断言与结论，文本是唯一的依据；另一种呢，则是通过文本与其他因素的“关系”来解释作品，比如作家。② 作家是作品的生产者，用钱锺书式的幽默来表达，研究母鸡也能认识鸡蛋。但事实上，母鸡不是鸡蛋。种种原因，譬如环境的压力，或者自我秉性的影响，或者风格的追求，都会让作家原本的创作动机在作品中发生“变形”，因此，研究作家也并不必一定能达成关于作品的真知。

在思辨性阅读中，人们倾向于用“文本”替代“作品”这个词，这并不是故弄玄虚，故作高深。这里其实大有深意，作品是相对于作家讲的，作品是作家的子女，我的作品我做主；而文本则是相对于读者讲的，当作者将“作品”交给了公众，它就成了一个独立的公共文化产品，作家再不能指手画脚，更不能垄断对它的解释，而读者呢，也未必要对作家俯首帖耳，言听计从。每年高考之后，总会有个别作家，一面为自己的作品进入高考沾沾自喜，一面又按捺不住内心的轻狂，指责命题人误解了作者的本意，他们的逻辑往往是，连我都没想到的问题，你是怎么读出来的？当然是你错了。他们显然不明白“文本大于作者”的意思，他越位了，当然也就将自己的浅薄暴露在了公众

---

① 赖瑞云，《多元解读与文本中心》，《语文学习》，2015 年第 10 期。

② M. H. 艾布拉姆斯，《镜与灯：浪漫主义文论与批评传统》，北京：北京大学出版社，1989 年，第 5 页。

面前。

再如人们熟知的“知人论世”，通过分析作家的社会环境和创作状态来推断作品的内涵；还有人曲解西方的接受美学，片面强调读者的感受与反应，以此来推断作品的意蕴，等等，这些都属于艾布拉姆斯所说的通过“关系”来间接地解释作品。其实，这些方法本身并没错，而且还非常有价值；只是说，这样的理解都是间接的推断，它本身不具有论证性，不能自证其明。究竟合理不合理，还得回到文本，让文本说话。

文本是思辨性阅读的基石，这是开展思辨性阅读不可或缺的基本理念。陈思和先生提出对文本要有一种“信仰”，强调的也是这个意思。

二、实证与分析

尊重文本，知易行难。文本是一个事实与观念并存的世界，但事实与观念往往彼此夹杂，互相渗透。要在文本的迷宫中不迷失方向，不丢失自我，就是挖掘文本的事实真相，厘清文本的内在逻辑，把握文本的褒贬是非。这就需要实证与分析的功夫。

譬如《廉颇蔺相如列传》中的“秦王”。在文中，这是一个面目模糊的人物，常常被人忽略。秦王到底是怎样的一个人呢？如果为表象所迷惑，对他的理解就会走向脸谱化，而一个脸谱化的秦王，必然会导致我们对蔺相如的脸谱化的理解。

如果不先入为主，仅就“完璧归赵”一节看，这个秦王看起来倒有点虚弱与怯懦，至少表面如此。你看，蔺相如在朝堂上斥责秦王倨傲轻慢，要求他按照平等原则，举行一个隆重仪式来交换和氏璧。面对咄咄逼人的蔺相如，秦王并没有暴跳如雷，而是允诺了蔺相如的条件。出乎意料的是，等到秦王布置好了场面，蔺相如已经派人带着和氏璧逃回了赵国。不仅如此，还公然指责“秦自缪公以来二十馀君”都不讲信用，连人家祖宗八代都骂上了。应该说，这一轮倒是蔺相如自己不讲信用。咱们不妨站在秦王的角度想一想，秦王该不该恼羞成怒？但秦王的反应却也只是“与群臣相视而嘻”。最后，不仅没杀蔺相如，还好好款待了他。蔺相如疾言厉色的痛骂和欺骗式的行径，连明朝的王世贞都看不过去了，他说：“令秦王怒而僇相如于市，武安君十万众压邯郸，而责璧与信，一胜而相如族，再胜而璧终入秦矣。”① 意思是，你这样激怒人家，人家不杀你才怪！

若我们对秦昭襄王一无所知，那么，我们便可轻易地推断出“秦昭襄王外强中干”的结论。遗憾的是，很多教科书上就是这样写的，而我们的学生呢，在惯性思维的推动下，也会轻车熟路地将“完璧归赵”理解成一个智勇双全的正义者对一个外强中干、理屈词穷的邪恶者的审判与胜利。但这样的理解，并无助于确立蔺相如的伟岸形象。如果秦王真的是如此虚弱不堪，那么蔺相如的胜利又有什么意义？更为关键的是，历史上的秦昭襄王并非如此。秦昭襄王，19 岁继位，在位 56 年，是中国历史上在位时间最长的君王之一。据历史记载，秦昭襄王“明而熟于计”，城府很深，有忧患意识。他启用范雎、白起等文臣武将，采用“远交近攻”的军事战略，对齐、楚、赵等东方大国连横离纵，各个击破，为秦统一六国奠定了基础。“完璧归赵”这一年，秦昭襄王 42 岁，在位已 23 年，无论是年龄看，还是从政治履历看，都已经是个成熟的君王了。这样一位雄才大略的政治家，区区一个蔺相如，而且还是政治“处女秀”，就让他节节败退、狼狈不堪？显然，这不合情理。我们有理由推断，“外强中干”的判断还是太公式化了。

懒惰是思维的本性，而语言的抽象性恰恰给了人们偷懒的机会，很多时候，是语词掩盖了思想的苍白与肤浅。一个具体的、活生生的秦昭襄王，在被我们简称为“秦王”之后，它的内涵就迅速地稀释了——“秦昭襄王”成了一个空洞的概念。历史上，秦国暴政常常作为儒家仁政的对立面被表述，“秦王”也被抽象成了残暴无耻的化身。这样的价值判断已经成为我们的“公共知识”。当我们面对一个个具体的秦王时，这个公共知识很可能成为妨碍我们公正理解的先见、成见或者说偏见。

每一个语词都有自己的特定内涵，尤其是历史文献，看起来我们都懂，但如果不了解语词的历史内涵，那么，我们就无法走进历史、走进真实、走向真知。看起来侃侃谈论的是历史，其实我们谈论的，可能只是自己的想象与臆造。我们在自己编织的空想的历史中自我沉醉，因为我们被语言给遮蔽了，被

① 王世贞，《蔺相如完璧归赵论》，《弇州山人四部稿》，上海：上海古籍出版社，1987 年影印《四库全书》本。

语言魅惑了。

语言是桥梁，是工具，这个道理人所共知；但语言又常常成为沟通与理解的障碍，成为横亘在我们与文本之间的障碍。语言会遮蔽我们，但语言是通过我们自己来遮蔽我们的，在上述例子中，已有的历史知识妨害了我们对真相的透视。

思辨性阅读需要实证与分析的功夫。实证与分析看起来是两个范畴，实际上却是一个问题的两个方面。对事实的认定，必须借助逻辑分析的力量；而逻辑的思辨呢，又必须建立在事实的辨析之上。昭襄王究竟是一个怎样的人？莫名其妙的猜度，基于个人偏好的玄想，或许很有趣，也更能满足某些功利的需要，但却经不起推敲和质疑，终究靠不住。

在我看来，秦王在蔺相如面前的虚弱与狼狈只是表象，这个表象与秦国的大国地位以及秦王的雄才大略是矛盾的。在思辨性阅读中，这个矛盾必须得到合乎逻辑的解释。秦王的虚弱意味着什么呢？是道德上的自惭形秽，是国力上的自愧不如，还是另有所图，隐忍不发？这个推断既是事实的，也是逻辑的，合理的推断正是事实与逻辑的统一。我的推断是后者。在我看来，以十五座城池交换赵国的和氏璧，本来就是秦王的讹诈与试探，秦王原本就没想与赵国打这一仗，战争原本不是他的选项。战争是国家重器，一个有作为的君王是不会随便拿战争开玩笑的。倘若秦王是个平庸的昏君，或者他已经下了开战的决心，一个蔺相如岂能阻挡他的步伐？更何况蔺相如还诓骗了他，等于给了他名正言顺的杀伐借口。这样的矛盾逼迫我们不得不重新打量秦昭襄王——在“完璧归赵”这个事件中，“明而熟于计”的秦王，集贪婪、狡猾与雄心于一身，他城府很深，有政治定力，甚至可以说，他在心理上始终处于居高临下的状态：任凭你蔺相如怎样刺激与怒斥，我自岿然不动。

这哪里还是怯懦和虚弱呢？

实证与分析，是思辨性阅读的基本功。

三、论证与反驳

无论是事实与真相的挖掘，还是对文本主旨与观念的推断，都需要对结论的反思、对理由的拷问、对理由与结论的关系的推敲，这就是论证与反驳。

人是理性动物。转换一下，人也是需要理由的动物。人的生存和生活，都是需要理由的，这是人的精神本能。理由支撑着我们的为人处世，也支撑着我们的成长与发展。

理由常常由圣经贤传、格言警语、生活经验和公共知识组成。理由有一个特点，那就是自以为是，且喜欢“推己及人”。比如“性格决定命运”这句话，说多了听多了，它就从一个普通判断摇身一变成了“理由”，一旦遇到合宜的人物或场合，这个理由就会冒出来参与我们的推论与判断。我在教学《促织》的时候就遇到过这样的事情。《促织》故事很荒谬，主人公成名的命运也很荒谬，忽而上天，忽而入地。那么，成名的命运究竟是什么决定的呢？好多学生破口而出“性格决定命运”，他们将成名的悲剧命运归结于其性格。合理吗？其实，这是一个既荒唐又危险的逻辑。成名性格上老实本分，不善言辞。同样是当差，人家借此敲诈勒索，而他老实巴交，搞得家破人亡。如果据此认为成名的悲剧命运是由其性格决定的，岂不是鼓动他见利忘义，不顾廉耻，不顾斯文？显然，“性格决定命运”这个判断并不适用于成名。成名的悲剧是社会悲剧，而非性格悲剧，是邪恶而荒唐的社会让这个老实巴交的人倒了大霉，又走了大运，一切都莫名其妙，一切都不可把握。在一个正常的社会，一个“迂讷”的人，也有权利追求正常而有尊严的生活；因“迂讷”而遭受了悲剧的命运，肯定是这个社会有问题。

理由是我们判断的根据，理由错了，结论自然也会错。反思结论与理由的关系，也就是论证与反驳，是思辨性阅读的核心能力。

再回到蔺相如。蔺相如是司马迁心中的传奇英雄，评价很高，说他智勇双全，公忠体国。但基于不同的理由，人们对蔺相如还有另一些评价。明朝王世贞对蔺相如的行事逻辑完全不能接受。因为担心秦国找借口打仗，赵惠文王才不得不让蔺相如去做和平使者，但蔺相如却主动进攻，屡次冒犯秦王，激化矛盾，他究竟意欲何为？王世贞质问道：“奈之何既畏而复挑其怒也？”在他看来，“完璧归赵”完全是一场撞大运式的侥幸。

王世贞的话不无道理。其实，在出使秦国之前，蔺相如与赵王制定的策略，是先保国家安全，再考虑和氏璧。这是一个正常的逻辑：和氏璧与国家安全，孰轻孰重，世人皆知。宋朝的杨时——就是那个程门立雪的好后生——他就说：面对虎狼之国的威胁，一块宝玉算什么？给他得了。但蔺相如“乃以孤单之使，逞螳怒之威，抗臂秦庭当车辙之势，其危如一发引千钧，岂不殆哉！”司马光也持同样的态度。他认为，和氏璧就是个有它不多没它不少的玩意儿，蔺相如竟然“以死争之，以诈取之”，差点让赵国翻船，实在不值得①。南开大学教授徐江更尖锐，他说蔺相如“轻率、无理、无礼，罔顾赵国的安危，损害赵国的国格，眼中只有那块和氏璧，根本没有战略眼光。”②厌恶之态，跃然纸上。

很显然，面对同样的事件，所谓仁者见仁智者见智，主要是他们各自所秉持的理由不同。在几位批评者看来，作为一国之使者，蔺相如应该懂得轻重缓急，应该知道进退回旋，但他却处处撩拨秦王，最糟糕的是，答应了交付和氏璧，却又把偷偷和氏璧送走了。既然你如此看重和氏璧，当初你带它来干吗？放在赵国不是更安全吗？……类似的矛盾还有很多。不能不说，这些质疑和反问都击中了事情的要害。那么，蔺相如的成功到底靠他的智勇，还是靠运气？如果靠的是运气，那么，蔺相如的智勇就值得怀疑了；如果靠的是运气，那么，“完璧归赵”就成了一个“莽夫”与一个傻瓜之间的较量了。这样的结论可以采信吗？

思辨性阅读实在反复的质询、反驳与论证中达成的。我们不妨对这些质疑再来一次质疑：

将“完璧归赵”归结为偶然的运气，这样的历史解释能否让人信服？

蔺相如如此撩拨秦王，秦王为什么却没杀他？

莽撞轻狂的蔺相如，为什么竟然能不辱使命？

如果蔺相如真的如此不堪，那司马迁的历史眼光是不是存在严重问题？

……

若将蔺相如走钢丝式的政治博弈看作是一次纯粹的运气，那么所谓的历史研究就失去了它本来的意义。如果不是运气，那么，“完璧归赵”的讨论，就必须回到当事人身上，是当事人造就了这段历史。让我们再回到文本吧。蔺相如还是宦官门客的时候，就已经显示出非凡的政治远见；在渑池会、将相和等事件中，他的政治胆识和品德得到了更加耀眼的展现。这样一个人物，难道会偏偏在“完璧归赵”这一事件中“脑子进水”了？这也不符合“文本的内在一

① 参见杨时《蔺相如论》,《全宋文》第124册336页，上海辞书出版社、安徽教育出版社，2006年；司马光《廉颇论》,《全宋文》第56册140页，上海辞书出版社、安徽教育出版社，2006年。

② 《语文建设》，2013年第8期。

致性”原理，更有损于司马迁的智商与史识。我们有理由认为，上述对蔺相如的批判，仅仅停留在事件的表象，而未能把握历史事件与历史人物的真实。

如果蔺相如不是莽夫，那么，我们只能推断，蔺相如的莽撞只是表象。他一改唯唯诺诺、仰人鼻息的弱国姿态，以攻为守，高调宣示，以激进张扬的方式，来阻止秦国的野心，灭秦国的威风。看起来风险很大，实际上他心中有数，进退有据，抑扬有度。

这样，问题就转化为：蔺相如为什么要选择这样一个风险系数更高的策略？

论证在这里得到进一步延伸。我们依然可以在文本中找到一些蛛丝马迹，至少可以做出两点推断。首先，蔺相如有冒险的胆量和动机，不仅为赵国，也为了自己的功名。我曾撰文说，蔺相如出身卑微，不甘心终生屈居宦官舍人的位置，他梦想改变自己的草根地位；作为战国士人，他与毛遂、苏秦、张仪等士子一样，对功名充满着热望，这使得他更倾向于不走寻常路，让他更敢于冒险。幸运的是，他遇到了一个旗鼓相当的对手，秦昭襄王没有任性使气，没有丧失理智。他认识到，“今杀相如，终不能得璧也，而绝秦赵之欢”。在秦王看来，“秦赵之欢”显然比杀人泄愤更重要，于是就做了个顺水人情。由这一点，我们也可看出秦王是个理智而隐忍的君王。我相信蔺相如也看到了这一点。如果不是这样，他不是白白去送死吗？

“完璧归赵”不是“莽夫”对傻瓜的侥幸胜利，而是两个高手之间的过招。

莽夫其表，智者其实。蔺相如的胆源于他的识。他洞悉大势，对秦赵的国力对比了如指掌；他明察秋毫，对秦王的喜怒心态洞若观火。他判断，秦有吞赵之心，却暂无动兵之意；他清楚，纵然危机四伏，秦王也不会轻易砍他的头。政治不是儿戏，归根到底，角逐的是国力，是利益，是国策，是时机。蔺相如的胆其识非一般人可比，所谓艺高人胆大，长袖善舞，多钱善贾，没有本钱，谁敢拿生命冒险？但有时，胆大者艺更高。有了赴死的决心，倒反过来促成了他的大开大阖。

回到历史现场，上述这些推断都能在历史的长河中找到相应的证据。①

在这个案例中，我们绕了一圈，结果还是确证了司马迁“智勇双全”的判

① 余党绪，《蔺相如：一个汲汲于功名的战国士子》，《语文学习》，2015年第9期。

断。这说明，司马迁达成了事实与逻辑的统一。倘若文本中存在着事实与逻辑相矛盾的地方，即便是司马迁，我们也一样有质疑和批评的权力。

在思辨性阅读中，对任何结论都要保持足够的冷静与质疑，对其所持的理由更要进行审慎的检查与反思，以期形成合乎事实与逻辑的思维链条，这个过程就是议论反复论证与反驳的过程。

四、学会判断

在日常阅读中，我们的思维常常处在杜威称之为“非思维”的状态，信马由缰、自由散漫、读罢拉倒是一种常态。但思辨性阅读本身就是一种理性思维的磨炼，是为了知识的获取或者问题的解决，因此，阅读的终端，不该是杂乱无边的思绪，而应该是理性清明的判断与结论。在思辨性阅读教学中，学生常被要求提交相应的论文或报告，就是希望他们将分析论证的过程做一个全面的梳理，在全面检视自己的事实运用与逻辑推断的基础上，做出自己的综合性的判断。这个判断，就是我们所获取的知识，或者解决问题的方案。

康德说，所有的人生实践和社会阅历，都不过是在训练自己的判断力。思辨性阅读，能够给我们一双锐利的眼睛和一副睿智的头脑。

思辨性阅读不仅能够帮助我们获取真知，也能训练人的性格与习性，养成理性求真、多元开放、公正和平的精神气质。在这个意义上，思辨性阅读训练的不仅是一种理性的思辨能力，其德育价值与意义也不可小觑。

理性的反思与开放的理性

——语文教学中的“理性”与“合理性”问题

余党绪

在很长一段时间，我们迷恋知识，认为知识就是力量，我们的教育专注于知识的传授，甚至不惜违背认知规律，切断知识与其对象的联系，切断知识建构的逻辑链条，将知识简化和归并为“知识点”，走进了死记硬背的死胡同。

为了补救知识教学所带来的偏颇与弊端，我们提出了“能力”这个概念。从知识教学到能力培养，这是认识上的一个进步。在语文教学中，聚焦听说读写的能力，这是对死记硬背的否定与超越。

但依然有个问题没有厘清：能力又是怎样形成的呢？显然，语文的能力训练主要不在“练手”，而在“练脑”。尽管单调的、反复的、烦琐的“练手式”训练依然在教学中扮演着重要的角色，但即便沉醉在其中不能自拔的人，恐怕也不大会认为这是语文能力的形成之道。

语文能力的形成，有赖于高品质的语言思维的养成。

认知活动是一个复杂、综合、混沌的过程，某些因素的贫乏、缺失或错位，并不会带来认知或实践的彻底失效或者停滞。即便是被人们反复诟病的科考制度，也没有完全遏制举子们的能力生长和思想发育。这就给了人们一个错觉：死记硬背能够培养能力。这可能也是批判性思维被严重冷落的一个认知原因吧。迄今为止，在我们的教育活动中，批判性思维尚未得到自觉、明确、合乎规律的确认与实践，但人们的思维也并未因此而变得错乱。相反，思维的误区与盲区总是隐匿得很深，以一种轻易难以发现的方式，喂养着我们的肤浅与轻率。它也给了人们一个错觉：死记硬背也能训练思维。

这从一个特定角度解释了课改为什么如此艰难和缓慢。惰性是社会运行的一种惯性，但这种惯性的持续却有赖于现状的维持。当死记硬背并未妨碍现状的维持之时，多数人情愿默认这种惰性的价值。

知识生产与传播方式的变革，促使我们去反思思维及其教育的意义。特别是互联网的普及，让人们突然发现，几千年来视若神明的知识原来可以如此轻易地获取。在点下鼠标的那一刻，知识拜物教黯然了，虽然心有不甘，也不得不做好收场的打算。

知识是无限的，人是有限的。若知识就是力量，那么，人类甚至比不过一台奔腾时代的计算机。显然，人比计算机高明的地方，不在于海量知识的储存，而在于知识的生产与创造。因此，以知识的传播、生产与创造为使命的教育，更应关注的，是知识发生的机能与生产的机制。能力也是这样。能力只是一种结果，能力的形成同样需要对机能与机制的追问。

尽管思维科学的发展还远不足以有效地解释知识的生产与建构问题，但起码让人们越来越认识到，思维是知识生产、建构与创造中最不可或缺的要素。知识本身没有生产力和创造力，借助思维，知识才拥有了无与伦比的力量。

“思维”这个词的组合很有意思，“维”是“连接”，“思维”就是对知识的关联、融通与整合。知识不会自动转化成能力，是思维给知识插上了翅膀。这恰到好处地传达了思维在知识生产与创造中的作用。

在知识与思维的权衡中，我们更倾向于知识；但这并不意味着语文教育不关注思维。事实上，语文教育一直关注思维及其教学。但同样毋庸讳言的是，至少在现实的教学实践中，思维教学关注的，主要还是以联想、想象、移情、体悟、灵感为主要内容的感性思维。

这当然与中国人的思维方式相关。考虑到语言与文学的特殊关系，我们还应意识到，这与古典文学的跨界影响也有着深刻的关联。古典文学的很多创作、阅读、评论和传播的规律，常常越过艺术的界线，主宰了语文教育的话语。譬如，近十多年来，为了纠正文本解读中“碎尸万段”式的机械肢解与烦琐分析，我们在古典文学的宝库中找到了“整体感悟”这个法宝。“整体感悟”是中国文学的精髓，某种程度上已经成了中国人的生活态度的一部分。不过，一旦跨界进入语文教学，它的意义就发生了微妙的变化。

教学是有目的追求和规律遵循的实践活动，合目的性与合规律性是其必然要求。尤其是现代教学，不仅目的与内容是理性化的，过程与方法也是理性化的，不仅有一整套的知识与价值系统来支撑，还有一整套的可描述、可分析、可评估的技术系统作为支撑。教学的“理性化”或许破坏了古典教育的浪漫气息与诗性品格，但却适应了现代教育的生存处境。

强调主体与客体的精神对话，主张读者与作者的灵魂共振，追求生命与生命的圆通融合，“整体感悟”通体都洋溢着浓郁的古典人文气息。当它作为文本解读的原则和方向时，它的取向是合理的，它的内涵是清晰的，它的意义是积极的。但当它越界进入课堂教学，成为阅读教学的方法时，“整体感悟”的地位就尴尬了——当学生对文本还缺乏基本的分析与透视时，“整体”对他们有什么意义？没有合理的分析，“感悟”又如何才能达成？一段时间以来，教师上课不敢开口，一开口就被指为“满堂灌”；不敢“分析”，一分析就被指为“碎尸万段”。被逼无奈，大家只好用音乐、影像来营造“感悟”的氛围，用诵读、表演来制造感悟的路径。悲催的是，又有人站出来说这样的课没有“语文味”。实际情况也是如此，取消了文本分析，某种程度上不等于取消了阅读教学？

显然，“分析”无罪，罪在不合理的、错误的甚至荒谬的分析。将“碎尸万段”的责任归结在“分析”身上，这是找错了对象。恰恰相反，没有合理的、深度的分析，就难有可靠的整体感悟；不经过反复的文本分析训练，就难以形成整体感悟的能力。这就像“庖丁解牛”一样。“整体感悟”是在长期的文本解读的实践训练后可能达到的境界，不能指望在“整体感悟”中养成“整体感悟”的能力。将结果当作方法与路径，重结论而忽略得出结论的逻辑与过程，这种思维模式无论古今都很为流行。老子与孔子的学说，似乎都是供聪明人“感悟”的，因为他们都习惯于呈现思索的结果，而思索的路径与过程大都语焉不详。在这些典籍中寻找结论很便利，而要寻找得出结论的路径、过程与方法，却老大不易。这自然与彼时此地的文化条件相关，但思维方式的倾向，却也显而易见。比较一下同为“轴心时代”的苏格拉底，就不难明白这一点。刘再复先生说孔子是“中国最可怜的人”，因为孔子“被任意宰割、任意定性、任意编排、任意驱使”，说他的《论语》就像“面团”，一会儿被揉捏成“经典”，一会而被揉捏成“秕糠”。这自然与后人的文化实用主义相关，但孔夫子自己留下的开放但暧昧的解释空间，是不是也该当责呢?

在“整体感悟”的幌子下，以理性分析为基础的“文本细读”，几乎成了一种恶谥，沦为“碎尸万段”、烦琐分析、精神苍白、人文缺失一类的贬词。相反，为了张扬“整体感悟”的合理性，有人甚至拿陶渊明的“好读书，不求甚解”以及诸葛亮读书“只观其大略”的轶事来当说辞。殊不知，陶渊明“不求甚解”而又能“会意”，诸葛亮“观其大略”而能满腹经纶，都是他们的人生经验、学识甚至阅读经验积累到一定程度后所达到的“结果”。忽略了这些，不是很荒谬么?只看到庖丁“以神遇而不以目视”就能恢恢乎游刃有余，却忘记了他曾经解牛无数，这不荒谬么?

我们的课堂，往往不愿意在文本分析上下细致的功夫，在一笔带过式的“整体感悟”之后，迅速进入了关于生命、人生、自由、尊严、心灵、以人为本等大词的宏论之中。缺乏文本细读的功夫，所谓的拓展与深入，也多建立在粗糙的感觉与空泛的顿悟之上。

这样的教学取向不仅削弱了语文教学的专业性与学术性，也严重妨碍了对文本解读方法与技术的研究。时至今日，我们的阅读学研究基本上还停留在阐发几条人尽皆知的阅读原理的水平。同样的问题也出现在写作教学中。直至今日，还有很多人鼓吹写作是不可教的。这显然夸大了写作活动中的非理性因素，对写作的理解也有狭隘之嫌。

在语文教育中强调感性思维没错，关键是要把它摆在适当的位置上。

理性与感性始终如影随形。即便像祥林嫂那样缺乏清晰的自我认知和环境认知的人，也不可能总在本能与直觉的支配下“跟着感觉走”。理性的核心是“一个存在者出于理由而行动的能力”①，依此理解，祥林嫂的悲剧，根源于其理性的局限和缺陷，而非理性的缺席。

对于祥林嫂，我们秉着“哀其不幸，怒其不争”的态度，往往选择性地忽视了她也是个“思考者”的事实，而过分强调她的麻木无知以及坐以待毙的被动状态，以此来证明礼教的高压与暴虐。这样的读解可能削弱了小说文化批判

① 大卫·高希尔《公共理性》，转引自谭安奎编《公共理性》，杭州：浙江大学出版社，2011年，第45页。

的力量。祥林嫂对自己的境遇与命运并不麻木，她并不总是逆来顺受。事实上，她不仅“争”了，而且还做了顽强的抗争。她以死相拼，拒绝再嫁，这是抗争；她不甘心在祝福礼上被人冷落，是抗争；临死前关于魂灵的追问，其实也是一种抗争。一个乡村妇女，缘何有如此坚定的心性与宁死不“服”的精神力量？她的信念从何而来？循着这个追问，才能发现礼教文化的可怕之处——它将一整套戕害生命的义理与规则，以润物无声的方式，“理性化”为祥林嫂坚定的信念与自觉的行动。它不仅无孔不入，弥漫无边，而且浃骨浸髓，深入人心。

祥林嫂的悲哀，不在于“不争”，而在于她连“争”的内容与对象——“争”什么，跟谁“争”，都搞错了。而祥林嫂的麻木，也只有在这个意义上才能得到合理的阐释：礼教的可怕，不在于让祥林嫂失去了思考，而是让她自觉自愿地按照礼教的教义、规则与逻辑去思考和行动。

祥林嫂无法超越她的时代、环境与处境带来的局限性。这就是理性的悖论：“理性”要为人的行动与信念寻找理由，而自身却无时无刻不处在遮蔽之中。柏拉图的洞穴寓言、培根提出的四种假象，都致力于揭示和透视这种局限。现代批判性思维专家保罗·理查德将人的“自我中心主义”和“群体中心倾向”作为其研究的两个基本前提。他写道：

他们的个人信念往往基于先入之见。他们的思维很大程度上由陈规、夸张、过分简单化、粗率的概括、错觉、妄想、合理化、虚假二难和乞题构成。他们的动机往往可追溯到非理性的害怕与依附、个人的自负和嫉妒、理智的傲慢和头脑简单。……①

在思维的意义上，我们发现，保罗所描述的大部分缺陷好像是为祥林嫂量身定做的，包括对“动机”的描述，也是那么切合。祥林嫂运用了自己的理性，但她运用的是残缺不全、扭曲畸形的理性，结果“理性”彻底断送她的人生。

感性需要理性的规范、引导和限制，“理性”自身也需要理性的质疑与反思，这正是批判性思维的要义与精髓。如果我们将祥林嫂看作一个隐喻，那么，祥林嫂受到的遮蔽与魅惑，其实也是我们每个人的宿命。人的理性是有限

① 转引自武宏志《批判性思维初探》，北京：中国社会科学出版社，2015 年，第 22 页。

的，对理性的自我质疑与批判，才是理性的保证。公共领域的质疑与反思促成“公共理性”的发育与成长，自我的反思与批判则促成个人理性的发展与健全。苏格拉底说“未经省察的人生不值得过”，原因在于“省察”才能孕育理性与良知。在苏格拉底看来，理性与良知才是灵魂生活的保证。

教育的价值既体现在“公共理性”的达成，也在于养成个体的理性反思的能力。我们常说要培养独立自主的人，所谓“独立自主”，从思维角度看就是能够理性地反思。祥林嫂对强加给她的蒙昧与无知不能做出清醒的质疑与反思，这就注定了她的悲剧。

质疑与反思是批判性思维关键环节。杜威是公认的现代批判性思维领头人，他用的就是“反思性思维”这个词。但无论是质疑与反思，还是论证与评估，批判性思维始终将对“合理性”的苛刻追求作为自己的要件。所谓“大胆质疑”是远远不够的，“大胆”之外，更需“合理”。

与感性思维的自发性、发散性、混沌性不同，理性思维追求结构化、符号化、体系化，注重可理解性与可推理性。在这个内在动力的驱使下，理性思维必然走向准确、清晰与一致的标准。“理性启蒙的信念在于，通过理性的运用，人们可以在人类生活的诸多方面达成共识与一致，而且这种共识和一致乃是收敛于真理的结果。”① 在恩尼斯的定义中，批判性思维的核心是“决定我们相信什么和做什么”，就是说，批判性思维的价值在于理性的判断与合理的选择，它追求的是“合理性”，是最合理与更合理。批判性思维，“是以理性和开放性为核心的理智美德和思维能力的结合”，② 那种片面强调开放性与包容性而淡化“合理性”的理解，是有偏差的。这就涉及“合理性”与“开放性”的关系问题。合理性是开放性的基础，开放性是合理性的保证。没有对合理性的追求，开放性是没有意义的；而没有开放性的保证，合理性就会走进封闭与保守。

在文本解读上，合理性与开放性也是同等重要。追求合理性而忽略开放性，则个性化的解读就被压制，解读就会僵化死板，千篇一律，万众一腔；若追求开放性而忽视了合理性，则将文本解读陷入众说纷纭、莫衷一是的境地。就目前的情况看，对“合理性”的忽略更值得关注。以“合理性”来考量，教

---

① 谭安奎，《公共理性与民主政治》，杭州：浙江大学出版社，2011 年，第 2 页。

② 董毓，《为什么要扩展批判性思维教育的内容——关于批判性思维素质教育的理论和实践根据》，《工业和信息化教育》，2015 年 7 月刊。

学中盛行的“多元共存”与“多元综合”两种思路都是值得反思的。

“读者中心主义”在教学实践中需要警惕。“读者中心主义”最典型也最流行的表述，就是“一千个观众就有一千个哈姆雷特”。这句话道出了文本解读的多种可能性，但这种可能性能否成为现实，则取决于它是否具有“合理性”。也就是说，一千个人可以有一千种哈姆雷特，但不见得每一个哈姆雷特都是“合理”的。是否合理，尚需分析与评估；而分析的基础，就是莎士比亚原创的那个文本。

通过分析、判断与评估，在多元的解读中选择最合理的那一种解读，这才是批判性思维的精髓。

我在《阅读教学呼唤批判性思维——〈愚公移山〉课例批判》中，这样表达自己的看法：

教学意义上的阅读，本质上应该一种学术性的阅读，无论是为了“立”，还是为了“破”，首先要尊重文本自身的要素、结构与逻辑，基于客观的文本说话，基于文本的事实说话，基于文本的逻辑说话，这是文本解读的学术边界。

“学术”这个词引起了一些争议，有人反驳说中学教学还需要什么学术。我想，这个恐怕是与对“学术性”的理解相关。学术精神的核心，就是实事求是，就是“有一份证据说一分话”，就是尊重事实、逻辑和实证。只有在学术的意义上，文本解读才有正确与错误、好与坏的区分。否则，文本解读只能是随心所欲的跑马场。作品一旦完成，它的要素、结构与意义倾向都被固定了下来。“学术性”的解读，必然受制于作品本身，作品是解读的前提与基础。这也是人类文化与精神得以绵延不绝、代代相传的一个基本条件。

在文本解读中，片面强调“多元共存，自圆其说”，无异于为诡辩张目。脱离了文本的自圆其说，等于取消了作品本身的价值；失去了对“合理性”的追求，教学的价值在某种程度上也被取消了。

另一个与“多元共存”相似的误区，就是所谓的“多元综合”。有一个讨论“谁造成了哈姆雷特的悲剧”的课例。在教学中，教师先引导学生列举出造成王子悲剧的诸个因素，如王子的延宕、忧郁的性格；宫廷邪恶势力的强大与阴险；王子的人文理想与黑暗现实的尖锐对立；冥冥中的命运即各种偶然因素；王子复仇的个人动机与重振乾纲的宏大理想之间的冲突，等等。在此基础上，教师引导学生分析这每一个说法的合理性与片面性。这样的全面分析当然是需要的，但他的结论却让我茫然。他说，是谁造成了王子的悲剧呢？是这些因素的共同合谋，造成了这出悲剧。

这样的思路颇为受宠，但仔细想想，这样的“多元综合”有什么实际意义呢？世界上哪一桩事情不是综合因素造成的？全面的分析当然必要，对于中小学教学来说，引导学生发现和分析这些因素，本身也是教学的重要内容；但若没有具体的评估与权衡，这样的综合充其量只是“肤浅的全面”。对于一个具体问题的具体讨论，“肤浅的全面”是假大空的认识论根源。在众多的因素中，有的起着关键性的作用，有的起着决定性的作用……筛选并确认这些因素的主次、轻重、缓急、远近，这才是对“合理性”的诉求。当然，由于作品本身的开放性与多义性，尤其像《哈姆雷特》这样的经典文本，解释的多样性是不可避免的，也是应该鼓励的，这确实给“合理性”的评估带来了困难。比如，主张性格悲剧的，更看重哈姆雷特的人格缺陷；主张社会悲剧的，更看重社会力量的对立与对比；主张文化悲剧的，则更看重人文理想与本能及现实的冲突；主张命运悲剧的，更看重发生在哈姆雷特及其环境中的那些让人莫名其妙的变故与巧合。看起来，这似乎又进入了“公说公有理，婆说婆有理”的死循环。但是，《哈姆雷特》究竟是什么类型的悲剧呢？依然还有个分析与评估的问题。这样的讨论或许难有最后的定论，但这个讨论本身，就是对合理性与开放性的生动诠释。

当然，我们也要意识到，对理性、合理性的追求容易走向封闭与教条。在“二期课改”中，“一千个观众就有一千个哈姆雷特”之所以特别具有蛊惑人心的效用，很重要的原因就在于，我们先前的文本解读在“理性化”的道路走过了，走偏了，甚至走错了，结果走进了技术主义和训练主义的死胡同。

“开放性”首先意味着要理性地对待所有的思维方式。感性思维天然是开放的，这是它的不足，但也是它的优势。在文本解读中，感性经验应该得到足够的尊重。其次，“开放性”的意义在于，承认理性是有限的，对理性始终保持警惕与质疑，理性也需接受“合理性”的追问。

批判性思维培养的教学价值实现

陈兴才

考察批判性思维培养的价值，需要这么几个背景，一是西方国家从二战后就十分重视，是基于人们对二战得以酝酿并爆发中表现出的“平庸的恶”的认识，实际上就是反洗脑和防宣传，它成为公民理性教育中必不可少的内容，而这种公民社会建设的诉求不可避免地延扩至中国，特别是新媒体发达的时代，民意表达的便捷性与公众表达的非理性（如网络声讨）足以让智识者焦虑，这是批判性思维培养的社会学价值；二是语文教育教学中近十多年来对课标、课程以及学科属性、教学内容的模糊边界、教内容还是教形式等方面的争论，旷日持久，但依然莫衷一是，而后则是争辩疲劳与无热点式空虚，此时批判性思维培养得到重视，将在语文研究与争论无实际有价值热点的情况下，作一次有价值转移；三是学科核心素养中有一条为“思维发展与提升”，过去的教学包括任何一个学科都会提思维问题，但常常是伪思维，或者是低层次思维，就思维的品质来说，“批判性思维”可以为这个核心素养找到一个“定向”；四是说了多少年的“自主、合作、探究”更多是讲究一个形式，自主是什么？合作干什么？探究什么问题？都缺少可靠的品质保证，那么如果有批判性思维介入呢？这些疑问将变得清晰；五是近两年高考作文命题表现出的较为明显的理性崇尚与具体（事物）思辨对学生的素质考评带来了一个新的参照；六是相对于其他学科来说，语文学科因其教学内容更应承担起批判性思维培养的职责。

有了以上这样一些背景知识，对于批判性思维培养来说，应该包括这样几个命题：批判性思维是什么，有哪些特征？我们需要把学生培养成什么样子？语文教师的批判性思维素质如何提升？语文教师的本职工作在语文课堂上如何兑现我们的思考？而前三个问题的答案正好为第四个问题提供了基础，因为我们不是为了通识而去学习批判性思维，主要目的是在课堂上实现批判性思维培养的价值。

课型有两种，以“渗入式”为主

很自然的，广大教师会有一个想法：培养批判性思维的语文课是什么样的？其实有两类：

一种是专门为说理而上的课，目的是培养理性思维和可靠的逻辑。比如给出这样一个材料：一个美国议员指出，必须对本州不断上升的监狱费用采取措施。他的理由是，现在一个关在单人牢房里的犯人所需的费用平均每天高达132美元。即使在世界上开销最昂贵的城市里，也不难在最好的饭店里找到每晚租金低于125美元的房间。以下哪项能构成对上述美国议员的观点及其论证的恰当驳斥？

A. 据州司法颂的数字，一个关在单人牢房里的犯人所需的费用平均每天125美元。B. 在世界上开销最昂贵的城市里，很难在最好的饭店里找到每晚租金低于125美元的房间。C. 监狱用于犯人的费用，和饭店用于客人的费用，几乎用于完全不同的开支项目。

答案是C。题干中议员的观点及其论证的实质性缺陷在于把两个具有不同内容的数字进行不恰当的比较。如果A和B被认为是对题干的恰当驳斥的话，实际上就确认了题干中议员所做的比较是成立的，问题只在于如何使进行比较的数字更为准确，这显然不得要领。因此A和B并不能构成对题干的恰当驳斥。C指出题干中的两个数字具有不同的内容，这就点出题干的症结，从而构成对题干的恰当驳斥。

通过这个案例分析可以让学生知道，生活中的很多争论得注意话题的范围。

另一种是读写教学活动中的“渗入”。这是基于语文课属性而进行的批判性思维培养教学设计；或者也可以这样说，我们平常的语文教学设计中有一个较高层次，把批判性思维培养与言语构建运用、文化理解传承、审美鉴赏创造糅合在一起，过去说三维价值目标，现在可以依据核心素养的表达，来进行四个维度交织的目标设计，下文将通过具体的课例来呈现。

这两种课类，前一种带有思维的专业性，专门针对思维和说理，教会学生如何思考问题，如何剖析生活现象，如何理解历史事件和政治生态等。后一种是语文教学的常态，是批判性思维培养的主阵地，这种“渗入”就是思辨读写，带着思辨品质的阅读与写作活动，因为语文的主要活动空间是读写空间。

思辨读写，是批判性思维培养与语文教学之间的通道

批判性思维教育学上的含义在国际上已基本达成共识，它既不是社会上一些人望文生义得出的“负面、挑错”的大批判，也不是一些逻辑专家所专注的单纯推理技巧。批判性思维，是以理性和开放性为核心的一种谨慎公正的分析、构造和发展的过程。董毓先生根据美国各州正在推行的“共同核心标准”，立足中国基础教育中的实际，在《角逐批判性思维》(《人民教育》杂志 2015 年第 9 期）中提出中国的批判性思维教育应注重培育如下基本习性和明辨、发展的能力：

1. 谨慎和谦虚的态度，愿意学习、思考的品质以及文明讨论的习惯。
2. 讲道理、下判断要有理由，有全面收集信息的习惯。
3. 意识到现实问题是复杂的，并有分解、分辨主次和关系的初步能力。
4. 懂得要清晰、具体和有条理地思考和表达。
5. 有判断信息的可靠性的初步能力。
6. 知道要考察信息是否足够支持自己和他人的立场、观点。
7. 试图辨别自己和他人观点背后的假设、立场和视角。
8. 注意寻求和对比不同观点，比较它们的根据和优缺点。

这八项品德和素质，是批判性思维的主要特质，也是学术研究的基本标准。其中，最后两个能力对我们中国学生特别有针对性，也是中国学生最薄弱的部分。从中可以发现，除了第一条属于态度问题，从第 2 条到第 8 条，全都有关信息筛选、辨析、表达，可以说这些行为正是我们语文学习的主要任务所在，关键词有：理由、收集、清晰、具体、观点、视角、比较等，几乎每一个行为都是有品质的语文学习必须具备的特征。

前面说过，如果不是着眼于专门的思维与说理或逻辑课或其他活动课程的开设，就占主体的语文学习形态来说，思辨性阅读和思辨性写作，当然是批判性思维培养的主要路径，同时也提升了语文学习的品质。

教学意义的通俗表达：从“有见识”到“能识见”

思辨读写以“搜集、辨析、评估、质疑、反省、包容”为学习活动的特征。美国学者格拉泽尔认为：“在一个人的经验范围内，有意愿对问题和事物进行全方位的考虑，这种态度就是批判性思维。”依据这一点，再来思考我们的语文阅读和写作教学，就可以有一个通俗的表达：从“有见识”到“能识见”（从词义上看不一定准确，但我们可以赋予特定的阐释）。

什么是“有见识”？知道它是什么，是怎样的，好在哪里，这是我们的语文教学中很多老师会引导学生去做的事。比如，《祝福》的教学，里面有个短工说祥林嫂“怎么死的？还不是穷死的”。我们老师一般都会抓住这句话问学生，这个答案对不对，既有此问，学生自然会说是错的，因为站在今天的阅读者角度而言，这很简单，祥林嫂的死并非“穷”，而是有着一个强大的无形的悲剧命运笼罩在旧时妇女的身上，杀害祥林嫂的凶手既可是一个具体的人或有一个直接推手，也可以是每一个人，短工的回答体现了人们对于祥林嫂的冷漠。到了这一步，我们的学生在老师的引导下达到了“有见识”。那么什么是“能识见”呢？就是不急于用自己认为正确的答案去代替别人的错误答案，而是先想想短工为何这样说——“他们”除了这个答案，不可能有更好的答案，“他们”只能这样回答，并非一个“冷漠”可以了得。再那么，鲁迅为何这样写，在文学理论上有个“意识形态隐含问题”——鲁迅写这个情节时，其视角是放在祥林嫂以外的人身上的，那么就需要以别人的立场来进入情节，而短工，以其“智力”，他只能这样回答；同样，在阅读《药》时，我们很容易带领着学生梳理出小说的两条线索：明线——吃药、谈药的人们，暗线——夏瑜的牺牲。两线交织把本来看起来不相干的人物命运放在一起去展现一个时代的悲哀，这是小说中的高明表达。学生知道了这点，可以说是“有见识”，但我们还可引领学生思考，小说为何不以夏瑜为明线，而要以华家及谈客们为明线呢？这就有个意识形态问题在内：在当时，所谓革命和革命者的悲凉、孤独，根本不是一般人所理解甚至哪怕仅仅是知道的，鲁迅选取的是一般人即普通市民的生活视角来表现主题。当学生探讨到这个层面，就不仅仅是学习了小说的内容、主旨、人物，还从小说的表达艺术上获得了一个“所以然”。我们日常的语文教学，有很多是现象分析而忽视了现象后面遮蔽或隐含的意识形态。

再举个写作教学的例子。《读者》2007 年第 19 期发表了刘诚龙的一篇鸡汤文，内容大致是，有两份名单，一份是傅以渐、王式丹、毕沅、林召堂、王云锦、刘子壮、陈沆、刘福姚、刘春霖，全是清朝的科举状元；第二份名单是曹雪芹、胡雪岩、李渔、顾炎武、金圣叹、黄宗羲、吴敬梓、蒲松龄、洪秀全、袁世凯，全是清朝的落第秀才。作者说问了十个人，十个人中对第一份名单一个都不知道的有七人，第二份名单的大多数人都知道。文章的主题在于：赢在起点并不能保证赢在终点；起点高的人应该警醒，起点低的人要懂得不要气馁。这是一篇典型的鸡汤文，老师们常常用来作为材料要求学生进行鸡汤化写作。我是很反对这种凌空高蹈的人生说教式写作的。因为鸡汤文的最大特点是用个例来煽情，煽情未尝不可，但若用来作人生说教，则禁不起推敲，里面包含了心理学上的选择性偏差问题：作者只看到了落第秀才中的极少数成名者，而没看到绝大多数的潦倒平庸，寂寞孤独，郁郁寡欢。除了成功学、励志学之外还有苦难学，构成三道最常见鸡汤。苦难的意义有时属于性格，有时是社会共同命运的缩影，但很多文章是以“孔子厄而著春秋”“孙膑膑脚，兵法修列”作为“苦难造就人”的例证的，这同样无理得很，极少数苦难者的成功，掩盖的是更多被苦难毁了生活和事业的人。更何况，苦难只是那些成功者的经历或说伴随状态，并非是他们成功的原因。

现在我们假设要以此为材料让学生作文，在教师的批判性思维指导缺失情况之下，学生基本会在偏差的选择中遵循鸡汤材料的意旨而进行空洞、虚假的人生说教，他还可以有很多事例，可以煽情造作，甚至为了这篇文章，广泛收集此类材料来敷衍成文，也许老师们会根据其文采和“见识”给个漂亮的分数。长期的如此教学带来的是思维的低劣和说理能力的低下。而如果是有思想的教师，首先会是让学生批判此文是否有道理，看材料和主旨观点是否构成因果关系，是否符合事理，这样的指导是打开思辨的窗户，就进入了“能识见”的空间。

常态化，一种较高层次的教学设计

有教师对目前比较热的批判性思维培养提出质疑，主要有两个方面，一是怀疑它又是一阵热潮，语文界的时髦话题；二是如此强调批判性思维的培养，并不能包治百病。其实这是一种误解，批判性思维的培养并非一个新的东西，在西方是从二战后就开始讨论的教育话题，并在20世纪90年代出现了较为完整的课程和设计，对象不仅仅是高中，向下一直深入到小学年段。从1991年开始，美国就要求各级各类学校将培养学生的批判性思维作为教育的重要目标。1998年联合国教科文组织在《面向二十一世纪高等教育宣言：观念与行动》中，第一条就把“培养批判性和独立态度”视为了高等教育培训和从事研究的使命之一。GRE（美国研究生考试）在2002年增加了“分析性写作”，SAT（美国高考）在2005年将原来的“言语”部分改为了“审辨式阅读”。芬兰等教育发达国家也都把批判性思维纳入了教育的重要目标。从中国传统教育中，《礼记中庸》里所言“博学、审问、慎思、明辨”以及胡适主张的“大胆假设、小心求证”“有一份证据说一份话”也都包含了批判性思维的特质。

批判性思维培养的推动，不是为了治百病。语文的根本问题往往不是语文的，在教育；教育的问题积而难返，往往也不在教育本身，所以“不能包治百病”本就是一个伪质疑。批判性思维培养目前在语文界有了热起来的迹象，其实是语文人对语文教学不满意并努力寻求的一个有效的方子。正好说明了过去我们对这个内容的关注太少，太欠缺，需要补课，需要从忽视、无视变得重视起来。也正因为这个背景，我们对批判性思维的关注不是一个热潮性推动和大量的通识性培训、宣讲能解决的问题，更需要的是“常态化”，即在语文教学中时时渗透。过去我们提过“研究性学习”“深度阅读”“高中生的学术练习”“创新的读写结合”在学习行为的品质上都与批判性思维的培养有着交融，都以“搜集、辨析、评估、质疑、反省、包容”为特征。另外，对应于语文核心素养中的“思维发展与提升”，是核心素养之一，但只是之一。既然是“之一”，我们在上课时，“批判性思维的培养”可能只是教学目标之一。我们既可以设计一节课来专门达成批判性思维的发展与提升，也可以只是与其他读写目标（如审美、语言运用、文化理解等）糅合在一起，有机地达成，甚至这个“达成”只是一种渗透与努力的过程，并不要求一节课后学生的批判性思维品质就有明显的提升且有数据呈现。所以，我也对急乎乎要对批判性思维教学课堂进行量化测评的想法泼冷水。

笔者执教《群山万壑赴荆门》时，除了传统教学分析意象、鉴赏意境、领会杜甫之况之外，我会为难学生：为何那些并不如杜甫身世悲凄的诗人如李白、欧阳修等人也写出以“哀苦、怨恨”为基调的诗文（关于王昭君的文学叙事，600多诗文、80多种杂剧绝大部分是“怨恨、哀苦”的基调）？杜诗、《汉书》《琴操》《汉宫秋》里的昭君形象有何不同？它们的叙事视角有何不同？形象与叙事视角之间有何关系？为何不同？最后从这些讨论中获得“大汉文人的哀怨美学”“女性价值觉醒与自救”“历史叙事与文学作品的区别”“理解与尊重各类材料的出发点”等观点。在读写结合部分，我给学生的任务是两个：一是王安石《明妃曲一》里有“家人万里传消息”的句子，请依据王安石的观点，写全这份家书；二是大青山下有昭君墓，写一则墓志铭，注意考虑撰写者的身份与口吻（或匈奴人王室或昭君后人或民间百姓等），这两个写作任务都要求与“读”结合，强调作者身份和读者意识，具有“具体性”，都基于对昭君故事“能识见”，也就是以批判性思维为品质（具体课例见《语文学习》2016年6期）。这样的教学既是“搜集、辨析、评估、质疑、反省、包容”的批判性思维培养的学习过程，又是我们在教学中以深度的文本解读为基础而应有的更好更高层次的教学设计。

思辨读写为语文教学内容打开一扇新的门

思辨读写，是指把批判性思维培养“渗入”日常的语文教学设计，而且是高层次的，不是到文本里“有什么”“是什么”为止，而是在教学设计和教学引导中特别关注“为何是这样的”“是真的吗”“还有别的答案吗”“我认为最合理的是哪个”，包含着这样的思维活动的语文教学就实现了批判性思维培养的价值。这样的教与学行为还将引发教学内容的内涵式重构。

比如，我们设计一个关于吟咏项羽的“群诗”阅读活动：

李清照《夏日绝句》：生当作人杰，死亦为鬼雄。至今思项羽，不肯过江东。

杜牧《题乌江亭》：胜败兵家事不期，包羞忍耻是男儿。江东子弟多才俊，卷土重来未可知。

王安石《题乌江亭》：百战疲劳壮士哀，中原一败势难回。江东子弟今虽在，肯为君王卷土来？

一般教学中，我们会通过诗句内容和语言表达的赏析，弄清作者的情感成分。但到此为止的话，只是长“见识”，或者说只是明白作者说了什么，是怎么想的；第二步，我们把几位诗人的情感作个还原分析，他们为什么会具有如此情感？操作上并不太难，知人论世就行，李清照作为流离失所人，有国破家亡之痛，所以思念项羽和痛惜项羽，项羽作为“英雄”自然成为她心仪的偶像。杜牧借史抒怀，并无多少切身感受，他只是惋惜，是个伪军事迷的臆想。而王安石是个改革家，对于历史的判断自然要高出一般人，冷静中表达对渎武的项羽的批评。第三步我们可以引导学生就这个“英雄人物”及几位诗人表达的情感进行进一步的滤清，把阅读一首诗歌得来的具体的个性化体验升格为人类共同的情感类型，用内化了的感情体验换一种形式，去透析和评价情感的纯度，去理解社会人生，延拓到包括但不限于“战与和”“个人成败与人类福祉”“民众与英雄领袖”的思辨中去。第二步和第三步就是以“为何是这样的”“是真的吗”“还有别的答案吗”“我认为最合理的是哪个”为思维导图，这个阅读教学过程中，既有对诗人各自的心理和情感的理解，又有各自出发点的分析，又有基于现代社会和人生理解的“我的”判断和评价、反思。这一种情感思辨，把感性的情憾与理性的思辨统一起来，从情感理解到跳出作者膜拜再到情感评价与反思，不仅仅是情感教学的层次得到了提升，其实也是为教学内容的重构打开了一扇更深广的大门。

（发表于《语文教学与研究》2016 年 10 期，人大复印资料《高中语文教与学》2017 年 6 期全文转载）

批判性阅读教学的内涵与路径

庄照岗

批判性思维是一种理性的、反省性的思维，其根本指向是真实、公正与合理，其根本目的在于明辨事理，不断修正自我的信念和行动。在批判性思维日益被大家理解、接受并逐渐成为共识的今天，找寻批判性思维教学的出口，让批判性思维从理论走向实践，并建构批判性思维教学的范式，便成了关键。

一、批判性阅读：基于对人类思维惰性的警惕

大卫·赫尔在《科学与选择：生物进化与科学哲学论文集》中说："人类大脑所遵循的准则是：能不用，则不用，该用脑时也不用。"克莉迪亚·法恩在《大脑里的 8 个骗子》中也指出："如果一切都可行的话，大脑会以最适合你的方式解释问题。"可以说，人类在思考问题时，大脑对认知资源的分配与使用极为吝啬，喜欢走捷径，基思·斯坦诺维奇称之为"认知吝啬鬼"。他认为，人类大脑默认的加工模式即是低能耗的自动加工机制，因为人类想尽办法减轻认知负担，试图让自己尽可能地处理更少的信息。人类思维的惰性具体表现在：依靠情感评估，倾向于简单粗暴；失去个人的自主性，为各种认知谬误、认知偏见所迷惑；失去对真实的敏感，跳入各种陷阱与圈套；倾向于过度概括的属性替代，让人们误入歧途；以及高度相信直觉、高冲动性、高片面思维、高信念固着、过度自信等。

体现在阅读上则是盲从，不假思索、坦然接受、人云亦云。不考虑作者的

生平经历，也无视作品的时代背景，有时甚至是忽略具体的文本语境，盲从于权威、教科书、老师，甚至自我。比如《项链》，教科书告诉我们，马蒂尔德是一个爱慕虚荣、追求享乐的小资产阶级典型代表；比如苏轼，林语堂告诉我们，苏东坡是一个不可救药的乐天派；比如严监生，教材节选的《儒林外史》第五回，特别是临死前面对两根灯草不肯闭眼的情节，告诉我们，严监生是一个典型的吝啬鬼、守财奴；比如《祝福》里的祥林嫂，老师告诉我们，她是被封建政权、神权、族权、夫权杀死的。比如《陈情表》，宋人赵与时在《宾退录》中说：读《陈情表》不下泪者，其人必不孝，等等。这些我们都坦然接受，从来没有想过这些观点可能是偏颇的，甚至是错误的。当然，这些认识不无道理，但是我们就要全盘接受，要让自己的脑袋成为别人思想的跑马场吗？我们要执着于那些我们明明知道有漏洞，甚至是错误的结论吗？当然不能，我们需要用批判性思维抵制这些自动化的信息加工，防范随时可能出现的思维惰性与理性障碍。

二、批判之难：谁才是真理的掌握者？

批判性思维是一种追求合理、公正、真实与创新的思维方式，可真实与公正在哪里？合理与创新在哪里？谁拥有它们？又该如何获得？我们知道每个人都是有局限性的，都会受到自身的经验、学识、家庭、职业、阅历，甚至性别、圈子等的影响，一山更比一山高，强中自有强中手。而且任何认识和判断也都不是绝对的真理，都只是在一定语境下才成立、才适用，同时，这些认识与判断也是不断变化的，处在更新发展当中。比如《项链》，对其主题的解读，新中国成立以来就有一个不断发展衍变的过程。教参一度这样表述：《项链》这篇小说塑造了路瓦栽夫人这个虚荣心极强，一心追求享乐的资产阶级妇女形象，进而批判了资本主义社会。改革开放至二十世纪九十年代，对其的解读开始扩大范围，能够开始勇敢地去质疑存在已久的定论，探究的角度也开始多元。钱理群的“命运偶然说”、王富仁的“灾难成全说”就是代表。新课改以来对《项链》的解读更加多元，学术界在感慨命运无常无法避免的同时，开始站在人性慈悲的角度，对马蒂尔德施予同情与悲悯，开始看到路瓦栽夫妇人性中光辉的一面，诸如诚信、负责、坚韧、吃苦耐劳等。① 那么，面对如此多

① 参见李冬雪，建国以来语文教学中《项链》主题解读的衍变研究［D］，沈阳师范大学，2015年。

的观点与看法，如此多的主题解读，哪一种认识才是正确的，我们该接受哪一个？

因此，对这个世界，我们要保持开放的心态，尊重并善于倾听不同的声音，选择对话与合作的方式，避免独断，不要随意接受外界抛给你的任何信息与观点，也不要视自己是真理的理所当然的拥有者。同时，恪守宽容的原则与中立的原则，以合理的最大限度去理解作者的假设、重要概念、观点、理由和推论，这是批判性阅读的理解原则；判断文章好坏时使用的评判标准应该是中立的和无争议的——至少应该是被大多数人认同的，这是批判性阅读的公正原则。其实，最重要的还是要保持理性，“理性使我们获取更多的知识，使我们能够更好地控制行为、情绪以及掌握世界。它使人能够改造自我，进而从实际及象征意义上超越动物的状态。”（罗伯特·诺奇克《合理性的本质》）其具体体现在：为了做出决策而收集信息的认知倾向；为了得出结论而寻求多元观点的倾向；面对问题时思维广度的认知倾向；根据证据矫正已有观点的倾向（基于相斥论据而有意改变信念的倾向）；采取行动前考虑后果的思维倾向；做决策前权衡情境的倾向；寻求细微差别以避免绝对论的倾向等。①

三、批判是对判断的再判断

批判是对判断的再判断，是对否定的再否定，即使它永无止境，即使我们永难达到真理与公正的高度，但可以无限接近真理与公正，可以通过思考与分析、推理与想象，得出一个个性化的、合理的解释。这个解释必须是经得起推敲的和质疑的，因此它必须符合基本的逻辑与情理。即所做判断要有三个基本要素构成：主张（观点）、理由（论据）和假设（中介保证）。主张是判断中最重要的部分，没有主张就无法知道说话者的立场，主张可以陈述一个“事实”，也可以陈述一个“看法”，事实一般来说是没有争议的，而看法则几乎没有不含有争议或不同看法的。主张由理由来支持，当然，有理由支持的主张未必确实可靠，因此需要有假设来评估理由是否充分支持主张。假设虽然常常被省略，但假设却是评判理由的标准。② 比如，《郑伯克段于鄢》中的郑庄公，读

---

① 基思·斯坦诺维奇，《超越智商》[M]，机械工业出版社，2015年第5版，第30页。

② 参见徐贲，明亮的对话：公共说理十八讲［M］，北京：中信出版社，2016年。

完后，很多人认为他是一个阴险狡诈、老谋深算、虚伪至极的人，如果你有不同意见，你可以提出你新的见解，并提供理由。具体来说：

主张：郑庄公是富于智慧的君主。

理由：①示弱昧敌：即位之初，对姜氏步步退让，维持大局稳定。②示愚察臣：表面上沉默无奈，私下观察臣子动向，得到忠贞的祭仲和公子吕。③示仁弃段：表现仁慈与宽怀，收买人心。[①]

假设：示弱、示愚、示仁是智慧的表现。

当然，在理由之外，我们还可以对他人的观点进行反驳。“反驳”，是说理判断中一个很重要的要素，是在说理过程中提前预判对方观点与漏洞，评判对方论据的准确性和可靠性，找出对方“理由”或支持理由的“证据”有谬误或不实之处，同时评判对方推理的质量和逻辑的一致性，对对方的“保证”和支持保证的“支持”提出异议和驳斥。比如针对有人认为郑庄公是一个阴险虚伪的人，我们可以驳斥如下：

①祸因在姜：姜氏宠爱小儿子，纵容共叔段，甚至企图里应外合颠覆庄公政权，夺去君位。②势之必然：庄公与姜氏、共叔段的矛盾实质上是政治矛盾，庄公若不克段，势必就会被共叔段所除。历史上统治者家族内部争权而骨肉相残的事例比比皆是。③情之所需：对弟弟没有赶尽杀绝，对母亲“既而悔之”，可以看出庄公并非假仁假义，相反是个有情有义的人。

四、批判性阅读路径：理解—质疑—重建—反省

相较于传统的娱乐性消遣性阅读、信息性检视性阅读，批判性阅读更强调思考、分析与批判。琼·温克在《批判教育学》中说，批判不仅意味着批评，更意味着透过表面看到深处——思考、批评与分析。董毓教授将批判性阅读分为两个阶段：理解的读与批判的读，理解的读侧重于分析，批判的读侧重于发展。余党绪老师将批判性阅读分为三个环节：设计问题（理解与整合）—文本细读与思维训练（深度分析与论证）—读写活动（发展与创新）。[②] 陈兴才老

---

① 参见夏继先，不问之问的政治智慧——从“郑伯克段于鄢”看郑庄公形象［C］，两岸四地“春秋三传与经学文化”学术研讨会，2009 年。

② 余党绪，整本书阅读：读经典、学思辨、练读写——《鲁滨逊漂流记》“思辨读写”实践［J］，语文学习，2017（6）。

师将批判性阅读（思辨性阅读）的过程分为理解、判断、搜集、辨析、评估、质疑、反省、包容八个阶段。① 叶黎明老师认为批判性阅读有四个过程：怀疑并证实（为一个判断找到根据），有限赞成（发现一个判断的漏洞），否定（推翻一个判断），重建（重新判断）。我们则认为批判性阅读的路径应该是：理解—质疑—重建—反省。具体来说：

理解，即理解文本的观点与内容、意图与根据、推理与解释、结构与层次、主题与人物，特别是要能区分观点与事实，理解文本中不同的观点和态度，填补空白信息，推导言外之意。理解的原则是客观、忠实、全面、包容、尊重、开放；理解的目的在于获取信息、发现论证、整合知识；理解的立场是和作者对话，平等、自主、积极。质疑，即在理解的基础上审慎发问，指向文本的破绽与矛盾、文本的观点与论证、文本的事实与数据、文本的逻辑与偏见等。质疑的原则是严谨合理、有理有据；质疑的目的在于评估、在于建设；质疑的立场是探究、讨论、争辩；质疑的发问方向是：概念是否清晰？信息收集是否全面客观？论据是否准确可信？推理是否合乎逻辑？是否隐藏了未明说的偏见、立场、意图、假设及观点？是否考虑了情境语境？假设是否可靠？辩证是否全面？论证是否有效？是否有绝对论的倾向？等等。重建，即在质疑的基础上建构新的、个性化的判断（认识、观点）。重建的原则是推陈出新、与时俱进；重构的目的在于发展、变通和探索，在于举一反三；重构的立场是自主思考、独立判断。反省，即警惕各种因素给自己带来的偏见、局限和迷失，自我监控、自我批判、自我反思。反省的原则是主动、真实、勇敢；反省的目的是求真、求实、求公正；反省的立场是自我否定、自我对话、自我调整。

以《过秦论》为例：

理解：基于分析的信息提取与整合。

观点：仁义不施而攻守之势异也。

论证：1. 叙述史实，以为论据。1—5 段叙述秦王朝的崛起、发展、兴盛、统一全国直到灭亡的过程，具体来说：①秦创业（雄心勃勃）；②秦日盛（所向披靡）；③秦统一（势如破竹）；④秦灭亡（一败涂地）。2. 横向对比论证：

---

① 陈兴才，思辨性阅读，以什么为思辨的对象？[J]，教育研究与评论：中学教育教学版，2017（5）。

秦国与九国力量对比。九国：兵多（百万之师）、地广（十倍之地）、才众（四君子加六国之士）；秦国：四征（南取、西举、东割、北收），合从缔交，致天下之士（不爱珍器重宝）。最后秦国“宰割天下，分裂山河”，六国“强国请服，弱国入朝”。3. 纵向对比论证：A. 秦国和秦朝的政策对比。秦国：①秦孝公：商君佐之，采取“内立法度，务耕织，修守战之具，外连衡而斗诸侯”的措施；②惠文、武、昭襄：蒙故业，因遗策，延续了秦朝的强盛；③始皇：奋六世之余烈，振长策而御宇内，吞二周亡诸侯。秦朝：①废先王之道，焚百家之言，以愚黔首；②隳名城、杀豪杰，收天下之兵，销锋镝，弱天下之民；③践华为城，因河为池，筑坚固城防；④良将、信臣、精卒守要害之处。B. 陈涉与九国、秦朝对比。秦国：国力，天下非小弱；地利，崤函自若也；陈涉：地位非尊于九国之君，武器非铦于九国钩戟长铩，兵力非亢于九国之师，战术非及向时之士。最后成败异变，功业相反。

隐含前提：秦国施仁义兴盛，九国不施仁义灭亡；秦朝不施仁义灭亡，陈涉（山东豪俊）施仁义兴起。

质疑：对论证的评价。

隐含前提问题：秦国的兴起并非施仁义，秦朝的灭亡也不只是不施仁义。

概念不明：何为仁义？文中找不到解释概念的只言片语。我们能看到的只有两个地方：一为孝公时的“内立法度，务耕织，修守战之具，外连横而斗诸侯”的举措和之后的数代国君对该政策的沿袭。这就是作者为这些举措进行仁义定性的文字吗？二是始皇帝为实现并巩固统一局面而施行的一系列举措。从充斥于这些举措叙述文字的“废”“焚”“杀”等措辞上，我们不仅找不到“仁义”的感觉，更处处感到十足的霸气。

过于绝对化：秦朝灭亡的原因是多方面的，不施仁义只是其一，比如国家面临的情况发生了重大变化，以前可以在一隅行之有效的制度，却不能在全国全面开花。比如秦国法治推行了一百多年后，其本身已经逐步地走向了僵化。

以叙代议：大量史实的交代掩盖不了分析的匮乏，几乎没有论证。

感性有余而理性不足：铺排渲染，骈散结合，音韵铿锵，似乎有不可阻遏的磅礴气势，但恣肆奔流的感情潮水，挑起的只能是情绪的波澜，效果只能是产生感染力，并不能真正使人信服。

论据不够客观准确：对所谓“历史”的叙述，多有夸饰之辞。说到九国之师与秦对决，说“秦无亡矢遗镞之费，而天下诸侯已困矣”，说“伏尸百万，流血漂橹”，夸张之意显而易见；所谓“践华为城，因河为池；据亿丈之城，临不测之渊”，已非轻微张大其词，简直是信口开河。

隐藏了立场与意图：思考秦朝灭亡的原因不是根本目的，目的是以秦的兴亡史实为依据，指出秦亡的过失，借古讽今，意在告诫西汉当朝那些踌躇满志、居功自傲的将相们要多施仁义，否则将会重蹈秦亡之覆辙。作者根本没有说理、以理服人的用意，文章造就磅礴气势的全部意义，仅仅在于紧抓读者心理，裹挟读者的感情，让人不知不觉地跟他一起去关注、思考他要推出的那个结论：仁义不施而攻守之势异也，至于结论合理与否就不是作者要考虑的了。

根本缺陷：以史代证，判断突兀。

反例：宋襄公可谓仁义，不攻打渡河之半的敌军，可何以也身死国灭？张耒：“贾生之论，戏论也。”

重建：得出自己的判断。

观点：从史论经典到文学经典：从审美的角度理解《过秦论》。

论证：1. 历史渊源：《过秦论》最早受到汉代史学家的重视，司马迁在《史记·秦始皇本纪》中以《过秦论》为论秦朝正宗的经典评价，班固在《汉书》中引用了《过秦论》为史论。之后成为后代各朝史学家仿写、摹拟的对象和范式，陆机《辨亡论》在篇章结构和思路上摹拟《过秦论》，论述吴国之所以兴亡的原因。明代方岳贡曾评《过秦论》：“此文迂回层折，以盛衰之势相形，干宝《晋论》大概规仿此。”认为干宝的《晋论》摹拟《过秦论》。魏晋时期开始以审美的视角看待前代作品，包括贾谊的《过秦论》。左思在《咏史诗》中“著论准《过秦》，作赋拟《子虚》”。把《过秦论》与《子虚赋》作为文人文学才华的代表。刘勰在《文心雕龙》中多次提及贾谊的才情，“英华出于情性，贾生俊发，则文洁而体清。”真正确定《过秦论》文学价值的梁太子萧统《文选》，并把它收在“论”之首篇，之后《过秦论》的文学价值得到普遍认同。①

2. 文学价值：①谋篇布局，匠心独运。评论秦之过失，先叙后议，记叙的事实是议论的前提和依据，让事实先行，议论与众不同，清人吴调侯、吴楚材

① 参见吴承学，《过秦论》：一个文学经典的形成［J］，文学评论，2005（3）：136—145。

评说："过秦论者，论秦之过也，秦过只是末，仁义不施一句便道尽，从前竟不说出。层次敲击，笔笔放松，正笔笔鞭紧，波澜层折，姿态横生，使读者有一唱三叹之致。"②精心裁剪，详略得当。文章简写秦国的发展兴盛，特别是惠文、武、昭襄王一笔带过，而对九国合而攻秦则不惜笔墨。对秦国的备战只字未提，应战也只是"秦人开关延敌"一笔带过，对秦始皇则极力铺叙，一写秦始皇一统天下至高无上的权威，二写他巩固政权的一系列措施，都不厌其烦。可谓详略得体，轻重适宜，中心突出。③语言文采华詹，汪洋恣肆。明显带有赋的特色，讲究铺排渲染，例如开头写秦孝公的雄心，连用"席卷天下""包举宇内""囊括四海""并吞八荒"等词语；中间写九国之师攻秦，四君、九国、谋臣、策士、武将，一一列名，富有声势；写秦始皇，则极力塑造出他那"威加海内"的形象。行文又多用骈偶，如"振长策而御宇内，吞二周而亡诸侯，履至尊而制六合，执敲扑而鞭笞天下"，读起来铿锵有声。它的骈偶非常灵活，有时字数不尽相等，有些骈语甚至包含在散句之中，如"然后践华为城，因河为池，据亿丈之城，临不测之渊，以为固"。句式变化多端，不显单调。④对比反衬，突出中心。《过秦论》通篇对比，秦国本身先强后弱，先盛后衰，先兴旺后灭亡的对比，秦与九国之师的对比，陈涉与九国之师的对比，秦与陈涉的对比，几种对比交织在一起，让人对秦的灭亡感到触目惊心，让人对秦灭亡的原因认识得更加深刻透彻，有力地突出中心：仁义不施而攻守之势异也。①

隐含前提：进入中学语文教材的文章，我们应该更多地从语文的视角去解读它。即使它的观点有所偏颇，并不妨碍我们的理解，反而是批判性思维培养的重要切入点。

反省：修正已有的认知。

经典的作品是常读常新的，随着我们年龄的增长、阅历的增多，对同一篇文章的理解也会是不断变化的，这时我们就不要固执于以前的看法不变，要敢于修正自我的认识。有时候换个视角去理解，可能会得出不同的结论。比如《过秦论》，抛开历史与文学，站在今人的角度去看，我们可能有新的发现。①九国破灭非兵不利战不善，而在于貌合而神离，既攻秦又各自制衡，既联盟

① 参见吴国建，析《过秦论》的历史价值和文学价值［J］，长城，2011（10）：120—122。

又各有算盘，倘有一国冒死出击余人观望，其为秦所灭殊为不值。无必死之斗志，无团结之一心，九国就是一盘散沙，不足为惧，难敌强秦之锋芒。秦人之所以敢开关延敌，盖因秦军自恃强勇锐透、所向披靡，这自信来自年深日久充足准备的实力。②秦之胜在于雄韬伟略，野心勃勃，一心想扩张霸权，大事规划，执行力强，勇猛精进。秦之灭在于帝王之心太过高远，干的事情大大超出国力人力物力。秦始皇与杨广均以两代而告终，所立功业举世无匹，罪在当代而利在千秋。两代都只知一味强暴豪夺、涸泽人心，百姓早已怀恨背离。须知夺取靠暴力竞争，但管理必靠仁义道德、忠孝礼智。③陈涉之胜在于应时而动，敢为天下先；彼时天下已是民意汹汹，怨声四起，只差一根能点燃百姓怒火的火柴；陈涉置之死地，适逢其会，故孤注一掷、背水一战，未料到到天下云集而响应。陈涉之败在于一时兴起而难以为继，虽夫子圣人军神贵族不敢为的事让他办成了，但后计无着，策略、人才皆无，最后还得靠实力说话。

最后，批判性阅读培养的是理性、开放、自主、创造的人，是独立思考、敢于质疑、善于求证的现代公民，是自我监控、主动修正、积极建构的当代中学生。批判性阅读教学不仅要给学生提供思维的路径，还要尽可能地给学生提供多元阅读、主动思考的环境和文化氛围，让学生在直面文本的冲突与矛盾中学会思考、学会辨析、学会判断、学会选择，积极建构公正、合理、创新的思维方式，形成尊重、包容、理解、开放的现代人格。

下 · 案例呈现

曾点气象：儒家的盛世写照还是道家的消极隐退？

——《子路、曾皙、冉有、公西华侍坐》教学案例研究

广西师范大学附属外国语学校　张华峰

一、核心问题

孔子的四位弟子谈论理想，三位弟子谈的都是具体的理想，然而曾点却没有正面回答问题。为什么孔子单独赞赏曾点？为什么朱熹反复强调曾点“狂妄”“不可学”？

《子路、曾皙、冉有、公西华侍坐》(以下简称《侍坐》) 是《论语》中最长的篇章之一。

《侍坐》大概一是因为在场弟子人数多，各自的回忆可以相互补充，记录的内容就特别丰富。二是因为谈论的内容给弟子留下难以磨灭的印象，所以记录比较完整。三是因为不仅仅是回忆孔子的言论，而且记叙师生交谈的过程，绘声绘色描述场景，活灵活现表现人物神情，是《论语》中最有温度的一章。已发表的《侍坐》的教学设计中，教学目标和教学重难点主要集中在以下几个方面：

1. 准确理解孔子对其他三位弟子的态度，明确“哂由”的根本原因和表现分寸。感受孔子的因材施教和对弟子的仁爱之心。明确礼是建立在仁的基础上的。

2. 探讨《侍坐》中孔子和四位弟子的人物形象。

3. 赏析文中和谐愉悦的师生关系。

4. 从曾皙鼓瑟的音乐背景来看《侍坐》的教学风格。

5. 探究“舞雩春风”的意境美以及所寄托的孔子理想。

众多的研究者主要把精力放在探究孔子师徒五人对话的场景还原上，例如贺少君在《侍坐中的四弟子像》中依次分析了四弟子的性格后，这样写道：

> “我们在欣赏师徒探究对答的精彩场景时，还应该想到孔子师徒平日如父子的亲密关系和互相的深切理解。”

此外，大家普遍聚焦在曾点的理想上，对他所提到的“舞雩春风”加以辨析。比较集中的意见是认可曾点的理想中寄托了天下太平的缩影，如孙绍振认为“这可以理解为孔子仁政、礼乐、教化的理想的实现，达到了‘老者安之，朋友信之，少者怀之’的境界。”他接着用抒情的笔调描绘了这一画面：

“更强化了一种逍遥的风貌：三五成群，老老少少，沐浴着暮春的水温，迎着扑面的春风，歌唱着，享受着大自然的恩惠，体验着人际的和谐。这样的情境，带着很强的抒情性，构成一种诗化的情调。”（孙绍振《对话背后的个性和难得的抒情》）

这些文本分析都很准确地抓住了曾点的“舞雩春风”作为重点，基本上都是一边倒地赞美曾点。然而，对于曾点的理想中有可能出现的“粗疏”“狂妄”“不着边际”却少有人注意到。研读《朱子语类》后，我们发现，朱熹和弟子们花了很大的篇幅探讨《侍坐》章，他们也肯定曾点的长处，但是尤其是晚年时期的朱熹，对“舞雩春风”的曾点式狂放表现了特别的警惕。他再三告诫学生，曾点“不可学”。请大家看这一则朱熹和弟子的对话：

> 曰：“某尝说，曾皙不可学。他是偶然见得如此，夫子也是一时被他说得恁地也快活人，故与之。今人若要学他，便会狂妄了。他父子之学正相反。曾子是一步一步踏着实地去做，直到那‘参乎！吾道一以贯之。’曾子曰：‘唯。’方是。”（《朱子语类·侍坐》）

我们确定了这篇课文的核心问题——

为什么孔子单独赞赏曾点？为什么朱熹反复强调曾点“狂妄”“不可学”?

那么，在探究孔子赞赏曾点的“真意”以及“狂妄”之时，我们不妨从“侍坐”的时间推测、侍坐的师生心态、“夫子哂之”的语境还原、“舞雩春风”和“尧舜气象”的契合点入手。基于此，我的教学设想分为以下几个环节：

（一）课前预习：请学生阅读课文，查找“侍坐”最有可能的时间、地点。

（二）教学重点：探究孔子“与点”的多层次原因，结合孔子的经历，形成多角度的论据链条。可以让同学们从以下几个小问题来逐步探究：

1. 查找资料，探究“侍坐”最有可能的时间以及当时师徒五人的大致年龄。

2. 子路的理想是什么？“夫子哂之”的真实意思究竟如何？后面冉有、公西华的理想分别又是什么？

3. 曾点的回答有哪些不同寻常之处？为什么孔子会赞同曾点？

4. 朱熹对曾点的“舞雩春风”为什么越来越保持警惕？他害怕学生滑入什么误区？

（三）教学拓展：从朱熹治学的经验，谈谈我们应该怎样对待古籍。

二、教学扫描及反思

（一）教学扫描一：查找“侍坐”最有可能的时间、地点

要想“还原”历史现场，理解透彻孔子赞同曾点的原因，就有必要弄清楚“侍坐”发生的大致时间以及地点，从而知人论世，更好地了解“曾点气象”的真义：

师：要更好地理解“侍坐”，首先就要搞清楚“侍坐”发生的时间地点，当时孔子和“四子”的年龄。请大家思考一下，“侍坐”的发生需要满足哪些条件。

生：我查阅了《史记·孔子世家》和《仲尼弟子列传》，有以下发现——子路：名仲由，字子路。比孔子小 9 岁。曾皙：名点，字皙。《仲尼弟子列传》没有记载他的年龄。他是曾参的父亲，《仲尼弟子列传》记载曾参比孔子小 46 岁，由此曾皙应该比孔子小 20 多岁，年龄比子路小，比冉有大，在四人中应该排行第二。冉有，名求，字子有，比孔子小 29 岁。公西华：名赤，字子华，比孔子小 42 岁。

生：如果公西华15岁，那么孔子应该是57岁，如果公西华当时16岁，那么孔子58岁。也就是公元前495—前494年之间。

师：同学们说得不错。孔子问弟子“如或知尔，则何以哉”，说明四位弟子皆未被人所“知”，起码当时未从政。综合这三个条件的时间，最有可能是刚才同学讲到的在孔子57—58岁期间。

这次对话的背景就是“不知”，孔子很巧妙地引导学生说“如或知尔”，让同学们从正面来设想美好的未来。这就是儒家的理想主义：在颠沛流离的岁月里依然需要坚守，需要信念的支撑。

杨义在《论语还原》中说，“《论语》是一尊巨钟，小叩则小鸣，大叩则大鸣。”在教学过程中，不断追问学生，尽量还原出“活的场景”，让学生感知孔子师生当年的困惑与坚守，也就能够让学生更加容易理解、走进文本。

（二）教学扫描二：探究“三子”的务实理想以及“曾点气象”

孔子喜欢和自己的弟子自由谈论各自的理想。这类记述常在师徒的比较之间显示精神境界的高下。比如《公冶长篇》中的“颜渊季路侍”，就是老师坐下，弟子站着说话的。同学们来探讨一下“三子”的理想和曾点的理想各有什么特点。

师：三位弟子的理想分别是什么呢？子路为什么会“率尔而对”呢？

生：子路的理想是“由也为之，比及三年，可使有勇，且知方也”。

师：挺好的。用现在的话来说，子路是希望当哪方面的专家呢？

生：军事家。“可使有勇”，子路的性格就很勇猛。这就是他的理想。

师：“且知方也”呢？你漏掉了这一句。子路毕竟是孔门的三大弟子之一。

生：应该是教育家。“方”是是非准则的意思。“知方”就是教会百姓为人处世的道理，因而类似教育家。

生：冉有的理想应该是当一位经济学家。他提到的是“可使足民”，可见他想发展民生，想当一位经济学家。

生：公西华的理想是外交官。他说的是“愿为小相焉”，“小相”就是主管司仪的官员。可见公西华在这方面有些想法。

师：我们先来探究这三位弟子的理想。这三位弟子谁的理想最难实现？为什么呢？

生：当然是子路。

师：请用证据说话。

生：他想当军事家和教育家，任务最多。

师：这是一条理由。还有其他理由吗？请同学们读读子路的这段话，看看他给自己设置了哪些难处。

生：首先是治理千乘之国。千乘之国是中等以上的国家。城濮之战中晋文公能出动的兵力就是“七百乘”。《论语·学而》：“子曰，道千乘之国，敬事而信，节用而爱人，使民以时。”其次，这个国家处于危难之间：“摄乎大国之间，加之以师旅，因之以饥馑”，极力渲染这个国家面对的国际环境恶劣，内忧外患。第三，时间短暂，只有三年。第四，任务重。这点刚才同学已经谈到了。

师：非常好。在孔子看来，子路的理想很难实现。所以孔子笑子路不谦虚。但是，孔子“哂之”，绝不是讥讽轻视，也没有指责子路狂妄自大之意。对于子路的施政能力，孔子是有信心的，曾经说过“由也，千乘之国，可使治其赋也”(《论语·公冶长》)。

孔子对子路的笑，并不是嘲笑，更多的是一种会心的笑，“果然如此”的笑。

师：对于曾点的理想，历来有多种解读。比较有影响的是两种：第一种是道家的逍遥自在，隐居之乐；第二种是儒家的天下郅治，大同社会的缩影。请同学们结合前后文，谈谈你的看法。

生：我认为曾点的理想更接近道家。前面孔子就讲过：“道不行，乘桴浮于海，从我者其由与?”可以看出来，孔子和弟子子路早就有归隐的想法。

生：我也赞同道家逍遥自在的观点。孔子还说过“为政以德，譬如北辰，居其所而众星拱之”的话，这话其实也带有一些道家的观点。他还说“归与归与”的话，说明孔子在沮丧的时候总会想着逍遥自在，归隐田园。

生：我不赞同。我觉得应该是天下大同的和谐画面。我觉得孔子是儒家的创始人，他不应该会有道家的想法。而且“侍坐”是《论语》中篇幅最长的一章，也不太可能选择道家的思想放在里面。

生：我也认可儒家说。一开始我们就讲到了孔子出游是为了“使人知”，他让弟子们谈论理想也是建立在“如或知尔”的前提下。因此，这里曾点的志向不太可能是道家的。

师：同学们的探讨比较积极，尤其是能够结合《论语》中孔子的其他言行作为旁证。关于这个问题，我们的先人其实已经争论了超过千年。认可道家的认为“这不是儒家思想，而是道家的思想；而且这篇文字在《论语》中篇幅亦长，恐怕是战国时期孔门后学所记。”①

不过，我们理解曾皙这段话的含义，不能脱离当时的语境。曾皙是回答孔子“如或知尔”的问题，所以他描绘的这个场景就是期望得到君主信任治国理政的成果，将子路“可使有勇，且知方也”、冉有“可使足民”的目标以及孔子大力倡导的礼乐文明具化为百姓安居乐业、心情舒畅、有很高幸福指数的日常生活场景，同时也表现出曾皙举重若轻、游刃有余的气度。侍坐发生在孔子停留卫国期间。孔子虽没得到卫灵公的重用，但是施展政治抱负的雄心犹在，曾说“苟有用我者，朞月而已，三年有成”(《史记·孔子世家》)。所以，孔子赞同曾皙，既是对曾皙施政能力的赞赏，也是对自己政治理想的憧憬。

其余三位弟子都是在“如或知尔”的框架内谈论理想，曾点不太可能在这种时候表达和道家思想相关联的理想：即使表达了类似的理想，也不太可能被儒家最为重要的经典《论语》中最长的一篇所记载。

教师采用“还原”的办法，尽可能地回到当时的情境，让学生设身处地思考“侍坐”发生的场景，从而尽可能贴近、理解原文。

（三）教学扫描三：朱熹对“曾点气象”的辩证思考

很多教师把教学重点放在探究曾点之志上，往往停留在对曾皙的赞美。在研读《朱子语类》中关于“侍坐”的段落后，发现朱熹对“曾点气象”有着不同思考。为此，我设计了这一教学环节。

师：请大家看看以下几则《朱子语类》中的话语，看看朱熹对曾点是怎么评论的，尤其要关注一下朱熹对曾点的评价有变化吗？（PPT 展示）

曾点之志，如凤凰翔于千仞之上，故其言曰：“异乎三子者之撰。”

曾点见得事事物物上皆是天理流行。良辰美景，与几个好朋友行乐。他看

① 刘盼遂等主编的《中国历代散文选》上册第 116 页。

那几个说底功名事业，都不是了。他看见日用之间，莫非天理，在在处处，莫非可乐。他自见得那“春服既成，冠者五六人，童子六七人，浴乎沂，风乎舞雩，咏而归”处，此是可乐天理。

恭甫问：“曾点‘咏而归’，意思如何?”曰：“曾点见处极高，只是工夫疏略。他狂之病处易见，却要看他狂之好处是如何……”又曰：“曾点意思，与庄周相似，只不至如此跌荡。庄子见处亦高，只不合将来玩弄了。”

曾点言志，当时夫子只是见他说几句索性话，令人快意，所以与之。其实细密工夫却多欠阙，便似庄列。如季武子死，倚其门而歌，打曾参仆地，皆有些狂怪。

生：老师，有变化，包含了褒贬两个方面的内容。褒的语句有“曾点之志，如凤凰翔于千仞之上”“曾点见得事事物物上皆是天理流行”“可乐天理”这些句子。

贬的句子有“工夫疏略。他狂之病处易见”“曾点意思，与庄周相似，只不至如此跌荡。庄子见处亦高，只不合将来玩弄了。”“其实细密工夫却多欠阙，便似庄列。如季武子死，倚其门而歌，打曾参仆地，皆有些狂怪。”

师：挺好的。你找准了这些关键句。能不能用大家容易理解的话谈谈朱熹究竟是怎么评价曾点的。

生：总之，朱熹褒扬曾点时夸奖他志向远大，说出了“天理”；批评的时候说曾点有些“狂妄”，和庄周的道家相似。

师：为什么会有这种矛盾的评价呢?你们赞同朱熹的看法吗?

生：不能理解。朱熹自相矛盾。

生：赞同。如果我们仔细阅读的话，就会发现矛盾中其实有着内在的统一。朱熹赞赏的是曾点的理想和抱负，这是儒家的最高梦想。但是朱熹警惕的却是曾点只空洞地提到理想和抱负，根本就没有任何地方谈到如何实现这种理想和抱负。这样的话，理想越是高远，就越容易流入空想的范畴。

师：是啊。大家要是读完了整本《论语》，就会发现朱熹的担忧并不是凭空而来的。孔子说“能近取譬，可谓仁之方也矣”。关键就在“近”，就在实现的“路径”。大家看之前的子路、冉有、公西华有具体的“路径”吗?

生：有的。就是前面说到的“军事家”“经济学家”“外交官”之类的。

师：是啊，这些路径都是和他们自己的个性特点相匹配的。子路勇猛，忠诚，当军事家没有问题，所以老师笑一笑；孔子曾说："求也，千室之邑，百乘之家，可使为之宰也。……赤也，束带立于朝，可使与宾客言也"一个有经济方面的专长，一个有外交方面的本领。老师也非常了解他们。然而曾皙呢？在整本书中，只出现过这一次。他的这些谈话好像凭空而来，无所依傍。因而朱熹的这些话语，体会体会朱熹"朝乾夕惕"的心境。同时，我们自己也能从"侍坐"中获得很多启发啊！

……

学生很容易能够从节选的内容中找到相关语句来看出朱熹对待曾点的矛盾态度，但容易理解得比较肤浅、片面，更容易让学习停留在表面上，和自己的德行修养没有结合起来，学《论语》不应该停留在字面的学习，对于自身的修养却毫不涉及。

师：同学们，从朱熹关于曾点的态度变化这件事情中，我们可以获得怎样的启示？

生：那就是不能迷信。不要以为曾点的话完全值得学习。

生：对，不能迷信，更不要以为孔子赞许的就完全值得效仿。

师：同学们想想，迷信的反义词是什么呢？

生：……

师：应该是"智信"，是理智的相信，在对事实进行细心的甄别、判断、选择之后的智信。请大家学会理性而又温和的怀疑，理性而又温和的判断、坚守。

三、思辨读写

（一）"侍坐"是《论语》最长的篇章，也是很有"温度"的一章，"温度"来自诸多有意思的细节描绘。请将本章改写为散文或者小说，可以添加你认为有趣味的细节。

（二）孔子说"吾与点也"。朱熹前后期对于曾点的态度却有着很大的变化。对曾点的理想、孔子的赞美、朱熹的褒贬，你有什么样的看法呢？谈谈你对这段话的理解？

四、教学资源链接

1. 徐林，《〈子路、曾皙、冉有、公西华侍坐〉孔子人物解析》，《文学教育》，2018 年 12 月 126。

2. 陈一平，《〈子路、曾皙、冉有、公西华侍坐〉解读》，《语文月刊》，2018 年第 11 期 62—65。

3. 贺少君，《〈子路、曾皙、冉有、公西华侍坐〉中的四弟子像》，《语文学习》，2011（12）47—48。

4. 张广录、程红兵，《〈子路、曾皙、冉有、公西华侍坐〉课例鉴赏》，语文教学通讯，2012（7—8 期）71—74。

5. 田智忠，《朱熹论“曾点气象”研究》，河北大学哲学硕士论文，2003.6。

6. 杨义，《论语还原》，中华书局，2015 年 3 月。

庄子的突围

——《庖丁解牛》思辨教学案例

宁波外国语学校　王　丹

一、核心问题：解牛之道和养生之道有何内在联系？

《庖丁解牛》一文选自《庄子·养生主》，是一个脍炙人口的寓言故事。庄子用灵动的语言描画出一位解牛技艺高超的神庖形象，说明了世间事物变化万端，但只要掌握规律，反复实践，任何问题都能迎刃而解的道理。郭沫若这样评价庄子，“他的文辞确是‘環瑋’而‘淑诡’”，因而“他不仅是一位出类的思想家，而且是一位拔萃的文学家”。基于这两点认识，传统课堂的解读，首先通过对字词的疏通，赏析庖丁高超的解牛技巧，进而品味庄子精湛的语言艺术；其次解读庄子如何托庖丁之口借解牛之道论养生之道，在于遵循规律、顺时而化。从文字进阶到文学，从文学深格至文化，这些都是教授该文的宝贵经验。

“养生主”意为涵养生命的要义。涵养生命是一个抽象的哲学问题。对于初承哲学意识和生命体验的高中生而言，这个问题深奥又极具魅力：庄子哲学中的朴素唯心观与生命意识都为学生打开了全新的视界。通过学习，如果仅仅告之涵养生命的关键在于遵循规律、顺时而化，总给人隔靴搔痒之感。所以，我们不妨多走一步：庄子哲学中所谓的“规律”是什么？涵养生命的意义又是什么？简言之，养生之道何意，养生之道何在，养生之道何价，这三个问题一脉相承，不能仅仅停留在对第一个问题的解决上。

本文教学的核心问题，是解牛之道与养生之道有何内在联系。子问题有三：从解牛之道悟得的养生之道何意、何在、何价。养生之道意在遵循规律、顺时而化，在此不再赘述。我们将关注重点放在后面两个问题上。

首先，庄子所谓的规律是什么？解牛规律的第一重涵义是牛体结构所代表的客观规律。庖丁看到了牛体的天然构造，然后避重就轻，臻于化境。但在面对客观规律时，主体又以何规律应对？这是解牛规律的第二重涵义，亦是今天我们教学的难点之一。细心的读者可以发现，该文由一条隐形的线串连：庖丁/不以目视/官知止/技经肯綮之未尝/刀刃者无厚/以无厚入有间/动刀甚微/善刀而藏之/刀刃若新发于硎。庖丁无名，解牛无视，官能无用，牛体无尝，刀刃无厚，动刀无形，善刀藏隐，牛刀无伤。我们引导学生挖掘庄子哲学中的一个重要概念：无。用什么规律解牛？或者用什么规律养生？就是这个“无”字：无胜于有，动不如静；无用即是大用，无为即有作为。这种“无”体现在为人处世上，就是无欲无念，勿动勿顾，方能颐寿养年。正因人们对于“有”的执念，才在一定程度上造成自戕。所以庄子在《养生主》开篇即论：“吾生也有涯，而知也无涯。以有涯随无涯，殆已！已而为知者，殆而已矣！为善无近名，为恶无近刑。缘督以为经，可以保身，可以全生，可以养亲，可以尽年。”

其次，庄子强调养生之道的意义是什么？那个动荡年代，面对肉体和精神的双重困境，面对个体和群体生存的双重困境，庄子如何突围，这是今天我们教学的难点之二。庄子给出的第一个答案是：技经肯綮的牛好比错综的社会关系，庖丁手上的刀就是渺小的个体生命，在复杂的境地中找到生命得以存活的余地，无欲无念，勿动勿顾，保身尽年。其次，庖丁为文惠君解牛，更像是一场精心策划的表演，我们很难将庖丁和一个手握屠刀的屠夫形象关联起来；相反，殷切说理的庖丁与胸有沟壑的庄子逐渐合二为一，正在切切地向“文惠君”（梁惠王）表达群体生命如何涵养的至理：无战无争，无刚无强，保国尽年。历史上的梁惠王是一个怎样的人？我们参照《战国策·齐策五》和孟子《梁惠王》篇，发现历史和故事中的梁惠王形象高度统一。庄子用寓言虚构一场表演和对话，从“养生”的角度告诫梁惠王如何养民，可谓用意深远。这一点发见，基本破除了一贯以来学生对庄子无为避世的固化认识，使他们开始学会用新的眼光重新审视庄子。

基于以上认识，我将《庖丁解牛》的教学活动设计如下：

（一）课前准备：请学生查找庄子的生活时代背景和思想主张；课前下发《庖丁解牛》注释和译文，通过小组合作方式疏通字词和文意；赏析文本语言，感悟故事心得。

（二）教学重难点：理解解牛之道与养生之道的内在联系，深度读、悟庄子的生存哲学思想。涵盖三个子问题，逐层递进：

1. 受解牛之道启发，主体应该如何涵养生命？

2. 庄子主张涵养生命的规律是什么？

3. 庄子主张涵养生命具有什么意义？

（三）群文阅读拓展：比较阅读《庖丁解牛》《孟子·梁惠王》（节选）《战国策·齐策五》（节选），深度了解庄子“指事类情”的属文用意，从而体味庄子的治世观。

二、教学扫描及反思

（一）教学扫描一：何为解牛之“道”

通过文本预习，学生基本掌握文意，能够找出庖丁解牛技艺高超的关键在于“道”。何为“道”？课文注释“道”为“天道，自然的规律”。据此，很多老师教学过程中仅将“道”理解为客观规律。我们不妨通过一张表格帮助学生深化对“道”的认识。

师：庖丁是怎样练成解牛神功的呢？我们通过一张表格来看看他的进阶过程。仿照例句，说说你填的答案和理由。

庖丁解牛神技进阶秘笈

修炼时间	招　式	武　器	心　法	我的感悟
例：始	目视—举刀—折牛	族庖月更刀	见牛是牛	过硬易折 过刚易夭

生：庖丁进阶的第二步应该是“目视—挥刀—割牛”，第三步是“神遇—游刃—解牛”。文中说“三年之后，未尝见全牛也”，可见这个时候只是“未见

全牛”，牛的形象逐渐弱化，他看到了牛体的天然结构，但主要还是靠眼睛观察，所以还应用“目视”。

生：我不同意。我觉得第二步应该是“官知”。“未见”就是看不见，这个“未”修饰“见”而非修饰“全牛”。后文说“方今之时”“官知止而神欲行”，说明在“神行”之前，庖丁通过五感来体会牛的存在，已经不用眼睛看了。

师：同学们很细心，一个翻译，一个推理。庖丁讲述了进阶的三个重要时间节点，同时也对应了进阶的三步骤。从低阶“目视”，到中阶“官知”，再到高阶“神遇”，这个逻辑比较通顺。

生：我有不同看法。“目视”也是“官知”的一个方面，不能说不用眼睛观察，而是五感全被他调动起来。所以，我觉得课文的注释有问题。

生：译者将“官知止而神欲行”解释为“视觉停止了，而精神在活动”，我觉得不如译成“感官活动停止了，而只靠精神活动来行事”更为恰切。

学生在“未尝见全牛”和“官知”的认知上产生了分歧。经过讨论，学生逐渐认识到：一、牛的表象逐渐消失，剩下的是自然规律，从形象走向抽象；二、人的表象也在逐渐弱化，视觉的自由度大大拓展，最终上升到精神的维度，从肉体走向精神。在庄子看来，主体的精神自由比客体的物质存在更重要，心的自由比眼睛更亮，能通透世间万物。这是庄子唯心观最朴素的陈述。惯于用唯物论思考的我们经常会忽视这一点，所以往往解读到自然之“道”就点到为止，不能看到心凝形释的精神之“道”。

（二）教学扫描二：解牛之道与养生之道有何内在联系

解牛之道有二：牛体自然之道，主体精神之道。这是一场主客内外的际会。文惠君大赞其道，又得出养生之道。那么，解牛之道与养生之道又有何内在联系？

师：这个故事很精彩，但细想又有一些疑点，你能找出来吗？

生：一个屠夫居然说出这样一番高明的话，让人不得不怀疑他的身份。

生：这是庄子虚构的，历史上哪有这个人？如果这么有名，怎么会没有名字？

师：庖丁没有名字吗？

生：是呀。今天我们说“园丁”“壮丁”，可见“丁”不是名字。

师：即使“丁”是名字，庖丁的父母给他取名也太随便了！庄子用“庖丁”为他命名，意图是？

生：弱化他的存在感。（众生笑）

师：在虚构故事里还有很多主人公没有名字，比如说？

生众：鲁迅笔下的阿Q，卡夫卡《城堡》里的K……

师：很好！为什么不给他们取名？

生：可能是因为这个主人公代表一类人；也有可能这个主人公不仅指向具体的人，在某种程度上还指向一种抽象的精神或文化现象。

师：很好！像庄子笔下的庖丁，没有外貌、年龄、名字，身份模糊。释放他的具象，凝成一个抽象的精神符号。这也正应和文中所说的，庖丁关注的是抽象的“道”，而非具象的“技”。可见，人和技在道面前，彻底弱化甚至消失了。

生：“刀刃者无厚”也有问题。刀刃怎么会没有厚度？这不科学。

生：不能从科学角度来解释这把刀。武侠小说里说武林高手“人剑合一”，庖丁手里的刀应该和他合二为一了。

师：这样说来，刀看似是那把刀，又不是那把刀了？（众生笑）

生：是呀，刀也不见了。

师：我来换个表述。具象的刀也不见了，剩下的是？

生众：抽象的刀（道）。（众生笑）

经过师生的共同努力，我们发现，牛体、解牛者、牛刀、动作等等都开始隐位，规律、精神或者说“道”的形象愈加明晰：解牛过程指向“无”，但最终又产生了“有”，且这个“有”是一个抽象且更高境界的“有”。联系到涵养生命，学生很自然就想到道家常说的“无为”，无为即有大为。“无为”如何能涵养生命？我又找了郭庆藩《庄子集释》中的一段话佐证：“庖丁之解牛，一如生命之游于人间世，解牛而刀刃无割折，犹如生命游于天地间而不伤。盖解牛之难，原不在所解之牛之筋骨错杂，而在其解牛之刃之未得其间。然则何以未能得其间，即在其未能无厚也。而人心之所以厚者，即在人心对善恶名刑之执而已。”至此，学生通识的“无为”就不止停留在一个词上，他们开始对庄子的生命观和人生观有了更加明晰的同理和共情。

（三）教学扫描三：养生之“道”体现庄子怎样的用意

荀子《解蔽》言：“庄子蔽于天而不知人。”认为庄子局囿于天道自然而忽略世事人治，这造成了后世对庄子形象的普遍误解。由于阅读量有限，学生对庄子及其思想的认识和了解也过于肤浅、固化。如何打破这种偏见呢？

师：我还有一个疑点，梁惠王为什么会来欣赏庖丁解牛？

生：“庖丁为文惠君解牛”，这个“为”字体现了主观目的性，要么是慕名而来，要么魏国宫廷就有这项表演，专门欣赏屠牛。古罗马斗兽场就是这样，欣赏斗牛。（众生笑）

师：有道理。可见梁惠王是一个怎样的人？

生：喜欢血腥和刺激。

师：这是庄子笔下虚构的梁惠王形象，事实是否如此呢？请阅读《孟子·梁惠王上》和《战国策·齐策五》（译文），结合本文概括出梁惠王的形象特点。

（五分钟后）

生：梁惠王好大喜功，四处攻占，下场很惨。

师：有多惨？能用原文表述出来吗？

生：《孟》中他发出这样的感慨：“及寡人之身，东败于齐，长子死焉；西丧地于秦七百里；南辱于楚。寡人耻之。”因为好战，长子死于战争，祖宗的基业也被邻国吞并殆尽。

生：这些事在《战》中也有记载。梁惠王依仗国势强大，居然想取代天子，一国独大，引起诸侯不满。商鞅利用他好大喜功、刚愎自用的性格弱点，从中挑拨，最终导致他在齐魏大战中战败，十万大军被屠，太子申被杀，从此魏国衰颓，退出了争霸的舞台。

师：很好！国家有这样的君主，最不幸的是谁？

生众：百姓。

师：那么，庄子为什么将梁惠王设定为庖丁说理的对象？

生：庄子想借庖丁之口，委婉地告诉梁惠王，个体想要在纷繁的世上生存，需要无欲无念；国家想要在复杂的环境中长治久安，君主必须克制欲望，不要轻易发动战争。

师：说得好！无战无争，无刚无强，方能保国安民。儒家的孟子和道家的庄子，虽然观点不同，学派迥异，但是在家国天下的治理上，都主张安民。还有呢？

生：逞欲有度。个体纵欲会使人疯狂甚至戕害生命，君主纵欲会将国家和人民拖入毁灭的深渊。

师：是呀，这才是庄子！一个遗世独立又心怀天下的庄子！有人这样评价他："庄子眼极冷，心肠最热。眼冷，故是非不管：心肠热，故感慨万端。虽知无用，而未能忘情，到底是热肠挂住：虽不能忘情，而终不下手，到底是冷眼看穿。"（胡文英《庄子独见》）这是对他最好的注脚。

以往，学生对道家学派的核心命题"道"知之甚少，或者误解颇多。道家言"道可道，非常道"，诠释诸多，但无一例外都增加了道的神秘性。今天，我借庄子的寓言故事《庖丁解牛》，试图给学生打开一个认识的窗口，告诉他们：道是可道可识的，道是随处存在的，道可指导个体的日常生活，道亦可规范国家的制度主张；主张道的庄子是随性自由的，提倡道的庄子又是忧虑困顿的。他在自己的精神困境中实现了突围，字里行间充满着人文关怀的温情。

三、思辨读写

（一）欧阳修《归田录》记载："陈康肃公善射，当世无双，公亦以此自矜。尝射于家圃，有卖油翁释担而立，睨之，久而不去。见其发矢十中八九，但微颔之。康肃问曰：'汝亦知射乎？吾射不亦精乎？'翁曰：'无他，但手熟尔。'康肃忿然曰：'尔安敢轻吾射！'翁曰：'以我酌油知之。'乃取一葫芦置于地，以钱覆其口，徐以杓酌油沥之，自钱孔入，而钱不湿。因曰：'我亦无他，惟手熟尔。'康肃笑而遣之。此与庄生所谓解牛斫轮者何异？"

在欧阳修看来，"此与庄生所谓解牛斫轮者何异？"你同意他的看法吗？人教版初中语文教材选录此文时，删掉了这句话，理由会是什么呢？请结合本文，谈谈你的看法。

（二）周锋利《解牛之解——游刃有余的处世之道》："（庄子）的'游世'是要保持个体精神的自由与独立。这与投机取巧的滑头主义、明哲保身的市侩哲学和毫无诚信的玩世不恭是大相径庭的。他不是一种浅层次的生存技术，而是一种伟大的生命艺术和批判立场，是完整而成熟的道家人生智慧。"请你谈谈对这段话的理解。

教学资源链接：

1. 郭沫若，庄子与鲁迅［J］，中苏文化，1941.4.20。

2. 郭庆藩，庄子集释［M］，北京：中华书局，2016。

3. 陈赟，论“庖丁解牛”［J］，广州：中山大学学报，2012（4）：117—131。

4. 王富仁，庄子的生命观［J］，成都：社会科学研究，2009（5）：106—110。

摩顶放踵，以利天下

——《兼爱》教学案例研究

上海市风华中学　王　艳

一、核心问题：墨家“兼爱”与儒家“仁爱”的不同之处有哪些？

墨子是我国先秦时期重要的思想家之一，墨家学派的创始人。春秋战国时期，墨学继儒学而兴起，与儒学同称为“显学”，在我国古代思想史上有重要的地位。在墨子的众多主张中，最著名也是最有影响力的便是“兼爱”之说。《兼爱》作为《墨子》中最重要的篇目，我们今天读来，仍有一定的指导意义和启迪力量。

《兼爱》一文的教学目标和教学重难点大多集中在以下几个方面：

1. 引导学生思考墨子解决社会问题的方法。

2. 引导学生思考“兼爱”的思想内涵。

3. 思考“兼爱”学说对现代社会的意义。

对文章核心概念的澄清是文本解读重要的第一步，然而很多案例对“兼爱”这一概念的分析明显不够深刻和全面。有的案例将“兼爱”仅仅理解为博爱，甚至穿插几个心灵鸡汤式的小故事得出“要爱所有的人”这一结论，这样的分析显然太过浅显；有的案例只是孤立地分析墨子的“兼爱”，没有分析“兼相爱”与“交相利”之间的逻辑关系，也没有将墨家“兼爱”与儒家“仁爱”的不同之处进行多层面的比较，这样的分析显然不够全面。

《墨子》的文章在先秦散文的发展史上起到了承前启后的作用，体现了语录体向专论体的过渡。特别是《兼爱》这一篇经典之作，更是结构严谨、层次分明，但有的案例只是对几个零散的问题进行探讨，对墨子的说理方法和论证思路缺少必要的梳理和探究。

本文的核心问题，是分析墨家“兼爱”与儒家“仁爱”的不同。在比较两者的不同点之前，我们先厘清两者的相似之处。首先这两种思想产生的历史背景大致相同，春秋战国时期，中国社会正处于大转型时期，此时的周天子早已失去了昔日的辉煌，礼崩乐坏、战争频繁是当时的社会现实；其次墨家的“兼爱”和儒家的“仁爱”都是以“爱人”作为思想的核心；最后这两种思想的最终理想是一致的，墨家和儒家都希望改变当时战争频繁、百姓受苦的现状，希望实现人与人相爱的大同社会。

要深入分析墨家“兼爱”与儒家“仁爱”的不同，我们可以提供思维路径，引导学生从爱的范围、爱的性质、爱的方法、爱的根源、爱的推行方式等多角度进行比较，在比较不同点的基础上进一步思考，“兼爱”与“仁爱”存在差异的原因是什么？“兼爱”的现代意义是什么？基于此，我的教学设想分为以下几个环节：

（一）课前预习：请学生查找相关资料，了解墨子其人以及墨子的主要思想。

请学生借助《古代汉语词典》，疏通文章词句。

（二）教学重点：分析墨家“兼爱”与儒家“仁爱”的不同之处。为了引导学生有层次地分析两者的不同，我设计了以下几个问题：

1. 梳理文章思路，分析墨子是如何推出“兼相爱、交相利”这一结论的？针对质疑，墨子是如何反驳的？

2. 完成以下表格。

墨家“兼爱”思想与儒家“仁爱”思想的不同

	墨家“兼爱”	儒家“仁爱”
爱的范围		
爱的性质		
爱的方法		
爱的根源		
爱的推行方式		
爱与利的关系		

（三）教学拓展

1.“兼爱”与“仁爱”存在差异的原因是什么？

2. 墨子“兼爱”思想的价值和局限性分别是什么？

3. 思考“兼爱”的当下意义，引导学生传承优秀的传统文化，关注本文的现实针对性。

二、教学扫描及反思

（一）教学扫描一：文章是如何推出“兼相爱、交相利”这一结论的？墨子如何反驳别人的质疑？

学生在预习的基础上，能够初步梳理文章的论证思路，但是在论证的层次和反驳的方法这两方面，教师可以引导学生分析本文严谨的逻辑性和清晰的思辨性。

师：请同学梳理一下文章的论证思路，看看墨子是如何推出“兼相爱、交相利”这一结论的？

生：我觉得本文论证的层次非常清晰，第一层罗列了当时社会“天下之害”的具体表现，第二层分析“天下之害”产生的原因是“以不爱生”。第三层提出补救的办法，就是要“兼相爱，交相利”，这样就能君臣父子皆能孝慈，而天下就能得到治理。第四层针对有人质疑“兼爱”虽好却很难做到，墨子进行了反驳。最后墨子在文末推出结论，“兼相爱，交相利”是“圣王之法，天下之治道也，不可不务为也。”

师：整体上梳理得不错，同学们思考一下，墨子是如何反驳别人的质疑？第四段和第六段都写到了别人对“兼爱”的质疑，这两段论证有重复吗？

生：我觉得墨子在这里主要是运用举例论证的方法反驳别人的质疑。在第五段中，墨子用晋文公好士恶衣的事例、楚灵王好士细腰的事例、越王勾践考验士臣的事例，证明只要统治者有心推广，“兼爱”的政策就能实现。在第六段中，墨子又用了大禹治水兼顾天下，文王治国感动上苍，武王行祭广济众生的例子来证明这一观点，我认为这两段论证用具体事例来论证，有一定的说服力，但是事例太多，稍显烦琐，而且这两段论证有点重复。

生：我不同意你的看法。我觉得第四段和第五段别人的质疑是不同的。第四段别人质疑的是：“兼爱”虽好却很难做到，第五段别人质疑的是：“兼爱”

虽好却无法做到。从论证的层次来看，这两段层层递进，也就是别人对“兼爱”的质疑程度是逐步加深的，而墨子对此一一进行了反驳，并提出了自己的看法，墨子认为只要统治者有意推行，“兼爱”的政策就能实现。

师：我们可以在“爱的推行方式”这一栏填表了，除了统治者大力推行，老师再补充一条，我们来看《墨子》里的这一句话，“爱人利人者，天必福之，恶人贼人者，天必祸之”，这表明“兼爱”的推行还要借助什么呢？

生：借助上天的意志。

师：很好，墨子把这称为“天志”。因此“兼爱”的推行不仅要依靠统治者大力推行，还要依靠“天志”的约束，由此可见“兼爱”的推行更强调外力的作用。请同学们思考一下，“仁爱”的推行更注重什么呢？

生：我认为“仁爱”的推行更注重内在的自律，儒家强调的是内在的修己。

师：说得非常好。接下来我们一起朗读文章的第五段和第六段，这里墨子花了大量的笔墨，用了六个具体的事例来证明观点，同学们认为这些事例能否充分论证观点呢？

生：……

孙绍振老师曾经提到过，教师在语文课堂上不要重复学生一望而知的东西，教师一定要讲出学生以为是一望而知，其实是一无所知的东西来。在这一环节中，同学们讨论的分歧在于：第四段和第六段都写到了别人对“兼爱”的质疑，这两段论证有重复吗？墨子用详尽的笔法铺叙六个具体的事例，这是否能够充分论证观点呢？这一教学环节的设置不仅需要学生有细读文本的能力，更对学生的思辨能力提出了较高的要求。墨子用了大量事例来证明只要统治者有心推广，“兼爱”的政策就能实现，事例具体而翔实，有一定的说服力，但是这六个事例都以古代圣王的行事为准，事例类型太过雷同与重复，论证存在一定的片面性。

（二）教学扫描二：从爱的范围、爱的性质、爱的方法、爱的根源四个角度来比较墨家“兼爱”与儒家“仁爱”的不同。要分析两者的不同，可以从以下四个方面思考。

1.“兼”即是整体，“兼爱”强调要爱所有的人，“兼爱”的范围比“仁爱”更广。

2. 墨子通过“兼”与“别”的对比，强调“兼爱”是平等之爱，而“仁爱”是差等之爱。

3. 墨子提出“兼爱”的具体做法是视人若己，互惠互利，这与“仁爱”的爱由亲始，推己及人的方法有很大不同。

4. 墨子认为“兼爱”的根源来自“天志”，而“仁爱”的根源是“孝”与“善”。

师：同学们，我们来看一看“兼”这个字，这个字从字源上讲是一个会意字，本意为一手执二禾，像一只手拿着两颗稻谷。猜一猜，这个字是什么意思呢？

生：我觉得可能是指同时涉及几种事物。

师：说得很好！在墨子看来，“兼”即是整体，是区别于个体或部分的。《墨子·小取》中提到“爱人，待周爱人而后为爱人”，这里的“周”是什么意思？同学们怎么理解这句话呢？

生：这里的“周”是普遍、全部的意思，这句话的意思是：爱人，待到普遍爱所有的人，然后才可以算是爱人。

师：很好，从“爱的范围”来比较，墨家认为爱人必须爱所有的人，那么“仁爱”的范围又是什么呢？

生：我想到孟子的一句名言“老吾老，以及人之老，幼吾幼，以及人之幼”，我觉得儒家的“仁爱”是有先后顺序的，由“爱亲人”到“爱他人”，最后才是“泛爱众”。

师：同学们有没有听说过“亲亲为大”，“孝悌为本”？

生：我觉得“仁爱”是由对父母的爱推及对兄弟姐妹的爱，再由对亲人的爱推及对其他人的爱。

师：对父母的爱也就是儒家提倡的“孝”，这里我们已经开始探讨“兼爱”“仁爱”这两种爱的源头了，请同学们思考一下，儒家“仁爱”的根源除了“孝”还有什么呢？

生：孟子提出人皆有四心，孟子认为这四心是每个人与生俱来的品质，也是性善论的基础。“仁爱”的思想相信人心向善，我们对父母会有孝顺之心和感恩之心，对别人会有同情心和关爱之心。

师：我们来小结一下，从“爱的根源”这个角度看，“仁爱”的根源是“孝”和“善”，儒家认为这是人性中天生就有的，而墨家认为“兼爱”来自“天志”。接下来我们从“爱的性质”这一角度进行比较。墨子提出“兼以易别”，我们来看一下，文章提出“别”的危害性是怎样的？

生：文章第二段写“今诸侯独知爱其国，不爱人之国，是以不惮举其国，以攻人之国。今家主独知爱其家，而不爱人之家，是以不惮举其家，以篡人之家。今人独知爱其身，不爱人之身，是以不惮举其身，以贼人之身”。这里墨子从个人、家庭和国家等多层次，论证了“别爱”的危害性，在墨子看来，“别爱”会导致人世间种种祸害和憎恨产生。

师：墨子批判了“别爱”的危害性，强调“爱无差等”。下面老师给大家补充一则材料，这则材料是儒家信徒巫马子与墨子辩论时说的一段话，请思考一下，儒家的“仁爱”是平等之爱吗？

《墨子·耕柱》载“巫马子谓子墨子曰：‘我与子异，我不能兼爱。我爱邹人于越人，爱鲁人于邹人，爱我乡人于鲁人，爱我家人于乡人，爱我亲于我家人，爱我身于吾亲，以为近我也。’”

生：巫马子认为人是不能够平等地爱所有人的，这则材料中有很重要的关键句“以为近我也”，说明儒家的“仁爱”是有尊卑、贵贱、亲疏、远近之分的。

师：说得很好，也就是从“爱的性质”这个角度来比较，墨家的“兼爱”是平等之爱，儒家的“仁爱”是差等之爱。接下来我们再从“爱的方法”这个角度进行比较。我们来看一下课文，墨子认为怎样做才是“兼爱”呢？请同学用文中的语句回答。

生：文章第三段写“视人之国，若视其国；视人之家，若视其家；视人之身，若视其身”。

师：能不能用四个字概括一下呢？

生：视人若己。

师：概括得非常准确。关于“兼爱”的方法，墨子还提出“爱人者，人亦从而爱之；利人者，人亦从而利之”，能不能也用四个字概括一下呢？

生：互惠互利。

师：那么儒家的“仁爱”的方法又是什么呢？前面分析时已经提到，儒家的“仁爱”是由“爱亲人”到“爱他人”，最后才是“泛爱众”，这是怎样的一种方法呢？

生：推己及人。

师：同学们，刚才我们分析了“仁爱”的根源之一是“孝”，是每个人发自内心对父母双亲的爱，因此我们将“仁爱”的方法总结为爱由亲始，推己及人。

生：……

要比较墨家“兼爱”与儒家“仁爱”的不同确实有一定的难度，为此我给学生搭建了一个思维的框架，借用表格给学生提供多个角度进行比较，并与学生共同探讨这一话题。第一步探究本源，激发兴趣，从“兼”的会意字角度引导学生思考“兼”的含义。第二步依据文本，引导学生通过“兼”与“别”的对比，进一步了解“兼爱”的内涵。第三步给学生提供一则补充材料（儒家信徒巫马子与墨子辩论的小故事），引导学生对“兼爱”与“仁爱”进行比较。

通过师生的共同讨论，我们初步梳理了墨家“兼爱”与儒家“仁爱”的不同点，更深刻地理解了“兼爱”的内涵和意义。墨子认为如果天下兼相爱，并将这种平等之爱广泛施行，人与人之间做到“视父兄与君若其身”；家与家之间做到“视人之家若其家”；国与国之间“视人之国若其国”，就会天下大治。由此可以看出，墨子提出的“兼爱”是一种无差等之爱。兼爱并不受地域和时间的限制，爱无差等，没有远近亲疏之分、尊卑贵贱之别，是对所有人的平等的爱。另外“兼爱”是“非攻”的理论前提，“非攻”是“兼爱”思想的目的，可以说“兼爱”思想中包含着和平的精神。

（三）教学扫描三：在“爱与利的关系”这一角度，墨家“兼爱”与儒家“仁爱”有何不同？

很多教师会把教学重点只放在“兼爱”，却忽略了一个非常重要的问题，那就是墨子言“爱”不离“利”。在文中，墨子指出，要想改变天下祸乱的状况，就要“以兼相爱、交相利之法易之”，也就是墨子认为要用人们相亲相爱、互相得利的方法改变当时天下混乱的状况。

师：同学们，最后我们从“爱与利的关系”这个角度，来比较一下墨家“兼爱”与儒家“仁爱”有何不同？首先请同学们思考墨子对于“利”的态度是怎样的？

生：墨子认为先秦社会之所以失范，在于人与人之间不相爱，同时自私自利亦是乱世之因，如“亏父而自利”“乱异家以利其家”“攻异国以利其国”等皆为自私自利之结果。可见墨子对于自私自利是持批判态度的。

师：墨子否定自私自利，那么墨子有没有否定“利”呢？

生：我觉得墨子并没有否定“利”，在《兼爱》中，墨子的结论是“今天下之君子，忠实欲天下之富，而恶其贫；欲天下之治，而恶其乱，当兼相爱、交相利。此圣王之法，天下之治道也，不可不务为也”。

师：“兼相爱、交相利”是这篇文章的关键句，同学们，谁来分析一下“兼相爱”与“交相利”之间的关系是什么？

生：墨子认为，互爱的双方都能获得“利”，是“兼相爱”得以实施的重要保障。如果离开了“利”，爱就失去了意义，“兼相爱”的最终结果也必然能够使双方获利。

师：分析得很好，在墨子看来，“兼相爱”与“交相利”是相辅相成的。墨子没有否定“利”，而是将爱与利结合起来。墨子也没有片面地讲“利”，而是讲求“兼”“相”“交”，提倡君臣、父子、家国之间的互爱、协调。我们联系一下儒家学派，儒家“仁爱”对于“利”是什么态度呢？

生：我觉得儒家很少谈到利，或者说谈到利基本上持否定态度。孔子曾说：“君子喻于义，小人喻于利”，孔子认为一味地追求“利”就会沦为小人。孟子见梁惠王也说：“何必曰利，亦有仁义而已矣。”我觉得儒家的“仁爱”不求物质利益的回报。

生：我觉得要区分一下这里“利”的概念。前面同学提到了儒家名言，但这里的“利”主要指个人的私利，儒家认为仁爱与物质利益是相分离的，仁爱的目的不是为了获取物质利益或自己的私利。而在墨子那里，“利”是天下之公利。墨子认为人的一生就应该为天下人谋利，要为了这种公利去努力奋斗，甚至“赴汤蹈火，死不旋踵”，因为这是公利，是爱人，是行义。兼相爱，交相利，做到利人、利他，实现天下之利，利己自然也会实现。

师：同学们，老师想到了孟子评价墨子的一句名言，孟子说：“墨子兼爱，摩顶放踵，利天下为之”。墨子主张兼爱，为了爱护他人，墨子不辞劳苦，即使从头顶到脚跟都擦伤了，只要对别人有利，也心甘情愿地去做。墨子不仅是一位思想家，更是一位实干家，墨子为天下人谋利益，提倡“自苦”的精神，主张“日夜不休，以自苦为极”，并说“不能如此，不足为墨”。为实现自己的理想抱负，墨子四处奔波，一生辛劳。墨子这种兴天下之利，鞠躬尽瘁、死而后已的精神是值得推崇与学习的。

生：……

经过小组讨论，大家发现要想深入理解墨子“兼爱”的思想，必须将“兼相爱”与“交相利”放在一起思考，分析它们之间的关系，除此之外，对于墨家所谈的“交相利”与儒家所谈的“利”进行比较，我们不仅区分了“自私自利”“个人之私利”“天下之公利”，也能更深刻地理解本文的主旨。墨子“兼爱”的思想既有很强的现实针对性，又跨越时空，成为中华民族的精神财富，激励一代又一代的仁人志士为着理想而不懈地努力。

附表

墨家“兼爱”思想与儒家“仁爱”思想的不同

	墨家“兼爱”	儒家“仁爱”
爱的范围	爱所有的人	爱亲人→爱他人→泛爱众
爱的性质	平等之爱（没有远近亲疏之分，没有尊卑贵贱之别）	差等之爱（有亲疏、厚薄之分，遵循礼法和严格的等级制度）
爱的方法	视人若己、互惠互利	爱由亲始、推己及人
爱的根源	来自“天志”	来自“孝”与“善”
爱的推行方式	更注重外力的作用 （1.“天志”的约束 2. 统治者大力推行）	更注重内在的自律
爱与利的关系	不为物质利益的回报	兼相爱，交相利

三、思辨读写

（一）你认为“兼爱”与“仁爱”存在差异的原因是什么？

（二）英国历史学家汤因比在《展望二十一世纪》一书中这样评价墨子的“兼爱”思想，汤因比说：“把普遍的爱作为义务的墨子学说，对现代世界来说更是恰当的主张，因为现代世界在技术上已经统一，但在感情方面还没有统一起来。”“我想只有普遍的爱，才是人类拯救自己的唯一希望……现代人应当为追求实现没有阶段、没有限制的普遍的爱而努力。墨子之道，的确比孔子之道更难实践，但我认为墨子之道，比孔子之道更适合现代人的实际情况。”你赞同历史学家汤因比的看法吗？请谈谈你对这段话的理解。

四、教学资源链接

1. 墨子,《墨子》，北京：中华书局，2011 年。
2. 冯友兰,《中国哲学简史》，北京：人民出版社，2007 年。
3. 任继愈,《墨子与墨家》，商务印书馆出版社，1998 年。
4. 黄忠晶,《墨子兼爱思想简论》,《江南大学学报》，2008 年第 2 期。
5. 杨学梅,《仁爱与兼爱思想的比较研究》,《文学教育》，2013 年第 6 期。
6. 陈江,《浅谈儒家“仁爱”与墨家“兼爱”的异同》,《南方论刊》，2013 年第 9 期。

沉迷与觉醒

——《卫风·氓》教学案例研究

上海师范大学附属中学闵行分校　程文婕

一、文本分析与核心问题:《氓》主人公到底是不是一个沉迷于爱情的“弃妇”?

《卫风·氓》是先秦时代卫地民歌，作为《诗经》中的名篇，多次入选各版本高中语文教材。诗歌主人公在全篇6个章节中先回忆了当初恋爱的甜蜜幸福与出嫁的义无反顾，再控诉了婚后生活的任劳任怨和最终夫妻决裂的痛苦决绝。全诗以率真的口吻，用现实主义的表现手法，通过比兴、对比等一系列手法，刻画了一个为爱痴狂又为人所弃的女性形象。

历代名家对《氓》的女主人公褒贬不一，如：

朱熹《诗集传》“此淫妇为人所弃，而自叙其事，以道其悔恨之意也。……”

张次仲《待轩诗记》“玩诗辞绝无屏出弃绝之语，如《谷风》所云‘薄送我畿’者。晦庵（朱熹）谓淫妇为人所弃，几成千古疑狱”。

朱熹、张次仲二人对本诗女主人公的评价截然相反。在《诗经》众多女性形象中，这是一个饱受争议的形象，非常具有思辨阅读的教学价值。

此诗的教学案例有很多，笔者浏览了各类期刊和百度文库中近百篇教学案例，发现教学目标和教学重难点大多集中在以下两个方面：

1. 了解《诗经》主要特点。

2. 从内容入手，疏通字词，概括或理清故事情节（热恋—婚变—决裂），把握女主人公的感情变化（喜—悲—怨），分析其形象（单纯善良、勤劳持家）。

3. 从写作手法入手，要求学生通过此诗把握《诗经》常识以及赋比兴的表现手法。

按这样的教学目标进行备课，至少存在以下几个问题：

1. 程式化地介绍《诗经》特点、分析《诗经》赋比兴的表现手法，与文本分析是割裂的。且不少学生在初中学习《诗经》文本时，已经了解相关概念，即便没有，这些知识性的内容网上都可找到，故完全可以放手让学生自学。

2. 疏通字词，确有必要，但若面面俱到全篇翻译，等同于没有重点，只会让学生抓不到重点，甚至在一字一句地翻译中对文本兴趣全失。此环节可以在预习环节中让学生借助工具书自行解决，教师在课堂上抓住诗中一些关键词语加以分析，如“载……载……”“耽”“暴”等。

3. 此诗多次入选各版本高中语文教材，若对文本的解读止步于女主人公的形象分析，似乎辜负了教材编写者的一番深意。

基于以上分析，笔者认为，本诗的核心问题就是：女主人公究竟是不是一个沉迷爱情的“弃妇”？我们不妨从文本出发，联系当时的社会背景，并与《诗经》中其他“弃妇诗”进行横向比较，引导学生深入思考这一核心问题，进而思考朱熹作此评价的原因，最后让学生比较自己与朱熹的看法，思考古今婚恋观的变化。

二、教学设计

（一）课前预习

1. 请学生借助工具书，疏通文本，概括每章节内容。

2. 学习历代名家对女主人公形象的评价。

3. 请学生借助网络搜索引擎，查找《邶风 · 谷风》《王风 · 中谷有蓷》《郑风 · 遵大路》。

（二）教学重点

从文本出发，联系当时的社会背景，并与《诗经》中其他“弃妇诗”进行横向比较，引导学生深入思考核心问题——女主人公究竟是不是沉迷于爱情的“弃妇”？

（三）教学环节

1. 自读全诗，圈画出诗中描写女主人公形象的字词句。

2. 联系你对当时社会背景的了解，分析女主人形象。

3. 与《诗经》中其他“弃妇诗”进行横向比较，说说本诗女主人公与另三位“弃妇”的异同。

4. 思考朱熹做出如此评价的原因，并思考古今婚恋观是否有变化。

三、教学扫描与反思

（一）教学扫描一：结合文本内容，分析女主人公形象

师：历代名家对本诗女主人公形象褒贬不一，不少人认为她是个“淫奔之女”，最后被“始乱终弃”，是咎由自取；也有一部分人认为她并非“弃妇”，请结合文本内容加以分析。（可让学生举手表决，立场相同的坐在一起。）

生：我觉得她是个可怜的“弃妇”。第一章写了她和氓相识相恋的甜蜜时光，她沉迷于爱情，在“无良媒”的情况下，迫于“氓”之“怒”，为了爱情私许终身，“以尔车来，以我贿迁”，确实是个“淫奔之女”。最后“士贰其行”，她回到娘家还要被兄弟“咥其笑矣”，真是可怜！

生：我也认为她是个可怜的“弃妇”。第二章里，她“不见复关”就“泣涕涟涟”，“既见复关”就“载笑载言”，可见她的喜怒哀乐都维系在“氓”身上，她已经完全沉迷于爱情而不自知。最后“氓”变了心，她只能再渡“淇水”，回到娘家。痴心女子负心汉，她真是个可怜又可悲的弃妇！

生：第三章和第四章开头写“桑之未落，其叶沃若”“桑之落矣，其黄而陨”，这应该是典型的比兴手法，以桑叶形态的变化来表现女主人公在不幸婚姻中的形象变化。“言既遂矣，至于暴矣”，是不是说她还受到了家暴？那就更可怜了！

师：这个“暴”字，理解为“家暴”未尝不可。但《古代汉语词典》中，

亦有“损害、糟蹋”之意，放在此句翻译中，较之于“家暴”，含义更丰富，似乎更能表现女主人公婚后的不幸。

以上三位同学都认为女主人公是“弃妇”，也找到了文本依据加以分析，其他同学有不同意见吗？

生：我认为她并非弃妇。从文本来看，“总角之宴，言笑晏晏，信誓旦旦，不思其反”“氓之蚩蚩，抱布贸丝。匪来贸丝，来即我谋”，可见女主人公与“氓”是有感情基础的，在这种情况下，哪怕“无良媒”而敢于托付终身，恰恰是她爱得义无反顾的表现。她确实爱得痴迷，然一旦发现“氓”“贰其行”“二三其德”，她当断则断，“反是不思，亦已焉哉”，并及时觉醒，发出“士之耽兮，犹可说也。女之耽兮，不可说也”的慨叹。如此敢爱敢恨、愿赌服输的女子，难道不可爱、不完美吗？（掌声）

师：好一个“敢爱敢恨、愿赌服输”！好一个“觉醒”！大家还可以看一下，“弃妇”之所以为弃妇，首先得有个“为夫所弃”的前提，诗中有没有明确写到“氓”抛弃了她？

生：似乎没有。从文本来看，“桑之落矣，其黄而陨。自我徂尔，三岁食贫”，“三岁为妇，靡室劳矣。夙兴夜寐，靡有朝矣。言既遂矣，至于暴矣”“及尔偕老，老使我怨。淇则有岸，隰则有泮”，这些句子更多的是女主人公抱怨婚后生活的艰辛；“女也不爽，士贰其行。士也罔极，二三其德”则是抱怨“氓”的变心。全诗没有明确写“氓”抛弃了她，反倒是她的责夫之词占了主体。可见，她是不是“弃妇”，还是一个未知数。

……

余党绪老师认为：“文本是一个独立自主的存在，只要愿意在文本的语境与结构中爬梳，通过对作品的描述、分析和评论，我们就能在其中找到文本的真实意义与价值。”

阅读文本，是解读文本最基本也是最可靠的途径！走进文本，深入文本，才能从无声处听惊雷！以上同学的回答都能从文本出发，有理有据地印证自己的观点，这一点值得肯定。脱离了文本的分析犹如空中楼阁，只能是空谈。

文中的依据其实还有不少，如“于嗟鸠兮，无食桑葚”“静言思之，躬自悼矣”等句，可见女主人公尽管用情至深，但在遭遇情变时，并不自怨自艾，而能冷静反思，足见其清醒！

讨论至此，似乎双方各有依据，都有道理，一部分学生认为女主人公就是一个沉迷于爱情的可怜“弃妇”，而另一部分学生则认为她是一个能从不幸的爱情中觉醒的女子。“沉迷”与“觉醒”，到底哪个评价才更符合女主人公的形象呢？

（二）教学扫描二：联系社会背景分析形象

师：任何一部作品都不可能完全脱离时代特点而孤立存在。请调动你们的文史知识，联系《诗经》所处的时代背景，分析一下，女主人公到底是不是“弃妇”？

生：在讲究礼法的封建社会，女主能冲破礼法，与“氓”结为夫妻，如此勇敢大胆，她是可爱的。同时，在男尊女卑的社会里，她又能在发现“氓”有二心之后，毅然决然与之决裂，清醒而自爱，我要为她点赞！

生：我的看法恰恰相反！既然有礼法，女主还要在“无良媒”的情况下与“氓”结合，简直是“明知山有虎，偏向虎山行”，实在是太冲动了！她的婚姻，一开始就没有礼法制度的保障，成为弃妇是在意料之中的。

师：刚才两位同学提到了“礼法”和“封建社会”的概念，但这首诗的成诗时间是否在你们所说的“讲究礼法的封建社会”呢？请大家看补充资料。

《毛诗序》云：“氓，刺时也。宣公之时，礼义消，淫风大行。男女无别，遂相奔诱。华落色衰，复相弃背。或乃困而自悔，丧其妃耦，故序其事以风焉，美反正，刺淫佚也。”

“宣公之时”应该就是此诗的成诗时代，即周宣公在位之时（公元前 827 年到公元前 782 年），而封建制始于公元前 594 年鲁国实行“初税亩”制度，而后各诸侯国效仿其土地赋税制，封建制伺候逐步确立。从以上时间点可见，“氓”的故事应产生于西周的奴隶社会时期，而不是后来的封建时期。虽然周公创立了《周礼》，但礼法在当时应该只是初成阶段，只是官方或贵族的舆论导向。

与之相对应的，《诗经》中也有不少表达自由恋爱的诗歌，如《关雎》《静女》等，可见周朝人婚恋习俗中尚有开放自由的浪漫气息。

所以，女主人公所处的时代背景可能礼法并没有那么严苛，男尊女卑的思想也没有那么严重。再看文本，你觉得女主人公是“弃妇”吗？

生：我依然觉得她是个可怜的弃妇。因为从他自己的言语来看，“自我徂尔，三岁食贫”“三岁为妇，靡室劳矣。夙兴夜寐，靡有朝矣”，她虽然真心一片、任劳任怨，但正因为没有礼法的约束，所以氓出尔反尔，产生了二心，尽管诗中没有明确表示他要抛弃女主人公，但实际已经产生了情变。

生：我倒认为，在立法并不严苛的社会中，可能女主人公在婚姻不幸福的情况下有决裂归家的自由，怎么能说她是弃妇呢？

……

美国学者格拉泽尔认为：“在一个人的经验范围内，有意愿对问题和事物进行全方位的考虑，这种态度就是批判性思维。”

在这一环节中，笔者加入了时代背景的补充资料，引导学生从文本出发，联系诗歌的写作背景进行分析，激发学生深入探究文本的兴趣，也有利于学生更全面地分析文本。尽管对女主人公的形象分析仍未有定论，当我们似乎与她更“接近”了。把握文本的写作背景，对深入分析人物形象有着非常重要的作用。

（三）教学扫描三：横向比较《诗经》中其他“弃妇诗”

师：同学们在预习作业中了解了《诗经》中另三首“弃妇诗”——《邶风·谷风》《王风·中谷有蓷》《郑风·遵大路》，请大家找找这些诗中的“弃妇”与《氓》女主人公形象的异同。

补充材料：

《国风·邶风·谷风》

习习谷风，以阴以雨。黾勉同心，不宜有怒。采葑采菲，无以下体？德音莫违，及尔同死。

行道迟迟，中心有违。不远伊迩，薄送我畿。谁谓荼苦？其甘如荠。宴尔新昏，如兄如弟。

泾以渭浊，湜湜其沚。宴尔新昏，不我屑矣。毋逝我梁，毋发我笱。我躬不阅，遑恤我后！

就其深矣，方之舟之。就其浅矣，泳之游之。何有何亡，黾勉求之。凡民有丧，匍匐救之。

不我能慉，反以我为雠，既阻我德，贾用不售。昔育恐鞫，及尔颠覆。既生既育，比予于毒。

我有旨蓄，亦以御冬。宴尔新昏，以我御穷。有洸有溃，既诒我肄。不念昔者，伊余来塈。

《国风·王风·中谷有蓷》

中谷有蓷，暵其干矣。有女仳离，嘅其叹矣。嘅其叹矣，遇人之艰难矣！

中谷有蓷，暵其脩矣。有女仳离，条其啸矣。条其啸矣，遇人之不淑矣！

中谷有蓷，暵其湿矣。有女仳离，啜其泣矣。啜其泣矣，何嗟及矣！

《国风·郑风·遵大路》

遵大路兮，掺执子之袪兮，无我恶兮，不寁故也！

遵大路兮，掺执子之手兮，无我魗兮，不寁好也！

生：这三首诗与本诗的女主人公都遭遇了情变，这是“同”。再来说“异”，从文本来看，“宴尔新昏，不我屑矣”“有女仳离，嘅其叹矣”“无我恶兮，不寁故也”，这些句子中明确写出前几位女主人公遭男主人公抛弃，而《氓》则没有；同时，“不念昔者，伊余来塈”“啜其泣矣”“掺执子之袪兮”，从这些句子来看，前几位女主人公都自怨自艾，不愿接受事实，甚至恳求对方不要抛弃自己，而《氓》中的女主人公虽然曾经沉迷爱情忘了自己，但相比另三位而言，她有一种自我觉醒的智慧、当断则断的魄力！所以我认为她不是弃妇。（掌声）

师：我们在这位女子身上既看到沉迷爱情的盲目，又看到自我意识的萌芽，她为爱所伤，又在爱中觉醒！在众多弃妇中，她确实是独特的一位，难怪此诗从《诗经》弃妇诗中“脱颖而出”，多次入选教材！

孙绍振先生认为，“孤立地欣赏经典文本，没有参照系，可能造成对作者和读者两方面个性的蒙蔽”。没有比较，就没有辨析。在比较中，笔者和学生都发现了《氓》的女主人公不同于其他弃妇的特点：面对爱情与婚姻，她是沉迷与觉醒的统一体，在爱人冷落、亲人嘲笑的境地中，她最终找回了自我，及时“止损”。

（四）教学扫描四：思考朱熹做出如此评价的原因，并思考古今婚恋观是否有变化。

师：通过讨论，我们发现此诗主人公绝不能算是一般的“弃妇”，她已经在“痛”的领悟中蜕变成了一个成熟独立的女子！那么朱熹为何会做出如此评价呢？

生：朱熹是宋代理学的集大成者，“存天理，灭人欲”就是他提出的。或许在他看来，本诗的女主人公就是没有约束自己对爱情的欲望，最终落得悲惨下场，所以斥其为“淫妇”。显然，他不认可女主人公的做法。

师：朱熹提出“存天理，灭人欲”的背景是什么？他对此诗做出如此评价的背景又是什么？我们先来看一些补充资料！

【补充资料】

1.“人化物也者，灭天理而穷人欲者也。于是有悖逆诈伪之心，有淫泆作乱之事。”

——《礼记·乐记》

2.“人心私欲，故危殆。道心天理，故精微。灭私欲则天理明矣。”

——程颐

3.“孔子所谓‘克己复礼’，《中庸》所谓‘致中和’，‘尊德性’，‘道问学’，《大学》所谓‘明明德’，《书》曰‘人心惟危，道心惟微，惟精惟一，允执厥中’，圣贤千言万语，只是教人明天理、灭人欲。”

——朱熹

可见，“存天理，灭人欲”一说并非朱熹首创，这是儒家一以贯之的思想，旨在告诫人切勿泯灭天理而为所欲为。到了朱熹所在的南宋，随着商品经济的发展，人的需求也不断增加，于是朱熹提出此说，目的是要除去人过度的私欲。

而朱熹眼中“淫奔”之诗，多半是两情相悦、彼此爱慕或互赠礼物等爱情诗。他对“女惑男”之诗尤为排斥。如《静女》的大意为：男女相会，姑娘送了后生一件礼物，后生很高兴。朱熹便说“此淫奔期会之诗也。”又如《将仲子》大意是一个姑娘抒发自己相思之情，朱熹认为“此淫奔者之辞。”另有一首《褰裳》，朱熹说："淫女语其私者曰：子惠然则思我，则将褰裳而涉溱以从子，子不我思，则岂无他人之可从，而必于子哉！狂童之狂也且！亦谑之辞。"如此等等，不胜枚举。这也与当时的社会风气不无关系。宋朝最初受唐朝影响，婚恋观非常自由，而随着宋朝商品经济的不断发展，两宋时期的婚恋观也日渐开明。当时的士大夫公开狎妓，百姓私奔的情况亦屡见不鲜。

生：老师，是否可以这样理解：朱熹对此诗作此评价，是为了匡正世风，毕竟家庭是国家的基本单位，若因为不正确的婚恋观而造成家庭分崩离析，那么国家也不会安稳。

师：很好，你看到了朱熹的良苦用心。那么，这种评价有没有局限性呢？

生：我认为朱熹对"女惑男"之诗尤为排斥，并评价此诗女主人公为"淫妇"，显然表现了他"男尊女卑"的封建思想。请问老师，朱熹对《诗经》中所有爱情诗都如此评价吗？

师：这个问题问得有水平，据我所知，朱熹的《诗集传》中对贞静专一的女性尤为推崇，而对于那些以男性为抒情主人公的爱情诗则未冠以"淫诗"之名，如《齐风》中的《东方之日》《月出》等诗，朱熹均评价为"男女相悦之词"而未加褒贬，可见，他对于爱情诗的评价确实"男女有别"。

生：这么看来，朱熹如此评价此诗，可见其婚恋观对男女是有双重标准的，他斥主人公为"淫妇"，却只字未见对"氓"的批判，明显，他对女性的道德要求更苛刻。

师：很好，综合以上两位同学的意见，我们可以发现，朱熹如此评价此诗，有社会原因，也有其自身思想认识的片面性。当然，处在封建社会中，人的思想必然受到社会、时代的影响，很难跳脱其外。那么，大家认为，从朱熹所处的南宋，到当下，这近一千年间，我们中国人的婚恋观有没有变化呢？可以结合社会现实谈谈你的想法。

生：我认为，随着五四运动带来的新思潮，以及中国在改革开放后不断受到西方"男女平等"思想的影响，女性的地位不断提高，国人的婚恋观对女性也越来越包容。就以今天我们同学对《氓》女主人公的评价来看，大家普遍认为她尽管最初沉迷于爱情，但最终觉醒而决绝离开，是一个敢爱敢恨的女子。可见大家对她还是肯定的成分更多一些。

生：我有不同意见。近年来人们对公众人物婚恋问题的双标态度非常普遍，对男性包容、对女性苛责的情况举不胜举，可见“男尊女卑”的思想依然存在。

师：确实，随着时代的发展，我们的婚恋观较之于千年之前的南宋，已经成熟了不少。而“男尊女卑”的封建思想是否完全消失了呢？恐怕也未必，连学贯中西的钱钟书都未能免俗，他评价此诗的女主人公“盖以私许始，以被弃终。初不自重，卒被人轻，旁观其事，诚足齿冷。”可见，我国婚恋观的发展，依旧任重而道远。这可能也是教材编写者一次次将此诗编入教材的目的之一吧。

本次教学设计中的四个环节，旨在让学生通过对女主人公的形象探讨以及对朱熹评价的思辨，来思考中国古今婚恋观的变化。尽管最终没有得到明确结论，但笔者认为，学生对女主人公的形象认识应该是不断深入的，对中国人婚恋观的看法也是有所思考的。

思辨性阅读，要求我们在整个阅读过程中基于文本、联系相关内容，不断辨析、大胆质疑、深入思考。《普通高中语文课程标准（2017 版）》指出“在阅读各类文本时，分析质疑，多元解读，培养思辨能力”。古诗词言简意赅，是非常好的思辨阅读的教学文本，值得教师带领学生边读边思。

四、思辨读写

近一千年的今天，《氓》的故事还在发生吗？你认为此诗在当代有现实意义吗？

五、教学资源链接

1. 余党绪，《“整本书阅读”之思辨读写策略》，《语文学习》2016.7。

2. 从维质，《“氓”是产生于讲究封建礼法的社会吗》，《语文教学之友》，2011.5。

3. 薛永娟，《〈氓〉的思辨性阅读教学实践》，《教育研究与评论》2018.10。

4. 吴全兰，《从〈诗集传〉看朱熹的爱情婚姻观》，《桂林市教育学院学报》2001.1。

5. 汲军、朱小阳，《朱熹女性观的推行与传播》，《江西社会科学》2006.9。

烛之武舌战止兵的归因分析

——《烛之武退秦师》思辨教学案例

华东师范大学附属周浦中学　韩军延

一、核心问题——烛之武游说成功的归因分析

《烛之武退秦师》文本理解的核心问题是“烛之武游说成功的归因分析”。烛之武游说成功的主要原因在于烛之武的辩才、勇敢、爱国，次要原因按照重要性依次是秦穆公的睿智权衡利弊，听从了烛之武的劝说；佚之狐慧眼识珠并举荐烛之武以及郑文公的不拘一格使用人才等。而烛之武游说成功的最根本原因则是当时的客观时局，秦国和晋国国君的主观认知及其博弈态势，尤其要强调的是秦国远交近攻的政治策略和其他诸侯国合纵的策略。“烛之武游说成功的归因分析”这个母题要研究透彻，促使我们细细研究这样两个问题——一是烛之武游说的具体内容分析以及可能的反驳，二是烛之武说辞的评价鉴赏以及学生自己的评价。这三个问题包含了烛之武退秦师这个事件的原因分析、游说的具体方法分析、对游说的评价以及对他人评价的再评价，逐层深入，让学生的思辨能力逐步得到锻炼。

（一）梳理文本

因为文本是文言文，首先要让学生疏通字词障碍，弄懂重点字词句，梳理文章的人物以及之间的关系。教师可设计一个为全文断句的学习任务，以小组为单位来解决，提示学生借助古汉语字典和教师提供的学习资源完成对文本内

容的梳理。另外，学生也可将以下三个小任务作为前期学习任务有选择地完成。

1. 以小组为单位画或者查阅春秋时各国势力政治地图，了解各个诸侯国之间的微妙关系，清楚郑国在横向上所处的尴尬局面，为烛之武退秦师做一个铺垫。（注意小组成员的异质分组以及小组成员的任务角色要明确）

2. 以小组为单位画郑国的大事年表，尤其是郑国国君弟弟叔詹之死，在纵向上了解郑国当时所处的危急状况。

3. 以小组为单位画人物图谱，了解《烛之武退秦师》这个故事涉及的出场人物和幕后人物，人物各自的形象分析以及人物之间的关系。（注意细节：公侯伯子男的爵位分封称谓以及烛之武的官职、佚之狐的为人评价质疑等）

（二）烛之武游说成功的归因分析

仔细研读《烛之武退秦师》，联系《秦晋崤之战》和《百家讲坛》里的《大秦崛起》，结合历史教科书和与此相关的史料，探究烛之武游说成功的原因，把这些影响因素按照从重到轻的顺序进行精确排列并阐明理由，表达自己的观点。

（三）烛之武游说的具体内容分析

烛之武游说的具体内容是什么？能否对游说内容进行反驳？注意不仅考虑理由，还要注意语气的使用。

如果让你复述烛之武退秦师这个故事，你认为必不可少的要素有哪些？如果让你针对不同的读者对象来讲述这个故事，你的侧重点会有哪些变化？如针对从事教育工作的人员、针对高中生、针对领导、针对被埋没的一个人才等。

本文辞令十分讲究语言艺术，又有充分的理由和雄辩的逻辑力量，使文章具有强烈的感染力和说服力，烛之武的说辞是全文的核心部分。总结一下，烛之武的说辞可分为四步。第一步：坦言知亡，避其锐气；第二步：存郑亡郑利害分析，以利相诱；第三步：以史为鉴，言晋背信弃义；第四步：预测未来，劝秦谨慎。

（四）对烛之武游说的评价鉴赏以及学生自己的评价

你认同前人对烛之武说辞的各种评价吗？请结合文本内容进行评析。可否写出有自己特色的评价？

二、教学扫描及反思

（一）教学扫描一

联系《烛之武退秦师》和《过秦论》，结合历史教科书和相关史料，探究烛之武游说成功的原因，把这些影响因素按照从重到轻的顺序进行精确排列并阐明理由，表达自己的观点。

师：对于游说成功的因素分析有哪些？

生：烛之武当仁不让居于首位。烛之武是一个机智善变的辩士。他先锁定劝说目标为秦国，然后猜测秦国国君的想法，紧紧抓住秦国和晋国分别驻扎在两地的地理空隙，尤其是秦晋之间的利益空隙，进行有理有据的分析，能从秦晋之间的矛盾入手，通过晋惠公背约的事情，指出了晋国贪婪的本性，将秦晋通过和亲政策建立起来的友好关系拆散，能把对郑国有利的道理说得很圆滑自然，能把没有多少关系的秦郑之间说得生死关联，能把有姻亲关系的秦晋联军说得离心离德，最终让穆公坚信，存郑就是存秦，存郑就是仁义，存郑就是制晋，从而化解了眼前的危机。

师：烛之武的话根本目的是什么呢？

生：烛之武一席话的根本目的是与秦示好，让秦放弃这场让自己利益损失的战争。

师：是的，或许就是让秦穆公明白要想参与中原事务管理的方式有多种多样，并不一定非得要通过战争来实现，有时虚张声势的做些动作，同样能够获得很高的收益。毕竟政治游戏绝非简单的赌气与任性，收放之间，权衡的都是利益与实力。战争是实现政治目的的有效手段，而获取利益则是政治目的的更高追求。

师：烛之武身上还有哪些次要品质也促成了他的游说成功呢？

生：烛之武是一个以国家利益为重的志士、知难而上的勇士，尤其是一个机智善变的辩士！首先，在郑伯面前的牢骚适可而止，能在夜晚冒着生命危险去面见秦穆公，是一个以国家利益为重、不计个人得失的志士。其次，明知道此行凶多吉少，以三寸不烂之舌去止兵息戈，烛之武并没有十足的把握游说成功，毕竟烛之武这个七旬老人要面对的是当时春秋五霸之一的霸主——秦国国君，因此可知烛之武是一个知难而上的勇士。

师：这场对话主要是在烛之武和秦穆公之间发生的，那对方又是如何配合游说者的呢？毕竟秀才遇到兵，有理说不清呀！

生：秦穆公深明大义，从秦国的长远利益出发。

师：其实，秦穆公的权衡利弊，除了地理意义上的因素之外，郑国还是一个值得秦国冒险的潜力股。看似柔弱的郑国，与周王室的关系非同一般。从平王东迁开始，郑国君主就在周王室担任着要职，代表着朝廷。在秦晋之开始嚣张之前，就曾出现过“庄公小霸”的鼎盛，更将周王室教训得服服帖帖。这时的郑国依然是受周王室信赖的，和周王室依然有着直接的接触交往。秦穆公通过郑国向周王室传递信息，向各个中原国家宣示秦国的存在，这或者就是穆公为了实现秦在中原扬名的另一步战略之棋。由此来看，秦国驻兵郑国的宣示意义可能要重于实战意义。有这些综合因素，秦穆公才会听从了烛之武的游说。

生：佚之狐的慧眼识珠及推荐：作为郑国的大夫，在国家危难之际，不拘一格地向上级推荐了这个没有一点名气，在国内一直担任“圉（yǔ）政”（类似于孙大圣的弼马温）的烛之武，这确实需要一种勇气和担当。

生：我不同意他的观点。他将一个老人推向了危险的境地。而且他的举荐为何没有发生在烛之武壮年之时？

生：郑文公能在关键时刻能屈能伸、软硬兼施说服烛之武，这也是一种睿智；在强敌环视的夹缝中，能够让这个已经衰落的国家生存，这原本就是一种高超的政治智慧；能在国家危难之际，发现并破格使用烛之武，这也是一种魄力；能将说服的突破口选择在秦国并完全信任没有深交的烛之武，这更能说明他的远见。

生：晋文公退兵也是游说成功的因素。

师：这个问题我不同意，晋文公退兵不是游说成功的因素，而是印证成功！晋文公挑起了郑国的这场危机，目的是为了对外扩张，争夺霸权。如果事件按照他的预料发展，那么此次事件最大的获益者就是晋侯，偏偏中途杀出了一个烛之武，于是事情就发生了戏剧性的变化：到手的利益不翼而飞；强大的联盟土崩瓦解；弱小的敌人有了坚强的后盾。晋侯无疑成了这起事件最大的失败者。第四自然段写的是晋国大夫子反请求攻打背弃同盟的秦国，遭到晋文公的拒绝，理由是：“不仁、不知、不武”。晋文公为何不向秦国进攻？晋文公权衡时局利弊，选择隐忍不发、随机应变，以免晋军处于腹背受敌的不利境地，而且攻打秦国胜算未定；此时晋文公要继续攻打郑国也不合算，此时郑国经过烛之武的巧舌如簧已经与秦国订立联盟，秦国留守大将帮助晋国看守北门。这个决定也印证了烛之武退秦师的成功以及烛之武成功说服秦伯的可能性。

师：烛之武游说成功的胜利结局取决于客观因素与主观因素交织而成的蜘蛛网效应。客观时局，秦国和晋国主观认知及其博弈态势，秦国远交近攻的政治策略，其他诸侯国合纵的策略。

烛之武游说的大背景（春秋无义战）和小环境（郑国处境）

烛之武出场的大环境：春秋时代就是一个“礼崩乐坏，君心叵测”的混乱时代，在这样的历史大背景下，九流之一的“纵横家”凭着一己之力“不战而屈人之兵，善莫大焉”，以布衣之身游说于诸侯国之间，凭三寸之舌退百万雄师，借纵横之术解不测之危则是《左传》作者褒扬的立场体现。

烛之武出场的小环境：郑国本身土地肥沃，但处于中原地区，但没有任何天然的防御屏障，原有的强大国力也在几次与诸侯国的交战中日渐衰落，因此当时是秦晋两个大国夹击郑国一个小国，郑国面临灭国之灾，迫切需要一个人能力挽狂澜；郑国前期已有郑文公弟弟叔詹舍身救国，被迫接受晋国的汤劐之刑而死，却没能挽救郑国。

由分析烛之武游说成功的归因分析再进行的推理

民间对烛之武的评价很高，你认为“烛之武退秦师”这类故事属于时势造英雄还是英雄挽救历史狂澜？

烛之武本是一个无名小辈，被举荐使秦时，已年过七十，须发皆白，身子伛偻，步履蹒跚。《烛之武退秦师》中塑造的烛之武，位卑未敢忘忧国，朝临危受命，则置生死于不顾，以一人之力对百万雄师。与人伦道德败坏的春秋时代树立这样一个肩挑道义、智勇双全的人物形象无疑是作者理想人格的投影。《左传》在叙事中秉持的立场与爱憎，体现出一个真正史家的态度与胆识。《左传》作者的写作目的之一也在于此吧。

因此，我们可以推知如果没有这一个烛之武力挽狂澜，会有另一个烛之武出现在关键时刻来改变历史，就如烛之武的名字一样，烛地一个叫武的人，历史上不乏这样在关键时刻做出与众不同行为的人，当所有人都向一个方向行走的时候，即使做一个站立在原地的人都很难，何况是做一个逆行者？

（二）教学扫描二：烛之武游说的具体内容分析

师：烛之武游说的具体内容是什么？

生：站在秦国的立场上，设身处地为秦国利害着想，保郑对秦有利，亡郑对秦不利，反而有害。何必灭郑国去扩大邻邦晋国的实力呢？邻国实力雄厚了，就等于自己力量被削弱了，并给出好的建议——“若舍郑以为东道主，行李之往来，共其乏困，君亦无所害。”

师：也就是亡郑对秦不利，从正面来说留郑对秦产生的好处，一步步说明郑国不能灭亡的原因。

生：离间秦晋之间的关系，力图使秦晋联盟瓦解，利用矛盾解除郑国危机。“且君尝为晋军赐矣，许君焦瑕……君之所知也。”在这里援引事实，离解联盟。

师：对，秦晋联盟本事就非常不稳定。大家可否从语言表达的方式上也进行考虑？

生：如“夫晋，何厌之有？既东封郑，又欲肆其西封，若不阙秦，将焉取之？”烛之武连用两个反问，从晋国对秦国的威胁上，用必然之理来劝说秦穆公。他分析了当时的政治形势，看出秦晋两国都争霸天下，秦穆公不会眼看着晋国吞并郑国，造成对自己的威胁。烛之武抓住秦穆公这个心理，机智巧妙说服其退师。

师：这样的分析论证事实上是成功了，但是我们的思维要深入考虑，你可否进行对游说内容进行反驳？

生：此行目的，表面是为秦，实际上还是为郑。

生：阙秦利晋是因为地势，但如果秦穆公欲开疆扩土成就霸业，也通过地势来反驳。南面挨着楚，东面挨着晋国，而北方和西面不利于农耕，不可能为了称霸与楚晋开战，因此就只剩下亡郑和向北或向西。而相比之下，郑国富庶，亡郑没什么不利的。就算晋也获利，那秦也是获利的，只要秦晋之间不开战，晋秦楚的平衡不会打破。第四自然段中晋文公退兵也是他权衡利弊，对秦作战没有胜算，不想打破联盟的一个权宜之计。

生：反驳“存郑为东道主，对秦有利，对邻国晋没有好处”，虽然烛之武口口声声说可以做东道主，但是它毕竟挨着晋国。如果郑与秦盟，与晋又该如何？倘若别国攻打了郑，郑难道会舍近求远？而秦也可能冒着千里奔袭的风险去救郑。还不如灭郑，宁可杀鸡取卵，也不给晋国完完全全的一只鸡。

生：反驳“晋国国君不讲信义”，把晋惠公的言而无信，算在晋文公身上就是以偏概全，因为一个晋惠公而否定所有晋国国君的信誉，而晋文公也属于晋国国君，因而也是言而无信的国君。

生：反驳“晋国未来必向西侵略秦国”，晋国东边灭郑，未必向西扩大边界，可以继续向东，或者向南、北。非必然条件。

师：能把我们学习的逻辑基本知识应用在分析中，非常好。可以说以偏概全，也可以说犯了轶事证据的逻辑错误，即试图用个人惊艳或者单独事例来取代逻辑论述或者有力的证据。

师：我们小结一下今天这节课，烛之武游说成功的胜利结局取决于客观因素与主观因素交织而成的蜘蛛网效应。另外，留给大家一个课后思考题，如何评价烛之武的说辞，可结合后人的评论进行评价。

（三）教学反思：

批判性思维在学习中的重要表现之一就是：意识到现实问题是复杂的，并有分解、分辨主次和关系的初步能力。学生要有谨慎和谦虚的态度，愿意学习、思考的品质以及文明讨论的习惯；要讲道理、下判断要有理由，有全面收集信息的习惯；懂得要清晰、具体和有条理地思考和表达。在这篇文本的学习设计中，主要引导学生学会归因分析和反驳。

作为阅读者，应该积极调整阅读习惯，学会倾听历史的原声，不要把后来的认识与历史的事实相混淆，仔细体察领会文本传递出来的前任本意，进而看出由史家拼凑连缀而成的历史图像是否适得其所。所以在任务驱动中要提醒学生对于事件发生的小背景和大背景，在历史的时空中正确的评析人物和事件。

三、思辨读写

1. 在这个故事中选择一个你最喜欢的历史人物，查阅这个人物的相关资料，为他撰写一个人物传记。

2. 在《春秋》所记载“鲁僖公三十年”的史事中，有关《烛之武退秦师》的史事，只记录了一句话，其原文为：“晋人、秦人围郑”。请通过合理的联想和想象，补充《左传》中留白的地方，思考这样写法的妙处。

四、教学资源链接

1. 余党绪，《蔺相如：一个汲汲于功名的战国士子》，《语文学习》，2015年第9期。

2. 余党绪，《停下来找替代合理化——一个“思辨性阅读”教学案例的思辨性分析》，《中学语文教学参考》，2017年第8期。

3. 陈兴才，《问天下谁是英雄》，《七彩语文，中学语文论坛》，2019年第2期。

李斯凭什么说服秦王?

——《谏逐客书》教学案例研究

上海师范大学附属中学闵行分校　忻徽宏

一、核心问题：李斯凭什么说服秦王?

李斯，不仅是秦国著名的政治家，在秦灭六国、统一天下的过程中起到举足轻重的作用，同时也是一位出色的文学家，鲁迅先生曾评价说："秦代文学仅李斯一人而已。"在李斯现存的作品中，又以《谏逐客书》最为后世推崇。

《谏逐客书》一文常见的解读、赏析文章通常从李斯高超的说理技巧和斐然的文辞铺陈两方面入手加以评析。

就说理技巧而言，文章多用例证、喻证、对比论证、假设论证等手法从历史、当下、将来三个不同时间层面论述任用客卿的重要性。首段李斯列举了秦四位先祖（穆公、孝公、惠王、昭王）任用客卿以开拓疆域、巩固政权的事例，后又以设问形式推出"却客""疏士"则"国无富利之实"，"秦无强大之名"的假设，将历史上的秦强盛的原因归结为明主任用他国贤才。接着，李斯从秦王眼下所好的"声色珠玉"入手，从珍宝美女到歌舞娱乐一一历数，强调秦王所好之物皆来自异国，通过对比逐客行为指出秦王用物和用人的标准不统一。第三段以泰山河海为喻，举五帝三王为例，以重申其"王者不却众庶"而能天下"无敌"的主张，并将秦王的逐客行为定性为"借寇兵而赍盗粮"，与历史上一统天下者的政治举措形成鲜明对比，末段顺势推出逐客必将导致内忧外困的局面"求国无危，不可得也"极言逐客的危害，发人深省。

就文辞铺陈而言，袁行霈先生主编的《中国文学史》评价："文章词采华美，排比铺张，音节流畅，理气充足，挟战国纵横说辞之风，兼具汉代辞赋之丽。"可贵的是《谏逐客书》一文所用铺陈排比，角度多样，形式多变，且又切实服务于说理，因此读来既无冗余之感，又为其说理增添气势。

如上分析既能疏通文本，也能巩固基本的议论手法，的确能够给予处于学习说理阶段的学生以一定的启示。然而，近年来随着新课标的落实，语文教学开始转向强调从思维层面培养学生的核心素养。阅读教学不应仅满足于语文知识的落实，既有定论的传输，而应注重学生反思意识及质疑能力的培养。在《批判性思维应该成为教师的基础知识》一文中，余党绪老师指出批判性思维是"对日常思维的警惕，对惯性思维的挑战，对经验、教条和权威的怀疑以及对此不懈求证的理性精神。"批判性思维既包含对他者尤其是权威的质疑，也包含对自我经验的反思，因此在阅读教学中培养学生批判性思维就需要引导学生打破经典的光环，以开放的心态、思辨的态度深入文本，在阅读过程中不断地对自己已得出的结论进行反思，对理由与结论的关系进行一再推敲，尽可能避免经验对于真理的遮蔽。

那么，当我们满足于《谏逐客书》中各种论证手法分析时，就很有必要追问一句，李斯的说理是否无懈可击？进而引导学生更为全面地探究秦王废除逐客令真正的原因。因此，我将教学的核心问题设定为：李斯凭什么说服秦王？

褚树荣老师在《思辨何为："思辨性阅读与表达"解读》中引述董毓教授提出批判性思维的多项标准，其中"讲道理、下判断要有理由，有全面收集信息的习惯""知道要考察信息是否足够支撑自己和他人的立场、观点""试图辨别自己和他人观点背后的假设、立场和视角"几条标准能够为学生在分析《谏逐客书》一文时提供具体的思考方向，而华师大周燕老师强调关注思辨阅读的"听者意识"则是解决核心问题的重要途径。

基于上述思辨阅读的特点及方法，围绕核心问题，我将教学过程分为以下几个环节：

（一）课前预习：学生借助工具书，疏通文意

（二）教学重点：分析探讨“李斯凭什么说服秦王”

具体分为四个步骤：

1. 初读文本，你认为李斯凭什么说服秦王收回成命？

2. 查阅相关史料了解秦王逐客的原因，结合文本反思：李斯的说理是无懈可击的吗？是否存在说理漏洞？

3. 重读文本，如果你是秦王，圈画出真正触动你的话。

4. 总结李斯成功说服秦王的原因。

（三）教学拓展

1. 查阅史料，进一步查找、反思李斯能够说服秦王的其他因素。

2. 模仿写作，尝试说服某人接受你的某个主张。

二、教学扫描及反思

（一）教学扫描一：初步分析李斯凭什么说服秦王收回成命

学生在预习的过程中，通过查看课后注释，查阅字典等工具书，明确本文写作目的，了解课文大致内容。

师：在《史记·李斯列传》中记载，李斯最后不仅成功规劝了秦王，而且还获得了重用。请大家讨论下李斯为什么能够说服秦王？

生：在文章第一段中李斯大量列举了秦之前的国君任用贤才，秦国力因此不断增强的例子，很有说服力，而且这些贤才都非常有名，很有典型性。

生：文章当中有多处对比关系，比方说第二段秦王对待外国宝物的态度和对待外国人才的态度对比，还有当他在第一段中列举秦穆公、秦孝公他们的事例时，其实也是和秦王现在下逐客令，驱赶其他国家的人才形成对比，对比能够让自己的观点更鲜明突出。

生：我觉得通过假设从反面论证的方法也有很大作用，第一段中有假设秦国四君却客不纳，那么秦国就不可能有今天的富强，还有第三段、第四段都中有讲到如果秦王执意推行逐客政策，那么国家将岌岌可危。能够让秦王预见到他错位的行为可能导致的后果，让他感到害怕，就能促使他收回成命。

生：老师，我想补充一点，反面论证和正面论证也能够形成鲜明对比的效果。例如第三段中讲历史上三皇五帝广纳贤才然后能够一统天下，接着第四段就假设秦王拒绝接纳他国贤才的结果“求国无危，不可得也”，这本身也构成了一组对比关系。

师：大家的分析都有一定的道理。除了从说理方式角度分析之外，有没有同学从其他角度来谈谈自己的看法?

生：我觉得李斯的文章情感充沛，大笔墨铺陈很有气势，另外反问句、设问句的使用促人深思、发人深省。

……

从课堂教学过程来看，学生基本理解了文章的内容，回答的过程中始终能够从文本中寻找依据，分析有理有据，同时能够熟练运用已掌握的说理方法来分析，体现学生已较好地掌握了相关语文知识及其运用。

但是，在学生看似头头是道的分析中，也让我产生一种疑惑，学生是深入文本，在字里行间感受到了强大的说服力，还是仅仅被一种习惯性思维所左右，既然是被收录到教材中的名篇，其说理一定是充分的，既然能从中辨识例证、对比论证等手法，那么说理就一定是鲜明而有说服力的。若是后者，那么阅读再多的经典作品对学生而言也毫无裨益，只是提升判断论证方法的熟练度而已。

好在，学生已充分熟悉文本，确保了思辨阅读展开的首要条件。

（二）教学扫描二：反思李斯说理的逻辑缺陷

我为学生提供了《史记·李斯列传》《史记·秦始皇本纪》中相关片段，希望学生能够结合背景资料，对第一课时得出的结论：“李斯能够说服秦王主要在于他运用了大量的例证、对比论证、假设论证等说理方法增加说服力，从而让秦王收回成命”进行反思。

师：秦王为什么会下逐客令?

生：《史记·李斯列传》中说有个叫郑国的韩国间谍游说秦王修渠，实际上是想耗费秦国的兵力、财力来拖延秦攻打其他国家的进程，后来被发现了，所以大臣进言说：“诸侯人来事秦者，大抵为其主游间于秦耳，请一切逐客。”

师：秦王是担心“客”会威胁到自己的政权，所以下逐客令。对此，李斯在文章有没有回应?

生：没有，李斯在文中只字不提。而且我觉得李斯所选事例都是能证明他观点的，但是事实上有些客的存在就是可能威胁到秦王政权的，比如说前面我们说到郑国。李斯只举了有利于他观点的例子。虽然他雄辩滔滔，但是对于问题的分析并不客观也不全面。

师：好的，我们同学开始学会反思了，再看看上节课的笔记，还有什么地方值得质疑？

生：我觉得李斯用对物和对人的不同态度来指出秦王标准不统一也有问题。赏玩外国的宝物并不能威胁秦王的政权，但是任用他国的谋士则可能落入贼人的圈套。用物的风险小，用人的风险大，存在不同的态度没有什么问题。

生：我觉得李斯把秦四君国富民强的原因归结为任用他国贤才，并且在文章最后由不用“客”推导出国家必然岌岌可危，结论下地过于武断。我记得老师之前进行因果分析时说过有些事是一因一果，但是更多时候一件事情的结果是由多方面因素造成的，李斯只讲一点不及其余，夸大了“客”的重要性。

……

孙绍振教授在《寻找议论文教学的“黑天鹅”》一文中提出我们在选择事例时候，“它不仅意味着挑选，而且意味着排除，与论点相符的材料留下了，与之不符的材料排除了。这就不全面了。”因此，事例的列举并不能替代观点的论证，因为只要有一只黑天鹅，那么“一切天鹅都是白的”这一论断就不攻自破了，而秦王下逐客令本身也是本着“宁可错杀一千，不可放过一个”的求稳心理，因此例证的说服力是有限的。一起事件的形成尤其是一个国家的兴衰往往牵涉多方面的因素，简单地归结为一因一果，兴由纳客衰由逐，实是李斯为达其目的而有意为之，带有非常强烈的主观性。强调用人用物应统一标准则是无视了物与人的差异性，近乎荒谬了。学生能够在老师的引导，同学间的互相启发下得出如上结论，难能可贵。

中国古代文学名篇中此类逻辑问题并不少见。褚树荣老师在《思辨何为：“思辨性阅读与表达”解读》一文中以《劝学》《过秦论》《阿房宫赋》等教材课文为例，指出古代名篇中“以个别代替全部、以权威取代真相、以主观混淆客观、以古人教训今人、以比喻取代论证、以成见代替思辨、以感性埋没理性、以传说代替事实等运思方式，比比皆是。”《谏逐客书》一文用理性逻辑从论证严密性的角度来看，同样存在上述问题。褚老师强调“对这些教材里的古代作品的‘再思辨’，也是‘思辨性阅读与表达’任务群教学的重要内容。”因此在阅读古代文学作品时，教师需要提醒学生舍弃对教材选文无条件接受的态度，改变以概念术语简单附会的分析方法，尝试深入文本对观点及论述进行思考、提出质疑。

既然不是无懈可击的说理改变了秦王的想法，那么说服的力量究竟来自哪里？这就需要进行二度思辨。

（三）教学扫描三：探究李斯说服秦王的深层原因

师：既然我们质疑一开始的结论是因为李斯强有力的论证使秦王接纳建议，收回成命，那么我们需要继续思考到底是什么原因让秦王改变主意？

学生陷入沉思。

师：我们来解读一下课文标题——《谏逐客书》。

生：谏是规劝君王改变错误决定的意思，书表明这是上奏给皇上看的文书。

师：从读者的角度来说，这篇文章李斯是专门写给秦王一个人看的。现在假设你是秦王，圈画出真正触动你的话。

生：在第一段中我发现这样几个词“至今治强”“功施到今”。李斯强调了秦现在的“富利”“强大”是建立在祖辈基础之上，祖辈凭借“客”的辅佐历尽艰辛才有了秦王如今的天下，秦王逐客一旦国家走向衰弱必然会背上“忘先人之遗策、毁祖上之余烈”的骂名。

生：在第二段里我看到一句触目惊心的话“然则是所重者在乎色乐珠玉，而所轻者在乎人民也”，联系之前李斯罗列的一系列秦王所喜好的各种珍宝美女，我会觉得李斯非常可怕，他对秦王的生活了如指掌，还给他扣了一个大帽子，说他贪恋声色，不顾天下苍生。

师：你已经进入角色了，还有别的看法吗？

生：我觉得李斯很懂秦王，不仅是知道秦王害怕什么，而且还知道秦王想要什么。秦四代先君只是扩大了秦国地盘，稳固了秦的政权，但是秦王的志向不在于此，他想要尽快灭掉诸侯统一全国，所以我觉得之前说理最弱的最后两段其实最能打动秦王。五帝三王统一天下，王者无敌说的是秦王心底最大的渴望，“逐客以资敌国，损民以益仇”则是他最不能看到的一幕，真是看穿了秦王的心思。

……

如果我们抛开文本明显呈现的各种论证方式，而能够从公文的文体入手，从读者的角度去细读文章，就会发现真正说服秦王的固然有高超的说理技巧、斐然的文辞铺陈，但是最重要的是李斯对秦王的心理洞若观火，知其所惧亦知其所欲，从而轻易打动秦王，促使其收回成命。

周燕老师在《思辨性阅读中的“听者意识”》一文中引入巴赫金“对话理论”，强调“一切表述都具有对话性”，任何一个表述都是对话中的一个“对语”，而“对语作为表述的本质形式，具有应答性、对象性、诉诸性等特征，而这些特征无不指向言语交际中除说者以外的另一个主体——听者。”这意味着说者在表述自己观点的同时也会预判听者的反应，并据此选择适当的言说方式以实现自己言说的诉求。确立“听者”的身份，有利于我们更为准确地把握说者表述的内容及其采取的言说策略。

《谏逐客书》的听者是明确且唯一的，对于李斯而言，想让秦王收回成命关键在于有针对性地选择表述的内容及方式，而不在于论证逻辑的严密性、不在于观点的无可辩驳。事实上逐客本身利弊共存，李斯有意回避逐客之利而极言逐客之弊，意在提醒当时遭遇宗室贵族、大臣们联合上书逼迫的秦王能够倾听另一种声音，铺排列举历代先王任用客卿的史实，意欲唤起秦王暂时淡忘的任用客卿之利，将逐客与亡国简单粗暴地关联，则意在以秦王最为关切之事触痛其内心，激起秦王对于逐客这一决策利弊的重新衡量。

诚如褚老师所言，中国古代文学名篇存在着种种逻辑的问题，然而由于许多作品尤其是书、表一类的奏疏有着特定的听者，所陈述之理也往往是君王谙熟的为政之道，因此在言说过程中强调言说针对性比强调逻辑严密更能实现对话的有效性，达到说服对方以实现自己诉求的目的。因此，在教学过程中既需要指导学生对作者论述逻辑进行思辨，也需要引导学生辩证看待古代名篇中的逻辑问题。

三、思辨读写

1. 探究：有人认为秦王下逐客令并非因为郑国修渠事件，在查阅相关研究及史料的基础上，进一步探究李斯说服秦王的其他原因。

2. 仿写：尝试说服你的父母答应放弃周末补课去参加一个兴趣展。

3. 仿写：你对学校发展有何建议？所在班级在日常管理方面是否存在有待改善的地方？请给校长或班主任老师写一封信，说服他接受你的一项提议。

四、教材资源链接

1. 左政、莫恒全,《论战国时代公文及其特色——从李斯〈谏逐客书〉说起》,《广西师范学院学报（哲学社会科学版）》, 2012 年 4 月。

2. 陈一平,《〈谏逐客书〉解读》,《语文月刊》, 2019 年 1 月。

3. 王献锋,《历史名篇欣赏〈谏逐客书〉》,《名作欣赏》, 2015 年 7 月。

4. 叶小芳,《〈谏逐客书〉写作缘由与郑国修渠事件的关系》,《文学研究》, 2013 年 6 月。

5. 汪少华,《说〈谏逐客书〉的“客”》,《古汉语研究》, 1997 年 12 月。

还原情境，深入探究

——《鸿门宴》思辨教学案例

成都市树德中学　王华美

一、核心问题：项羽为何不杀刘邦?

《鸿门宴》情节跌宕起伏，人物形象鲜明，学生比较感兴趣，阅读的困难主要在于篇幅长，知识点多。大部分学生对人物能做出一些分析和评价，但难以全面深入地思考。由于本文是经典篇目，文言、文学、文化等层面都有许多可挖掘的地方，教师容易犯贪多求全的毛病。

阅读以《鸿门宴》为代表的古代人物传记，应当让学生透过文字、文言，发现背后鲜活的人物和丰富的文化内涵，品味精彩的语言，领略文言的魅力。对于人物的分析，必须紧扣文本、抓住语言，绝不能“标签化”，也不能简单地见仁见智。教学中应当搁置现成结论，抓住关键语句，把握主要形象，进而还原波谲云诡的历史，审视历史人物和事件及其蕴含的文化。

文言文教学应追求言与文的融合。文言知识和人物形象是《鸿门宴》教学的两个重要内容，而如何找到恰当的抓手，把两方面内容进行整合、融合，是必须面对的问题。

对于项羽和刘邦的评价向来众说纷纭，这正是培养批判性思维的资源。围绕两个人物，有很多值得探究的问题：鸿门宴的前因后果是怎样的？项羽为什么不杀刘邦？项羽该不该杀刘邦？刘邦何以化解鸿门宴的危机？项羽和刘邦各自有怎样的性格特点？从两人在鸿门宴的表现能否窥见楚汉之争最终走向？等等。我认为，诸多问题中最关键的是：项羽为什么不杀刘邦？这一问题既反映了当时的战争形势，关涉项羽、刘邦及双方其他人物的言行和心理，也影响到对人物的评价，甚至可以从中看出一些为人处事之道。

基于以上思考，我将《鸿门宴》教学的着力点确定为人物分析，将文言学习融入其中，把“项羽为什么不杀刘邦”作为主问题，在教学中凸显思辨读写。

我的教学设计包括以下几个环节：

1. 初读课文，力求读通畅，梳理基本情节，落实重要注解。
2. 再读宴前部分，把握鸿门宴背景，分析主要人物的表现。
3. 细读宴中部分，探究“项羽为什么不杀刘邦”这一问题。
4. 概括人物的性格特点，赏析刻画人物的方法及语言艺术。
5. 课外阅读《项羽本纪》及相关文本，全面评价项羽其人。

二、教学扫描及反思

（一）教学扫描一：鸿门宴的来由

《鸿门宴》按照宴前、宴中、宴后的时间顺序，叙写了项、刘两个阵营众多人物的表现，重点在于宴中，但先要了解为什么有这样一次特别的宴会，以及宴前双方的情况，为赏析宴会上的表现。探究深层次的原因做铺垫。

师：请你们说说鸿门宴的来由。

生：刘邦先攻破函谷关进入咸阳，项羽消灭了秦军主力随后赶到，项羽听信曹无伤的告密，准备攻击刘邦。项伯想报答张良，私下劝张良离开。张良把消息通知了刘邦，刘邦用一番花言巧语，稳住项伯。项伯建议刘邦亲自道歉，并让项羽好好对待刘邦。刘邦冒险来鸿门道歉，项羽设宴款待，于是就有了“鸿门宴”。

师：概括很准确。请大家思考：项羽为什么发怒？

生：曹无伤告密，说刘邦有野心，想在关中称王。刘邦对项羽造成了威胁。

生：我觉得还有一个原因，“未得与项羽相见”。项羽觉得自己功劳最大，势力远胜刘邦，刘邦居然不主动来拜见，完全不把自己放在眼里。曹无伤的告密，简直是火上浇油。

师：其实，在课文前面还有一个交代："行略定秦地。函谷关有兵守关，不得入。又闻沛公已破咸阳，项羽大怒，使当阳君等击关。项羽遂入，至于戏西。"刘邦的野心早已暴露，双方已经兵刃相见。当然，只许项羽称霸，就不许刘邦有野心吗？只是，刘邦这时的实力和野心不相称，可以说是利令智昏。

师：项羽大怒，因此他说："旦日飨士卒，为击破沛公军！"这句话什么意思？

生：明天犒劳士兵，替我打败刘邦的军队！

师：大战似乎一触即发，可以预见，战争结果一定是项胜刘败。就在这关键时刻，上演了历史上有名的"鸿门宴"，战争还没开始就偃旗息鼓了。那么，促成鸿门宴的关键人物是谁？

生：项伯。项伯对刘邦说："旦日不可不蚤自来谢项王。"回过头，他又对项羽说："沛公不先破关中，公岂敢入乎？今人有大功而击之，不义也。不如因善遇之。"刘邦和项羽都答应了。

师：注意，"蚤"是通假字，通"早晚"的"早"。"谢"是什么意思？

生：道歉。

师：道什么歉呢？

生：刘邦先入函谷关，派人把守函谷关，不让项羽入关。

师：刘邦做错了吗？

生：可以说错，也可以说没错。按照约定，刘邦的做法合情合理。但是，以弱犯强，得罪项羽，就是大错，太不明智。

师：我们再来看"公岂敢入乎"，项伯是不是太瞧不起项羽了？他就不怕惹恼了项羽？

生：项伯是项羽的季父，季父就是叔父。身为长辈，这么说一句，应该没问题吧。

师：确实是长辈教训晚辈的语气。"今人有大功而击之，不义也"，"不义"这一定性，把攻打刘邦上升到道义层面，项羽好歹是将门之后，能征善战，自视甚高，他是在乎名誉的。"不如因善遇之"是什么意思呢？

生：不如趁机好好款待他。

师：不仅不能杀，还要好酒好菜招待他。奇怪的是，项羽不但没有怀疑项伯和刘邦勾结，居然答应了他的要求。为什么呢？

生：“打虎亲兄弟，上阵父子兵”，不必怀疑。

师：还能看出什么？

生：项羽头脑简单，意气用事。惹了我，我就要打。听别人说几句貌似有理的话，就改变了主意。

宴前部分，交代了鸿门宴的背景。让学生概括鸿门宴的由来，既是为赏析和探究鸿门宴上人物的表现做准备，也训练了概括能力，还能看出文言知识方面是否存在缺漏。在此基础上，主要探究三个问题：（1）项羽为何发怒？（2）项伯在促成鸿门宴中有何作用？（3）从项羽许诺能看出什么？这三个问题和项羽杀不杀刘邦密切相关。在探究过程中，融入了文言知识讲解和翻译训练。至于范增、张良和刘邦三人的表现，先不做处理。这两段还有不少地方可以细品，也暂略去。

探究项羽发怒的原因，补充了节选部分之前的几句话，简要分析项羽当时的心理。分析项伯，重点品味项伯对项羽说的话，琢磨其中看似不合常理的地方，由项羽“许诺”分析项羽的心态变化。

在理解性阅读中渗透思辨性阅读，当是阅读教学的一种常态。

（二）教学扫描二：项羽为何不杀刘邦

在鸿门宴上项羽要杀刘邦易如反掌，可是项羽就是不动手，对范增的暗示视而不见，对项庄舞剑不管不问，对闯帐的樊哙反倒甚是欣赏，对刘邦逃席听之任之，对刘邦的礼物安心接受。这到底是为什么呢？这一问题主要取决于项羽的心理和性格等内部原因，也牵连到其他人物的言行、当时的形势等外部原因。通过讨论交流，多角度分析，认识也就越来越全面、深入。

师：鸿门宴杀机四伏，最终却是有惊无险。那么，项羽为何不杀刘邦呢？希望大家踊跃发言，注意言之有据。

生：刘邦来到鸿门一再示弱，解除了项羽的疑心，满足了项羽的虚荣。刘邦一见到项羽就说“臣与将军戮力而攻秦，将军战河北，臣战河南，然不自意能先入关破秦，得复见将军于此”，表明自己抢先纯属意外，自己绝不敢和项羽争夺，简直卑躬屈膝。“今者有小人之言，令将军与臣有郤”，一句话掩饰了自己的野心。俗话说“伸手不打笑脸人”，别人已经臣服于他，态度还那么谦卑，杀他干吗？

生：我认为这其实是轻敌，此时的项羽瞧不起区区刘邦，根本没把他当作对手。

师：我们来看看鸿门宴上的座次："项王、项伯东向坐；亚父南向坐——亚父者，范增也；沛公北向坐，张良西向侍。"东向，就是面向东，在古代是最尊贵的位置。宾主相对，宾东向，主西向；长幼相对，长者东向，幼者西向。四面座位，以东向最尊，次为南向，再次为北向，西向为侍坐。由鸿门宴的座次，你能读出什么？

生：项羽与刘邦当时地位差不多，来者是客，刘邦年长，项羽自己却坐了最尊贵的位置，可以看出他狂妄自大。

生：这也是项羽糊涂的表现。刘邦之前明明露出马脚，结果项羽相信了花言巧语，放过刘邦。最滑稽的是，他一上来就把曹无伤给卖了，以后还有谁愿意投靠他？

生：项羽是英雄豪杰，怎么瞧得起这种吃里爬外的家伙？

生：正因为项羽是英雄，他干不出借宴会杀人的事来。他要杀刘邦，应该是光明磊落地杀，要么一对一单挑，要么阵前交战，总之，不会暗杀。这一点，从他对樊哙的宽容和欣赏也可以看出来。他喜欢樊哙这种豪勇直率之人，因为他自己就是这样的人。

生：范增说"君王为人不忍"，也是原因之一。项羽不愿意滥杀无辜，况且他已经答应了项伯，不能出尔反尔。

生：我有不同看法。项羽是个武将，打打杀杀早习惯了，之前还坑杀二十万降兵，他可不是心慈手软。范增的话只是在项庄面前的说辞而已，不能当真。

生：我认为范增并不真正了解项羽，项羽对范增也不是言听计从。

生：项羽年轻气盛，比起老谋深算的刘邦，太嫩了。樊哙的话和刘邦的话大同小异，他竟然一点怀疑都没有。刘邦溜了，他也无动于衷，真以为刘邦喝醉了。

师：项羽如果想杀刘邦，为的是什么？

生：权势、地位。

师：假如杀了刘邦对项羽有利，他会杀刘邦吗？如果杀了刘邦无助于他权势的增长，不杀刘邦对他也没什么损失，那么何必杀刘邦呢？从当时形势来看，刘邦还不足以成为他的对手，至于将来会怎样发展，谁知道呢？如果抱着“宁可错杀三千，不可放走一人”的想法，也太残暴了吧。

生：刘邦是灭秦功臣，项羽不能不考虑社会舆论。杀了刘邦，失了人心，损失更大。反过来说，放了刘邦，化敌为友，也显得大度，对项羽有利。

生：项羽最后的失败不是因为鸿门宴上没杀刘邦，要杀刘邦后面还有机会。归根到底，项羽是败在自己的性格和谋略上。杀了刘邦，其他人也同样可能反对他。

师：大家各抒己见，精彩连连。项羽到底是怎么想的，只有他自己最清楚。但项羽不能死而复生，我们只能依靠司马迁的记载来推断。项羽不杀刘邦可能有多种原因，多因一果。我认为主要原因在于他此时麻痹大意，没把刘邦当对手，轻信了花言巧语。对于这个问题，古往今来不同的意见很多，同学们在课下可以再查阅资料，看看谁说得更在理。

教师首先抛出问题：项羽为什么不杀刘邦？接下来主要是学生们发表意见，其中不乏精彩见解。项羽为什么不杀刘邦？学生从不同角度去理解，大都有一定道理，也发生了一些碰撞，体现出个性化解读的魅力。在整个讨论交流过程中，教师耐心等待，认真倾听，偶尔参与到学生发言中来，提醒学生注意鸿门宴的座次，补充文化常识，帮助学生更好理解。在学生迷惑处，予以必要点拨。最后，指出多因一果的可能，鼓励同学们查阅资料，继续探究。

思辨性阅读体现在宏观设计和细节处理两个层面。能否提出有思维含量、有张力、学生感兴趣的问题，是成败的关键。同时，要注重课堂生成，教师相机引导，鼓励生生互动。教师何时干预，干预到什么程度，应根据课堂实际情况，拿捏好分寸。必须注意的是，教师不要急于发表自己的观点，不能限制学生的思维。课堂上不一定得出最终结论，但是强调言之有据，基于文本，尽可能让论断合理化。

思维培养是长期的任务，不可指望毕其功于一役，但我们要相信，一旦点燃思维的火花，很可能收获惊喜。让学生独立思考、充分表达，这样必然带来时间上的矛盾，导致课堂教学内容偏少。课堂可以慢下来，可以安安静静，学生真正有收获才是最重要的。

三、思辨读写

（一）韩兆琦指出：鸿门之会破绽极多，《史记》各篇所载亦有出入，可做故事看，难当信史读。梁玉绳认为："项伯之招子房，非奉羽之命也，何以言'报'？且私良会沛，伯负漏师之重罪，尚敢告羽乎？使羽诘曰'公安与沛公语'，则伯将奚对？史果可尽信哉？"董份认为："必有禁卫之士，诃讯出入，沛公恐不能辄自逃酒。且疾出二十里，亦已移时，沛公、良、哙三人俱出良久，何为竟不一问？……矧范增欲击沛公，唯恐失之，岂容在外良久，而不亟召之耶？此皆可疑者，史固难尽信哉！"

对以上观点，你赞同吗？怎么看待《史记》中的此类现象？细读《鸿门宴》，你还能发现其他可疑之处吗？

（二）《鸿门宴》是节选文本，如果要透彻理解《鸿门宴》，须回到《项羽本纪》全文，参读司马迁为出场的其他人物所写的传记。

在广泛阅读之后，重新思考"鸿门宴"，你有哪些新的认识和见解？如：刘邦在鸿门宴上何以逃过一劫？张良和樊哙发挥了怎样的作用？项羽为什么不听从范增的建议？项伯算内奸吗？……

（三）请阅读《项羽本纪》《高祖本纪》及其他相关文本，在以下任务中选择一项完成：

1. 比较刘邦与项羽，以《我看刘项之争》为题写一篇文章。

2. 最终失败的项羽为什么却被很多人视为英雄？怎样的人物堪称英雄？就"我的英雄观"这一话题与同学们进行交流。

四、教学资源链接

1. 蔡伟，千古一宴，尽显英雄本色——《鸿门宴》项羽不杀刘邦新说［J］，书屋，2002（06）：61—64。

2. 陈金霞，论《史记》"鸿门宴"真相［J］，社科纵横，2012（05）：65—68。

3. 季乃礼，项羽为何放走刘邦——鸿门宴中项羽的决策行为分析［J］，南开学报（哲学社会科学版），2015（6）：126—134。

4. 孙绍振，史家实录和审美想象的交融——读《鸿门宴》［J］，语文建设，2019（08）：53—58。

5. 王克奇，中国历史上最后一个贵族——项羽论［J］，文史哲，2012（05）：89—94。

6. 岳庆平，项羽及其精神［J］，文史知识，2013（04）：11—16。

7. 余虹，刘玲玲，《鸿门宴》综述：横向整合，以读促写［J］，中学语文教学，2015（08）：52—62。

8. 吴秋，辨析审视文学形象 提升发展思维能力——以《鸿门宴》教学为例［J］，语文知识，2017（05上）：57—58。

9. 胡卫东，批判性阅读教学：模拟解决问题的思维过程——以对《鸿门宴》“性格决定论”解读视角的反思为例［J］，福建基础教育研究，2018（11）：30—32，73。

10. 张长松，深度学习视域下的文言文教学——以《鸿门宴》为例［J］，教育研究与评论（中学教育教学），2019（01）：41—44。

擎道德大纛，铸民族精魂
——《屈原列传》教学案例研究

东莞市教育局教研室　庄照岗

一、核心问题：如何看待屈原的抗争方式

屈原是我国历史上第一位伟大的浪漫主义诗人，其忠君爱国的思想，坚持真理、宁死不屈的精神以及不与世俗同流合污的高贵品质，千百年来感召和哺育了一代代中华儿女。《屈原列传》又是记载屈原生平事迹最早、最完整的文献，最早塑造了屈原"正道直行，竭忠尽智"的崇高爱国诗人形象，生动再现了屈原的坎坷遭遇和抗争历程。

《屈原列传》一文的教学案例和论文并不多，教学目标和教学重点大多集中在以下几个方面：

1. 疑难字词句的梳理与探究。比如"上官大夫见而欲夺之，屈平不与。""夺"和"与"字有不同看法。

2. 学习其评述结合、选材精当的构思艺术。《屈原列传》对屈原的正面介绍不多，多选用评述结合的方式，突出精要所在，更典型鲜明地塑造人物形象。

3. 对《屈原列传》矛盾和割裂之处的关注与质疑。比如"令尹子兰闻之大怒"前后文义错综而文气不畅，疑有"衍文""脱简"或"错简"。

4. 了解屈原的生平事迹，理解屈原的人物形象，学习其高尚的人格、伟大的精神。

本文的核心问题是：如何看待屈原的抗争方式？即在准确理解文意的基础上，还原历史语境，思考屈原选择与行动背后的原因、处境、后果及最终体现的价值与意义。针对不少学生对屈原遭受放逐后选择投江自杀的不解与怀疑态度，通过深入分析探究，让学生理解屈原、认可屈原、正确评价屈原的死亡。

二、教学思路与操作程序

基于以上理解和分析，教学安排如下：

（一）整体感知：请学生对照课下注释和工具书疏通文意，初步感知屈原的人物形象。

（二）教学重点：具体、深入理解屈原的抗争方式。为了帮助学生逐步深入理解屈原的抗争方式，设计了以下问题：

1. 面对君昏臣佞，楚国日趋于亡的现实，屈原选择了怎样的抗争方式？

2. 除了以死抗争的方式，屈原有没有别的选择？为什么不像其他游说之士一样脱身远举？

3. 你如何看待屈原以身殉国的抗争方式？

4. 你如何看待历史上对屈原评价的不同声音？

（三）教学拓展：关注文本的现实意义，引导学生思考新时代“个人与家国”的关系，特别是屈原精神的当下价值。

三、教学扫描及反思

（一）教学扫描一：面对君昏臣佞、楚国日趋于亡的现实，屈原选择了怎样的抗争方式？

《屈原列传》注重选材和评述，在具体的历史事件中，在人物的碰撞冲突中，在太史公鲜明的议论抒情中，勾勒刻画人物形象。特别是注意突出屈原面对君昏臣佞、楚国日趋于亡，而自己又“信而见疑，忠而被谤”时所采取的抗争方式，因为正是在这些抗争中，才显现出屈原光辉峻洁的人格和九死未悔的斗争精神。

师：同学们，我们评价一个人，不只看他的处境与遭遇，更要看他如何面对这些境遇。疾风骤雨、涸辙沸鼎中最可以显示一个人的品性，如孔子所言：“岁寒，然后知松柏之后凋也。”我们思考一下，面对君昏臣佞、楚国日趋于亡，而自己又忠而见逐的悲惨遭遇，屈原选择了怎样的抗争方式？

生：面对举世混浊，众人皆醉，屈原仍不愿同流合污，随波逐流，而是怀瑾握瑜，振衣弹冠，坚守自身的皓皓之白。

生：屈原仍然“眷顾楚国，系心怀王”，甚至“一篇之中，三致志焉。”其存君兴国的拳拳赤子之情可昭日月。

生：被放逐之后，面对怀王外欺于张仪，内惑于郑袖、上官大夫等人，他还是敢于直言进谏，维护楚国利益。即使知道怀王已不再信任自己，即使会遭受无端的攻击、污蔑，他依然没有顾及自身的安危，选择明哲保身，而是“知其不可而为之”。从中我们看到了一个倔强、无畏又义无反顾的屈原形象。

生：屈原还通过写诗来抗争，表达自己的忧愁、不满和怨愤。在楚怀王“怒而疏”之后，他忧愁幽思而作《离骚》；在顷襄王“怒而迁之”后，他乃作《怀沙》之赋。意在刺世事，讽君王，疾谗谄，“明道德之广崇，治乱之条贯”。

师：是的，不仅如此，在白起攻破楚都郢之后，屈原悲愤交加，遂采取了最激烈决绝的抗争方式，怀石自沉于汨罗江，以身殉国。

这个过程是思考的过程，也是梳理文本的过程，同学们彼此激发，相互提醒，大致把握了屈原的抗争方式和人物形象，为下面的深入探究打下基础。当然，有人可能会疑惑：面对奸臣的污蔑、权贵的打压，屈原为什么没有予以直接回击？即使小人巧言令色，但屈原也是“娴于辞令”的。我想最根本的原因还是不屑，是不愿降低自己的品性与尊严而与之周旋、对抗。清者自清，浊者自浊，屈原出身高贵，又极端高洁，对那些“户服艾以盈要兮”“苏粪壤以充祎兮”的小人、党人，他选择“自疏濯淖污泥之中”“判独离而不服”，不沾染半点世俗的污浊。

（二）教学扫描二：除了以死抗争的方式，屈原有没有别的选择？为什么不像其他游说之士一样脱身远举？

此问题意在让学生跳出文本的语境，在更大的可能、更多的选择中透视屈原的选择，让学生明白屈原其实没有别的选择。不是以死抗争方式成就了屈原，而是屈原的品性决定了他必然选择这样的抗争方式。

生：他可以适当改变一下进谏的方式，不要那么直接，可以委婉含蓄一些，学学邹忌、晏子、触龙等。邹忌以自身的生活体悟，用类比推理的方法委婉地劝谏齐威王除弊纳谏，广开言路，收到很好的效果。

师：那他为什么没有选择这样做？

生：可能跟性格有关系吧，屈原正道直行，为人处世讲究堂堂正正，不矫揉、不造作，眼里容不得沙子，所以不愿谄媚委屈自己，更不愿苟合取容于世。正像他自己所说的："忽驰骛以追逐兮，非余心之所急。""宁溘死以流亡兮，余不忍为此态也。"

生：我觉得屈原完全可以变通一些，过刚者易折，善柔者不败，历史早就证明了这一点。"大行不顾细谨，大礼不辞小让。"为国折腰，为民让步，也未尝不是一种选择。

生：此言差矣！变通了就不是屈原了，正是这份执着成就了屈原。在屈原看来，那不叫变通，那叫同流合污，而且他向来自视甚高，根本不把冷眼、孤立放在眼里。正像他所说："鸷鸟之不群兮，自前世而固然。""岂余身之殚殃兮""虽萎绝其亦何伤兮""不吾知其亦已兮"，只要我的内心确实是芳洁纯真。

师：有道理，屈原应该也曾想过要变通，或者有人也提醒过他，但他"固知謇謇之为患兮，忍而不能舍也。"甚至后来以先贤来激励自己，"伏清白以死直兮，固前圣之所厚。""虽不周于今之人兮，愿依彭咸之遗则。"最终意志愈发坚定"亦余心之所善兮，虽九死其犹未悔。"不能变通，那到别国施展自己的抱负如何呢？

生：我觉得屈原完全可以像其他游说之士一样周游列国，推行自己的政治主张。楚国不容，则奔齐；齐国见逐，则投赵，像苏秦张仪等人，皆以游说而名显诸侯。

师：是的，像苏秦张仪等游说之士，"一言之辩，重于九鼎之宝；三寸之舌，强于百万雄师。"所在则国重，所去则国轻，在战国的乱世烽烟中真的可以建功立业。更何况屈原"娴于辞令""明于治乱"，如果选择游于诸侯，必能发挥所长，一展抱负。就连司马迁也感慨"以彼其材游诸侯，何国不容？"贾谊在《吊屈原赋》中也主张屈原自引远去，选择明君。"历九州而相其君兮，何必怀此都也？"

师：但屈原最后为什么没有选择脱身远举？一个有才能的人在本国不能实现自己的抱负，尽可以到别国去寻求出路。楚国因各种原因出走的才士不乏其人，伍子胥出走到吴国任大夫，范蠡和文种到越国后分别官拜上将军和相国。

生：我觉得屈原和其他人不同，他是楚国王室宗亲，作为“公族”或“公室”，屈原曾担任三闾大夫，掌管王族三姓事务。对于屈原来说，国就是家，家就是国，家国一体，不容分割。

师：是的，你的想法和宋代的一位学者洪兴祖的观点不谋而合。他在《楚辞补注》中说：“屈原，楚同姓也，同姓无可去之义。”但是，我们知道，孟尝君田文也是齐国王室，袭爵薛公，受封丞相。在遭到齐湣王猜疑的时候，也曾出奔至魏，担任相国。还曾受到秦昭王的邀请而担任秦国宰相。可见，王室宗亲为了自身的安危，也尽可以远走他乡的。

生：我觉得最主要的原因还是屈原爱自己的国家和人民，而且对楚王也一直心存幻想，期盼怀王悔悟，让他重回郢都。就像文中所说，其“眷顾楚国，心系怀王，不忘欲反。冀幸君之一悟，俗之一改也。”

其实，屈原也曾有过出走楚国的想法，这在他的辞赋中有所体现。“悲时俗之迫阨兮，愿轻举而远游。”“何处独无芳草兮，尔何怀乎故宇。”“何离心之可同兮？吾将远逝以自疏。”“世溷浊而莫余知兮，吾方高驰而不顾。”可见，屈原也曾有过痛苦的挣扎，但他最终没有远飞高举，原因可能是多方面的。正像同学们所说，他眷顾祖国不忍去，爱恋人民不能去，赤胆忠君不可去，楚族同姓不当去。故非不能也，不为也，屈原不是不明白，而是做不到，若是朝秦暮楚，历史也必无此屈原。

（三）教学扫描三：你如何看待屈原最后以身殉国的决绝抗争方式？

公元前278年，秦将白起攻陷郢都，顷襄王携楚国贵族狼狈逃往陈城。秦军捣毁楚国宗庙，焚烧先王陵墓，楚国蒙受奇耻大辱。目睹于此，屈原怀石自沉于汨罗江，以极度决绝的方式完成了自我最后的抗争。有人认为屈原的死是毫无意义的愚蠢之举，你怎么看？

生：我认为屈原的死不是没有意义的，他想以死唤醒麻木的国民，以死劝谏楚王。

师：嗯，有道理，文豪苏轼也有类似的看法，他在《屈原庙赋》中说：“生不能力争而强谏，死尤能冀其感发而改行。”

师：如果死能证明事情的是非曲直，从而使人们认识到真理之所在；如果死能让人们了解自己的高尚气节，从而使执政者幡然醒悟；如果死能拯救祖国颓势于万一，那便是死的胜利，那便是死得其所，屈原将毫不吝惜自己的生命。他曾在《怀沙》中写道："知死不可让，愿勿爱兮。明告君子，吾将以为类兮。"他又以介子推以死感悟晋文公，彭咸直谏其君不听乃投水而死的故事激励自己："介子忠而立枯分，文君寤而追求。""既莫足与为美政兮，吾将从彭咸之所居。"

生：我认为屈原的死是在极度苦闷、完全绝望的情况下的必然选择。屈原虽被放逐，但对楚国，对楚王是心存希冀的，他始终期待着有一天昏聩如楚王也会幡然醒悟，重新重用自己，复兴楚国。但首都的陷落，宗庙的沦丧，成为压垮屈原的最后一根稻草，让他彻底绝望并失去了斗志。屈原是一个为理想而活的人，他唯一的信念和寄托就是楚国，楚国没了，屈原的心也就死了。

师：你说得很有道理，明代学者洪兴祖也认为，屈原的死是无可避免的。他说："同姓兼恩与义，而屈原可以不死乎?"重庆师大董运亭先生也认为，屈原之死是他热爱楚国、热爱人民而又无力拯救的悲剧性结果，是他的理想彻底破灭的必然的结果。理想幻灭，唯有用死亡，对祖国发出痛心的呐喊，对命运做出最后的抗争。

生：真的没有别的选择了吗？我始终觉得自杀是一种懦弱的表现，任何一个有节操、有智慧的人都不会采用自杀这种最无用的方式来结束自己的生命。

生：我不同意你的看法。死与死是不同的，或轻于鸿毛，或重于泰山。这要看他所追求的东西是什么。屈原是一个纯粹的爱国者、至死不渝的忠臣、孤高洁白的志士，他用自己一生的坚守告诉我们，在那个礼崩乐坏、瓦釜雷鸣的战国时代，始终有人坚守着心中的理想与信仰，从未动摇，这是一种不可企及的妩媚。

的确，与其污浊地活在世上，还不如一身清白地死去，这是屈原的气节、屈原坚决的价值判断、屈原高傲的贵族精神。相比于个人的得失荣辱，屈原更在乎的是道德和规则，是灵魂的洁白和理想成功。他的死既是为国殉难，也是殉自己的政治理想、自己的高洁品质。屈原是用一种积极、斗争的姿态对待死亡的，既不能与敌人决胜于当时，但愿以死争讼于后世，屈原用自己的方式为后世立下了一个道德标杆，唯其如此，故其虽死犹生。

（四）教学扫描四：如何看待历史上对屈原评价的不同声音？

对屈原的评价，历史上曾有不同的声音。汉代班固认为屈原“露才扬己，责数怀王，怨恶椒兰，愁神苦思，强非其人，忿怼不容。”南北朝时期的颜之推也认为“自古文人，常陷轻薄，屈原露才扬己，显暴君过。”宋代大儒朱熹也认为屈原“志行过于中庸而不可以为法”。清代学者刘熙载则认为屈原在忠君爱国和自身“精神洁癖”之间犹豫狐疑、徘徊不定，以至于“有路可走，卒归于无路可走。”

师：对于以上评价，你怎么看？

生：我觉得这些说法虽不无道理，但也失之偏颇与苛刻。比如“露才扬己”，怀瑾握瑜有错吗？显露才华有错吗？不扬己何以获得赏识重用呢？再比如“责数怀王，怨恶椒兰”，臣谏君言乃是本分，疾恶如仇乃是担当，更无不妥。

生：我觉得如果说实在有什么过错的话，错也不在屈原，错的是人心，错的是时代。人心嫉妒、狭隘容不下屈原，时代黑白颠倒、善恶混淆放逐了屈原。

生：我觉得这些人都是站在世俗功利的角度来看的，说屈原过于张扬，怨天尤人，连大儒朱熹也认为屈原不够中庸。其实，如果在乎功利，屈原就不是屈原了，屈原的伟大正在于不计个人利害得失，始终心怀祖国和人民，至死不渝，九死不悔。

生：我觉得“精神洁癖”正是屈原的崇高之处。以身皓皓之白，不蒙世之温蠖，高标独树，不媚时流，让人钦佩景仰。至于“有路可走，卒归于无路可走。”我觉得在屈原心里可能只有一条路，那就是楚国，楚国没了，路自然没了。

师：同学们谈得都很好。通过分析，我们发现，对屈原的批评多集中于其“怨刺上政”“不平而怨”的过于直露的表达以及其孤芳自赏、过于清高自傲的偏激人格。但忧愁幽思而发牢骚之语，也是人之常情，这也只是屈原不谙为人处世之道，过于正直罢了，并不妨碍屈原的伟大。

总之，历史对屈原已经盖棺论定，他一身集聚着忠君爱国、关心苍生、远见卓识、孤高傲岸、坚贞不屈、怀才不遇、宗国意识、忧患担当、洁白无瑕、奸佞打击、自杀殉国等众多因素，是善与恶、美与丑、光明与黑暗的不可调和斗争鲜明体现。屈原之所以伟大，正在于他是所有美好的化身，与一切邪恶黑暗对抗，坚贞不屈，死而后已。

四、思辨读写

（一）“为纪念端午，武汉网友们模仿屈原跳江。”一则短视频出现在某门户网站的播客空间。然而，视频中屈原投江的情节被换成了跳蹦极。一个看不清装束的男士从蹦极跳台上一跃而下，台下爆发出一阵哄笑，随后视频结束。一则恶搞广告“屈原大叔别跳了，吃个胖姐粽子吧”也引起了网友们的热议。对此恶搞甚至丑化屈原的现象，你怎么看?

（二）“实现中国梦必须弘扬中国精神。”习近平总书记曾在不同场合多次提到屈原，赞叹其心忧家国、情牵百姓、勇于探索、清正高洁的人格魅力和思想精髓，并几度引用屈原诗歌中的名句来阐述思想，寄情言志。如今，中国特色社会主义进入新时代，中华民族迎来伟大复兴的关键时期。作为新时代的中学生，我们该如何弘扬中国精神？如何理解屈原的当代意义?

五、教学资源链接

1. 刘凤泉，孙爱玲，也论《屈原列传》疑案（上）——《屈原列传》研究论争述论［J］，三峡大学学报（人文社会科学版），2015 年第 4 期。

2. 杨玲，浩浩其志通千古——《史记・屈原列传》“悲其志”探微［J］，兰州大学学报（社会科学版），2000，28（3）：146—150。

3. 张仲良，屈原为什么不出走，《屈原研究论集》，长江文艺出版社，1984 年 5 月。

4. 董楚平，从屈原之死谈到他的爱国、人格、气质——屈原个性研究，中国社会科学，1989 年第 1 期。

5. 曲德来，屈原的“乡国之情”、气质和人格新论，社会科学辑刊，1998 年第 4 期。

对酒当歌，喝的是碗什么“酒”？

——《短歌行》教学案例研究

上海师范大学附属中学　孔超琼

一、核心问题：《短歌行》是一首慨叹“人生苦短”的忧思之作吗？

如何理解曹操的《短歌行》的“忧思”是一个很重要的问题。

这个问题有其现实的基础和意义。因为在曹氏流传于世的诗作中，包括了《蒿里行》《短歌行》《观沧海》《龟虽寿》等，《短歌行》算是个中翘楚，而其中“对酒当歌，人生几何？譬如朝露，去日苦多”更是传诵不朽的佳句。以至于人们一旦思虑“人生苦短”这样一个意思，就会自然而然地联想到这句诗。可见它的影响力是非常大的。

但是换一个角度，不讲历史、不讲证据地去揣测古人创作时的情境，毕竟是一种不太负责任的理解，至少不是一种严谨细致的方法，因此，回到历史的语境，就显得有些必要了。

曹操是东汉末年的人。他本名吉利，字孟德，小名阿瞒，豫州刺史部谯（今安徽亳州）人，是曹魏政权的奠基人。《乐府题解》中就明确记载：“《短歌行》魏武帝‘对酒当歌，人生几何’，晋陆机‘置酒高尚，悲歌临殇’，皆言及时为乐也。”恐怕在古人的心中，酒至酣处，宴至欢时，高歌一曲，总是要归结于那个人生的根本问题。普通文人如此，英雄豪杰也不例外。这杯中的酒，就是一杯人生苦酒，时光终究也不会为任何人停留，那就只剩下任情任性、及时行乐。

不过古人对此诗的看法也未必完全一致。清代张玉谷在《古诗鉴赏》中这样评价《短歌行》：“叹时光易逝，欲得贤才以早建功立业。”无独有偶，陈沆在《诗比兴笺》中这样评价道：“此诗即汉高祖《大风歌》，思猛士之旨也。”这段话无疑直接点出了作者忧思的对象是人才。如果赞成这样的观点，那杯中之物，就不能说是苦酒，而是一杯延揽人才的豪迈之酒！

以上两种观点，都有一定的合理性，可是在课堂教学当中，却不宜两说皆可。因为穷其根本，这两种观点本质上是对立的：一个是极度厌弃生命无常，遁入及时行乐的消极虚无主义；一个是渴望延揽人才，抓住时光，及早建功立业的积极功名思想。在这首诗中，至少我们要承认这两种观点是有主次的，而不是断章取义，从俗如流，毫无立场。

因此，它是本诗的教学中的核心问题。

在辨析这个核心问题之前，还有一个值得商榷的重要问题，这个问题将直接影响人们对《短歌行》主旨的理解。那就是《短歌行》究竟是写在赤壁大战之前，还是写在赤壁大战之后。

由于电视剧《三国演义》风靡一时，人们理所当然地认为《短歌行》写在公元 208 年，即建安十三年十一月十五日夜，赤壁大战的前夕。当夜曹操宴饮群雄，他即席横槊赋诗，写下《短歌行》。

但学者们对此可不买账。

学者们找到了两条有力的证据。其一是《短歌行》中曹操引用了《诗经·鹿鸣》的句子。而这首诗是在建安十三年之后才进入雅部，在宴会中演奏。其二是曹操创作此诗的场合，极有可能是建安二十一年，在乌桓行单于普富卢的朝贺之宴上。事实上，人们之前之所以普遍认为此诗创作于赤壁之战之前，恐怕与苏轼的《前赤壁赋》有关。此文以极为灿烂的文笔和极为浪漫的想象写道：“‘月明星稀，乌鹊南飞’此非曹孟德之诗乎？西望夏口，东望武昌，山川相缪，郁乎苍苍，此非孟德之困于周郎者乎？方其破荆州，下江陵，顺流而东也，舳舻千里，旌旗蔽空，酾酒临江，横槊赋诗，固一世之雄也，而今安在哉？”这一段描写，把古人对赤壁之战之后曹操的想象表现得淋漓尽致，以至于人们似乎都忘记了苏轼和曹操之间横亘漫长的九百多年的历史。不过仔细品评，苏轼的原文也并未明确表示过，《短歌行》就是赤壁大战前夕所写，恐怕还是小说家的杜撰吧。

搞清楚了这个关键的时间节点，反过头来看曹操，他一生征战，战功无数。从曹操二十岁时举孝廉为郎开始，他正式登上了历史和政治舞台。之后曹操镇压了黄巾军起义，起兵讨伐董卓，取得了“挟天子以令诸侯”的权力，不久平复吕布。公元 200 年，四十六岁的曹操领导了历史上著名的以少胜多的战役——官渡之战。此战曹操打败袁绍，两年后，袁绍病死，曹操乘机统一了中国北方地区。到了公元 208 年，刘表病逝，刘琮投降，曹操想要一统天下，于是与孙刘联军决战与赤壁，结果不想却被对方打败，之后退守北方。

如果根据学者们的考证，《短歌行》创作于建安二十一年（公元 216 年），当时的曹操已经六十二岁了，他业已征战沙场四十余年，四年以后他病逝于洛阳。

此时的曹操，对于统一天下的迫切超过了任何时候。一方面，各方面的条件越来越成熟，另一方面，他的年龄也越来越老，以至于他感受到了“譬如朝露，去日苦多”，他渴望有更多的人才加入到他的政治军事团队，结束战事，统一天下。

根据创作时间的考证，可以更加明确，这首诗的情感并不是消极厌世的，而是沉雄豪迈，感慨深沉的。

二、教学扫描及反思

（一）教学扫描一：新课的导入

先以“滚滚长江东逝水，浪花淘尽英雄。是非成败转头空，青山依旧在，几度夕阳红。”一诗引出课题，先基本介绍曹操，让学生走近曹操。

用 PPT 展示三个要点：政治，经济，文学

曹操（155—220），字孟德，小名阿瞒。东汉末年的政治家、军事家、文学家。

政治上：讨伐董卓，“挟天子以令诸侯”，大破袁绍后，成为北方势力最强的军阀，并逐渐统一了中国北部。

军事上：指挥了官渡之战，打败袁绍，这是中国历史上著名的以弱胜强的战例。

文学上：曹操父子（三曹：曹操、曹丕、曹植）是建安文学的开创者和组

织者。曹操的代表作品有《蒿里行》《短歌行》《观沧海》《龟虽寿》等。

基本介绍完成，用诵读法引发学生快速进入情境。

朗诵环节　　音频范读，再请男生和女生分别朗诵

师：同学们在诵读的过程，能够体会到，运用一些朗诵的技巧，例如重音、情感，能够很好地体现出诗歌的慷慨与悲凉。朗读环节我们进行到此，下面我们开始进入诗歌的内容。

全诗八句一层，一共四层。请同学概括层意。

生：我概括的是：第一层：只有美酒，才能忘却人生的忧愁。第二层：表现得不到贤才的无奈和愿意广招贤才的心情。第三层，天下未能一统的忧愁与对效忠于他的人的感谢。第四层，对贤才的渴望和收复天下的决心。

师：同学的概括，是很符合这首诗歌的内容的，老师也概括了一下：

第一层：人生苦短

第二层：礼遇嘉宾

第三层：热盼人才

第四层：虚心纳士

（二）教学扫描二

诗眼是诗歌中最能开拓意旨和表现力最强的关键词句。请学生找出这首诗的诗眼。

生：这首诗的诗眼是“忧”。

师：这首诗中几次出现了“忧”?

生：有三处。分别是“慨当以慷，忧思难忘”“何以解忧，唯有杜康”“忧从中来，不可断绝”。

师：对，一共三处，“忧”字贯穿了诗歌的始终。诗人在作品中反复地出现了“忧”，那我们就应该要研究一下，这个“忧”究竟是怎样表现的。这就必须要进入到文本当中去。

在进入文本之前，老师想先展示一下同学们根据自己的预习和对诗歌的理解，绘制了一些图画。《短歌行》是字字珠玑的名篇，同学们的图画也是非常用心地创作。但是时间关系，这里只能展示一部分同学的作品。

第一幅作品，绘有一个衣袂飘飘，豪迈举觞的曹操。

第二幅作品，绘有两只小鹿。一只低头觅食，一只仰头觅主。配诗是“呦呦鹿鸣，食野之苹”。

第三幅作品，绘有风吹树摇，小鸟觅巢。配诗是“绕树三匝，何枝可依”。

第四幅作品，绘有曹操的肖像。配诗是“对酒当歌，人生几何”。

师：接下来老师再要展示四幅作品。我想请画画的小作者来谈一谈，你是如何选定这句诗来配画的，你又是如何来理解这句诗的？

生：（第一幅：对酒当歌，人生几何？譬如朝露，去日苦多。慨当以慷，忧思难忘。何以解忧？唯有杜康。）我从这一句诗中读到了，作者借酒谈心，心中很感慨，希望可以广纳贤才。构思图画时，我设计了诗人举着酒杯，头顶是一轮明月，暗含“明明如月，何时可掇？”

师：还有没有同学对这句诗有补充的？

生：我觉得“对酒当歌，人生几何”一句体现了作者把自己整个人生的经历融入酒中，把人生想穿看透。让我读上去，能体会到他心中的感慨。

师：我听到了两个关键词：“想穿看透”和体会诗人的“感慨”，能不能具体解释一下。

生：时光易逝，就是对我们这些学生而言，但一转眼，很多时间也就过去了，应该抓住时光，努力奋斗。

师：明白了，“譬如朝露，去日苦多”。这一幅我们先讨论到这里。看第二幅画，“青青子衿，

悠悠我心。但为君故，沉吟至今。呦呦鹿鸣，食野之苹。我有嘉宾，鼓瑟吹笙。”请问是哪位同学画的？

生：画面上的鹿正在吃草，听到了“鼓瑟吹笙”的宴饮乐声，我觉得象征着贤士们找到了自己的人生方向。这个方向就是曹操招贤纳财，礼贤下士，是他们的好去处。

师：通过这个鹿鸣之声，传递出了宾主相欢的景象。看第三幅：“月明星稀，乌鹊南飞。绕树三匝，何枝可依？山不厌高，海不厌深。周公吐哺，天下归心。”

生：我是“借”作者的眼睛去看这夜空繁星的。他选择了“月明星稀”这个画面，隐隐体现了他心中的愁苦。“乌鹊”比喻的是那些贤才，他们还没有找到适合自己的归宿。而曹操同样渴望对方能来到自己的身边，他可以给予他

们重任。“周公吐哺，天下归心”正是表达了对人才的极度渴望。

师：这张画的色彩特别好，理解也很到位。还有没有补充发言的同学。

生：“山不厌高，海不厌深。”让我联想起了奸商看到钱一样的感觉。（众笑）就是非常渴望。

这背后是有很大的政治抱负的，也体现出了曹操的雄才伟略。

师：这是曹操的雄心，或者说野心。好了，刚刚我们讨论了诗歌的三层，大家有没有发现中间我们跳掉了一层。但不是老师遗漏了，而是老师发现，第三层没有同学画，这倒是引起了我的思考。

第三层的诗句是“明明如月，何时可掇？忧从中来，不可断绝。越陌度阡，枉用相存。契阔谈讌，心念旧恩。”大家为什么忽略了这一段诗文呢？可能是因为这一段与“青青子衿，悠悠我心。但为君故，沉吟至今”一段的诗句比较相近，都是表现曹操求贤若渴。那我们来研究一下：《短歌行》的第三层是不是第二层的简单重复？讨论一下。

生：第二层中，诗人用“鼓瑟吹笙”表达了如果有人才来投奔我，我一定会礼遇他们。但第三层，诗人在描绘一个现状，就是他渴望贤才，但是没有人来投奔我。这构成了一个比较，一个是期待贤才的愿望，一个是缺少贤才的现实。

生：我觉得第二层体现了曹操的被动，希望贤才能主动投奔他，如果他们来，我一定对他们好。第三层曹操是主动的，他主动去寻找，但是却很难找到。“越陌度阡，枉用相存”写出了这个过程是很艰难的。

师：诗歌里有“青青子衿，悠悠我心。但为君故，沉吟至今”，引用了《诗经·郑风》里的诗句。原句“青青子衿，悠悠我心。纵我不往，子宁不嗣音？”青衿，周代读书人的服装，这里指代人才。你那青青的衣领啊，深深萦回在我的心灵。虽然我不能去找你，你为什么不主动给我音信？本来是表达一个姑娘对情人的思念，曹操把它借用过来，表达对贤才的渴求。姑娘对情人的深深思念，正切合曹操的心态。

生：我认为第二层诗句主要还是思想上渴望得到贤才。而第三层则是行动上的，越陌度阡，枉用相存，穿越了千山万水，只为找到这个人。契阔谈讌，心念旧恩，教材上解释为久别重逢，我认为这里似乎有一见如故之感。

师：那么老师问一下，曹操手下有人才吗？

生：（齐）有！

师：所以曹操不是因为没有人才而求贤若渴，而是他需要更多的人才。曹操在三国时代是最懂得人才价值的霸主之一，历史记载，他曾经三次下达过求贤令。

求贤令

曹 操

自古受命及中兴之君，曷尝不得贤人君子与之共治天下者乎？及其得贤也，曾不出闾巷，岂幸相遇哉？上之人求取之耳。今天下尚未定，此特求贤之急时也。

孟公绰为赵、魏老则优，不可以为滕、薛大夫。若必廉士而后可用，则齐桓其何以霸世！今天下得无有被褐怀玉而钓于渭滨者乎？又得无有盗嫂受金而未遇无知者乎？

二三子其佐我明扬仄陋，唯才是举，吾得而用之。

师：这则《求贤令》中，有四个字我们熟悉，是哪四个字？

生：（齐）唯才是举！

师：如何理解唯才是举？这是一个人才选拔的标准：只看重这个人的才能，而不看重他的出身。这样就使得寒门的士子们有了晋升的机会。曹操曾经三次下达“求贤令”。

生：可见其求贤之心的急切。

师：（小结）刚才同学们提到了，诗歌的第三层并不是第二层的简单重复，而是对诗歌求贤主旋律的复现和变奏，使得诗歌反复咏叹，抒情强烈。同时，曹操手上的贤才已经为数不少，但是曹操仍嫌不够，他满怀忧思，希望有更多的贤才能够到来。在抒情效果上，他打消了人才的顾虑，无论对方来得早，还是晚，只要人才肯来，都会受到礼遇和优待。这是对天下贤才的一个郑重承诺。

（三）教学扫描三

师：好了，根据同学们的诗配画，我们讨论到这里。现在我们再回头研究诗歌的开头句。这是整首《短歌行》里最出名的诗句。全诗的基调是不是

消极的、低沉的？如何理解“对酒当歌，人生几何？譬如朝露，去日苦多。”（讨论）

生：（第一组）我认为全诗的基调不是消极的。因为第一层是消极的，但后三层不是消极的。

师：为什么第一层是消极的？

生：因为第一层“忧思难忘”，曹操在借酒消愁啊。

师：作者借酒消的什么愁？

生：没有人才投奔他。

师：那后面三层为什么不消极了？

生：他可能想开了吧。

师：请坐。

生：（第二组）我觉得“对酒当歌，人生几何？譬如朝露，去日苦多。”表现了曹操对人生的一种思考，应该用短暂的人生去干什么呢？作者通过对人才的召唤，表达应该用短暂的人生尽早实现自己的抱负和远大的理想，所以接下来作者一定要广纳贤才。假如说全诗的情感基调是消极的，那么还广纳贤才干什么呢？

师：好，这个反问很有力量！

生：（第三组）我觉得作者开始是有一点点忧愁的，但是从后面的诗句来看，作者觉得与其把时间浪费在感慨之上，还不如建功立业，一统天下。所以他才反复表达了对人才的渴望。正因为他有远大的目标，他才能够忘却了这点忧愁。

师：好。同学们思考一下，这首诗想写给什么人看？

生：（齐）写给贤才看的。

师：那么你们能不能假设自己就是贤才，看到曹操写了这样一首诗歌，人生苦短，譬如朝露。那么，曹操想告诉贤才们的是什么呢？

生：（第四组）我们组刚刚正在讨论这个问题。站在贤才的角度，正因为人生短暂，所以人才们更应该加入曹操的队伍，和他一起建功立业，从而也实现他们自己人生的价值。所以，这也是一个强有力的号召！

师：好，这是号召人才们一起来实现他们的而伟大理想。老师来补充一下诗歌的写作背景：

根据学者们的考证，《短歌行》创作于建安二十一年（公元216年），当时曹操已经六十二岁了，他业已征战沙场四十余年，四年以后他病逝于洛阳。此时的曹操，对于统一天下的迫切超过了任何时候。一方面，各方面的条件越来越成熟，另一方面，他的年龄也越来越老，以至于他感受到了“譬如朝露，去日苦多”，他渴望有更多的人才加入到他的政治军事团队，结束战事，统一天下。同时，他也在借助诗歌，提醒广大的贤才，人生短如朝露，要赶紧拿定主意，投奔自己。

这样写，曹操是有感而发，显得真诚而坦率，同时，也有利于打开处于社会底层，仕途艰难的知识分子的心扉。由此可见，这首诗并非消极厌世之作，而是晚年曹操对建功立业的渴望，是一首积极的慷慨悲歌！

三、思辨读写

在日常的教学与学习的过程中，缺少谨慎的思辨能力，不能合理地怀疑、理性地推论以及严谨地求证，是学习不能尽如人意的一个重要原因，而且是一个很容易被人们忽略的原因。

以《短歌行》为例，从字面的理解，“对酒当歌，人生几何”当然是“人生苦短”的高度形象化概括。再加上小说电视的普及，老百姓的以讹传讹，这就几乎成了铁论。但这的确未必是事实，至少未必是全部的事实，这就值得我们在教学当中予以关注。

思辨能力在基础教育中的培养，理所当然地又需要一些“养分”——例如被充分激发的好奇心。因此，在上课之前的预习作业，是根据诗歌，绘制一幅图画。这对于高一的学生，也并非是什么难题。首先他们对照课本的注解，基本不会有字面上理解上的误区。其次，把充满意象和故事的《短歌行》投影成画面，对多数高中生来说，也很便利；而他们中还有人专门学习过国画、素描等美术知识，那这样，这些学生明显更加乐意且更高水平地完成这项任务。

但画画不是目的，而是手段——激发好奇、促进理解的手段。而教学目标的达成，正是建立在诗画结合中从“有”到“无”的探索中。

先是“有”。

思辨思维的一个重要的过程是“集中”。在众多的绘画中，学生集中在绘制第一幅“对酒当歌，人生几何？譬如朝露，去日苦多。慨当以慷，忧思难忘。何以解忧？唯有杜康。”半数以上的学生，选择了它，这就很能够说明问题。同学们绘制的几乎都是一个“月下江畔，饮酒作乐，豪迈慷慨”的曹操。这说明此情此景下“及时行乐”的曹操形象深入人心。

再是一个“无”。

四节诗歌中，唯独第三幅“明明如月，何时可掇？忧从中来，不可断绝。越陌度阡，枉用相存。契阔谈讌，心念旧恩。”没有一个同学选择画它，这也很能说明问题。利用空白来发现和思考问题，也是思辨的一种体现。

为什么产生这个“无”，理由之一是和第二节重“青青子衿，悠悠我心。但为君故，沉吟至今”重复了。可是第三节真是第二节的简单重复吗？由此，课堂的思维再次被激活。同学们首先确定的是这两节表达的都是“求贤”主题，大家经过激烈地辨析，得出了两节的区别——一个“主动”，一个“被动”。第二层体现了曹操的被动，希望贤才能主动投奔他，如果他们来，一定对他们好。第三层曹操是主动的，他主动去寻找，但是却很难找到。“越陌度阡，枉用相存”写出了这个过程是很艰难的。这是非常有价值的思辨讨论。

在统一了全诗的中心主旨是“求贤”后，回到核心问题——全诗的基调是不是消极的、低沉的？

此时的思辨由两部分组成，一部分是学生在充分思考后的思辨结论；另外一部分是教师提供的学术资料。一方面，学生们认为，“对酒当歌，人生几何？譬如朝露，去日苦多”不仅仅是曹操的人生经验的总结，也是对年轻士子们的可贵提醒，还是贤士们的心声透露。这都说明了及时建功立业，不仅仅是曹操个人的政治愿景，也是当时才学之士的普遍诉求。

另一方面，老师补充了学者们关于《短歌行》创作年代的考证。当时曹操面临着统一条件接近成熟，但自己年龄越来越紧迫的双重压力。可见此时的曹操必然不是意兴阑珊、颓废厌世的。虽然多数时候的曹操是狡猾多疑的，但这首诗却显得难得的坦率，他不加掩饰地呼唤着人才的到来，也厚重有力地表达了自己对建功立业的渴望。

至此，通过不断地思辨理解，课堂内达成了统一的意见，也回到了文章开头的核心问题：《短歌行》是一首积极的慷慨悲歌！曹操对酒当歌，饮下的正是一杯“延揽人才，豪气冲天”的烈酒！

四、教学资源链接

1.《曹操集》，北京：中华书局，2019 年 5 月。

2. 刘志伟，《“英雄”文化与魏晋文学》，上海古籍出版社 2019 年 6 月。

3. 吴怀东，《三曹与魏晋文学研究》，合肥：安徽文艺出版社，2011 版。

4. 余党绪，《走向理性与清明——整本书阅读之思辨读写》，上海：上海教育出版社，2019 年 6 月。

5. Brooke Noel Moore，Richard Parker，《批判性思维》，北京：机械工业出版社，2015 年 1 月。

陌上花开，吾可归矣

——《归去来兮辞（并序）》教学案例研究

华东师范大学附属东昌中学　徐丽丽

一、核心问题：为何要归去?

《归去来兮辞（并序）》是陶渊明散文中的压卷之作，欧阳修曾称赞道："晋无文章，惟陶渊明《归去来兮辞》一篇而已。"作为陶渊明的经典作品，曾入选沪试验版、试用版及人教版等多种教材。

陶渊明从二十九岁开始出仕，此后的十三年，他曾经几番进出官场。而此文则是他向官场的最终告别宣言——回归自然，隐居田园。那么促成他下此决心的原因究竟是什么?

欲解其"为何辞官"，须先知陶渊明此次"为何为官"?

小序中他直言是因为孩子多，家庭贫困；外加彭泽县离家不远，又有公田可以做酒。但是，这些原因都只是满足于"口腹"，虽然重要，却停留在物质层面。另外据人之常情，世人为官，多为"功名"，陶渊明是否也有此意呢?从萧统《陶渊明传》中我们可知其祖上家世显赫，曾祖父陶侃是晋国大司马，开国功勋。作为后世子孙，胸怀光复门楣的"猛志"，也是人之常情。这也体现在陶渊明虽不喜官场，却又不得不多次投入"樊笼"的实际行为上。

那么这两个原因为何无法把陶渊明留在官场呢?

首先，陶渊明并不是一个贪图物质享受的人。例如文中，他就直言"富贵非吾愿"；其次，在序中，陶渊明强调这是一个"求"来的"小邑"官职，言语中带有一丝无奈口气，可见离建功立业的理想相去甚远。更重要的原因在于其本性——即“质性自然，非矫厉所得”。“质性”即资质、本性。“自然”即性情上的不勉强、不拘束。“矫厉”是指为求树立高尚的名声，言行超越常情。显然，这类为糊口的官职并不能带来高尚名声，反而是一种精神折磨，因而“役”这个字在序及辞中反复出现。

值得关注的是，此次触发陶渊明辞官是有具体事件的，见《陶渊明传》所载：

> 岁终，会郡遣督邮至，县吏请曰：“应束带见之。”渊明叹曰：“我岂能为五斗米折腰向乡里小儿！”即日解绶去职，赋《归去来》。

但陶渊明并没有在序中交代这么重要的一件事。为何？客观地看，按照官场之礼，品阶低的官员整装面见督邮①是情理之中的事，所以按“官场公理”，陶渊明是做错了。但是从“私人感情”上来讲，陶渊明的理由是充分的，从他的“叹”中传达出两个信息：一是本次为官是为了区区“五斗米”，是不值一提之“物”；二是“折腰”的行为是屈辱了自己，违背了自然本性。所以，这就可以解释在《〈归去来兮辞〉并序》中他为何避谈公理，而只言私情。

综上，“性质自然”是其告别官场的重要因素。但陶渊明曾多次违反本性复返官场，为何偏偏这次就彻底告别了呢？值得再做深究。

根据龚斌先生援引逯钦立、钱锺书等学者的考证可知，《归去来兮辞（并序）》的“序”与“辞”并非作于同一时间。“序”的内容主要是写就任彭泽令及辞官的始末，偏于叙“客观”之事；而“辞”为想象归田之后的种种乐趣，偏于“主观”之情。那么“辞”中所阐述的归去的理由又是什么呢？是否还有补充呢？陶渊明在文章最后写道：

> 已矣乎！寓形宇内复几时？曷不委心任去留？胡为乎遑遑欲何之？富贵非吾愿，帝乡不可期。怀良辰以孤往，或植杖而耘耔。登东皋以舒啸，临清流而赋诗。聊乘化以归尽，乐夫天命复奚疑！

① 督邮：汉置，郡的重要属吏，代表太守督察县乡，宣达教令，兼司狱讼捕亡。

魏晋时期，在士人阶层普遍存在对个体生命的焦虑，陶渊明也不例外。在这段文字中，陶渊明一开始便发出人生苦短的感叹，但令人欣慰的是，他找到了超脱的方法——对“富贵”及“长生”这两种世俗的价值观采取否定的态度，认为只有把自己的生命融入恬淡的田园生活，才能超脱生命的焦虑，达到委运任化的自然状态。而这种超脱顿悟不是一下子就能拥有的，需要时间的积淀。

其实，正因为找到了“生命”的归宿，陶渊明在全文中才会把他的田园生活构建得如此美好，让人欣然向往。他越是描绘得美好，越是凸显他内心“归去”的坚定。而这种“归去”的呼喊正是一次鼓励自己“不疑”的对话，如开篇：

> 归去来兮，田园将芜胡不归？既自以心为形役，奚惆怅而独悲？悟已往之不谏，知来者之可追。实迷途其未远，觉今是而昨非。

陶渊明多用问句，反复质问自己为什么还不归去？既然已经明明知道自己被奴役了，为什么还要惆怅悲伤？继而对新生活进行充分的描绘，竭力劝告自己毋再迟疑，赶快去过上那美好的田园生活吧！而结句更是对开篇的呼应：

> 聊乘化以归尽，乐夫天命复奚疑！

一个“复奚疑”宣告了自我救赎的完成，内心不再疑惑迷茫！不仅是对“物质”的抛弃，更深层的是对“功业”的放手。所以这篇散文与其说是写从官场归去田园的过程，还不如说是陶渊明与自己和解的心路历程，着重抒发的是诗人内心的情感。这也正好解释了陶渊明为什么选择使用“辞”这一文体。因为“辞”来源于《楚辞》，特点在于偏重于抒发自己的情志，和“赋”偏重于铺陈状物的特点是不一样的。

鉴于以上的分析，围绕“归去”这个议题，这篇文章的教学主问题可以概括为以下几点：

1. 陶渊明归去的原因是什么？
2. 陶渊明为何归入的是“田园”？
3. 为什么陶渊明选择“辞”这种文体，来写归去？

围绕“归去”，从原因的探究，到对描写“田园生活”语言的品味，再到文体，最终感受陶渊明归去的坚定，理解为什么从此文后，陶渊明再也没有踏入仕途，而是彻底走向田园，即是这篇文章的教学目标。

最后，为实现教学目标，教学设计的流程及策略基本如下：

（一）课前预习

阅读陶渊明《归去来兮辞（并序）》《五柳先生传》、萧统《陶渊明传》，探究陶渊明归去的原因有哪些？根本原因是什么？

（二）教学过程

1. 依据文本，探究陶渊明归去的各种原因，辨析此次彻底归去的根本原因。

2. 旁批、朗读，品味语言：陶渊明如何表达对“田园生活”的喜爱之情？

3. 对比阅读：为什么要选择“辞”，而不用“记”，或者“赋”来写？

（三）拓展读写

阅读陶渊明《形影神》中的《形赠影》和《神释》，结合本文，撰写《我看陶渊明的人生哲学观》小论文。

二、教学扫描及反思

（一）教学扫描一：归去的原因是什么

写了《归去来兮辞（并序）》之后，陶渊明彻底进入了田园隐居生活，那么他真正归去的原因是什么？如果没有阅读文本，同学们往往依据惯性思维，认为陶渊明是厌恶官场的黑暗，或者简单地理解为对田园生活的向往。殊不知深层的原因和其性格，或者更本质的是和其当时的“生命观”有关，所以我们需要学生对各种文本材料，进行深入解读、辨析，让文字自己说话。

师：阅读陶渊明《归去来兮辞（并序）》《五柳先生传》、萧统《陶渊明传》，梳理陶渊明归去的真正原因是什么？

生：我认为陶渊明归去的原因是无法融入官场，不愿意为五斗米牺牲尊严，因为从《五柳先生传》中，可见他并不厌恶贫困，反而安贫乐道。

生：不为五斗米折腰只是表面原因，根本原因是他在序中写道的“本性原因”，即“性质自然”。另外序中写为妹妹奔丧也只是他逃离官场的契机而已。

生：我关注到了当时的社会情况，序中提到“风波未静”，陶渊明处在朝代更替的动荡中，所以他可能并不十分想做新朝的官。

生：辞中最后谈到了“生命”，我认为这对于陶渊明才是最根本的。“寓形宇内复几时?”是意识到自己的生命已经不多了，所以要“委心任去留”，这样的做法也符合他的性格，能让他快活、解脱。

师：同学们关注到了“质性自然”，其实后半句“非矫厉所得”也值得品味。“矫厉”是指“为求树立高尚的名声，言行超越常情”，陶渊明是否可能会为名声而去做官呢?

生：这是有可能的，根据《陶渊明传》，曾祖父陶侃曾经是大司马。另外我认为，陶渊明曾多次进出官场，这种行为本身就说明他是想做官的。

师：既然有建功立业的意愿，这次为什么最终还是离去了呢?

生：陶渊明在序中强调了他“求”来的是“小邑”的官，和他真正想实现的“志向”还有很大距离。

师：同学们分析了这么多原因，那么促成他这次彻底告别官场的根本原因是哪一个呢?

生：根本原因往往是内在的，如果是个性原因，他也曾经再入官场，所以可以排除。而辞中，他最后谈到的随着年纪的增加，对生命有了新的认识，我认为这是一个重要的变量，是此次归隐的根本原因。

师：说得很好，我们把陶渊明所说的东西放在一起看，陶渊明是一个有建功立业志趣的人，但是仕途却并不顺利，且奉承的官场有违他的自然本性。特别是到了暮年，他意识到时光的可贵，顿悟生命的自由，最终彻底归向田园。

学生明确为程氏妹奔丧只是陶渊明的托词，而不为五斗米折腰是当时触发陶渊明归隐的事件。陶渊明字元亮，入宋后更名为潜，改名的背后和当时的刘宋执政有关。陶渊明曾祖陶侃，是晋代大司马，封长沙郡公，其祖为陶茂，曾身居武昌太守，父亲虽不详何官，但也曾出仕。所以“出仕”对于陶渊明而言，无论是家族传承，还是实现自己的人生抱负，都是顺理成章的事情。但是他本性崇尚自然，官场的矫饰确实使他身心疲惫，所以他说“世与我相违”，而不是“我与世相违”。这种矛盾我们可以从他多次辞官又出来做官窥得，性格是他退出官场的因素，但最终促成他这一次决绝地离开的，很有可能是随着年纪渐长，他开始思考“生命”的价值。需要特别注意的是，东晋时期，“生命的焦虑”是一个普遍话题，已过不惑之年的陶渊明最终不愿意把珍贵的余生浪费在虚妄的“富贵”和“帝乡”上，而是选择平静地皈依田园，实现生命的真正安顿。

（二）教学扫描二：陶渊明为何愿为田园归去

让生命安顿的方式有很多，如求仙问道何尝不是一种选择，但是陶渊明明确地认为“帝乡不可期”。田园究竟好在哪里，竟让陶渊明一去不返？陶渊明在辞中把田园想象成一个可以安顿灵魂的所在，在自然中平静地生活。所以在品读陶渊明的田园生活时，并不是以“美”为价值取向，而是一种自在、平静的生活形态。

师：阅读第2、3段对田园生活的描写，哪些地方你可以读出陶渊明对这种生活的喜爱？

生：陶渊明写“稚子候门”，特别有可爱的孩子的画面感，让人特别期待回家抱抱他们。

生：我欣赏陶渊明写自己家的环境是“三径就荒，松菊犹存”，这是一种隐士的生活，没有人来打扰他，所以他们家的小路都荒芜了，而且他还可以在自己家的小院子里走动。

生：他也会外出参加劳动，写自己参加春天的农事，写的生动盎然。

……

陶渊明的田园生活写得平静、平和，流露出自己内心的坦然。这些文字之美、之静，需要同学反复诵读才能浸入其中。例如“倚南窗以寄傲，审容膝之易安。园日涉以成趣，门虽设而常关。”这句，钱锺书在《写在人生边上》曾对此进行了特别评论：“窗和门的区别在于：有了门我们可以出去，有了窗，我们可以不必出去。”他还说“只要窗户透风，仅能容膝之小屋也可以成为极乐世界。门代表一种需要一种欲望和追求，而窗户是一种奢侈和享受。……窗户使人关了门也能生活。也能享受光明与清新的空气。”所以陶渊明关上了和世俗交往的大门，却打开了面向大自然透风的窗户。自古以来，中国的读书人都喜欢透过窗这一媒介进行审美，窗内的诗人是理性的也是平静自在的。

所以在这两段的语言鉴赏中，我们需要重点关注的是陶渊明内心情感的自足、平静，是契合陶渊明生命需要的特别之“美”。

（三）教学扫描四：为何用“辞”来表现归去

为什么陶渊明偏偏选择用“辞”来写他的告别宣言？这是一个有难度的问题，况且学生接触“辞”类的作品并不多。这个时候需要进行能力的迁移，把学生已经学过的《桃花源记》《阿房宫赋》等作品进行对比，发现两种文体之间的区别在哪里。

师：把这篇文章用记或者赋的形式写，好不好？

生：赋的特点是体物铺陈，而且讲究词采，这篇文章要表现的是对恬淡的田园生活的向往，所以不合适。

生：记是一种灵活的文体，可以记叙、说理、抒情，但是这篇文章我们知道是表现陶渊明内心的感受的，所以记也不是很适合。

师：确实，辞是一种比记更适合抒发个人情感的文体。有研究者指出《归去来兮辞》在命篇上与《招魂》有相通之处，它是陶渊明受《招魂》的影响而创作的自我“招魂”之词，并且受到了《楚辞》中以想象结构全篇手法的影响。①

这是一个有难度的问题，需要学生在前期理解了陶渊明真正要表达的东西，才能发现“辞”是最适合的文体。陶渊明是伟大的作家，他当然能信手拈来地选出最适合表达这种情感的文体，而我们正是要让学生明白，一部伟大的作品，它的内容和形式具有高度和谐性，都是服务于写作目的，即陶渊明要从内心说出：田园那么好，我要归去了！

三、思辨读写

阅读陶渊明《形影神》中的《形赠影》和《神释》，结合本文，撰写《我看陶渊明的人生哲学观》小论文。

《形赠影》

天地长不没，山川无改时。
草木得常理，霜露荣悴之。
谓人最灵智，独复不如兹。
适见在世中，奄去靡归期。

① 参见田亮，《论〈楚辞〉对陶渊明创作的影响》，陕西师范大学，2003 年。

奚觉无一人，亲识岂相思。
但余平生物，举目情凄洏。
我无腾化术，必尔不复疑。
愿君取吾言，得酒莫苟辞。

《神释》

大钧无私力，万理自森著。
人为三才中，岂不以我故。
与君虽异物，生而相依附。
结托既喜同，安得不相语。
三皇大圣人，今复在何处？
彭祖爱永年，欲留不得住。
老少同一死，贤愚无复数。
日醉或能忘，将非促龄具？
立善常所欣，谁当为汝誉？
甚念伤吾生，正宜委运去。
纵浪大化中，不喜亦不惧。
应尽便须尽，无复独多虑。

四、教学资源链接

1. 逯钦立，《陶渊明集》，北京：中华书局，1972。
2. 袁行霈，《陶渊明集笺注》，北京：中华书局，2018。
3. 龚斌，《陶渊明论传》，上海：华东师范大学出版社，2001.3。

文学作品中的梦

——《梦游天姥吟留别》教学案例研究

安徽省亳州市第一中学　王东颍

一、核心问题——这是一场怎样的梦?

天宝三载，李白被唐玄宗赐金放还。第二年，他将由东鲁南游吴越，离别之际，创作了这首《梦游天姥吟留别》(以下简称《天姥吟》)。这首诗是李白的代表作之一，历来为人称道，“非太白胸次、笔力，不能发此”。诗歌开篇破题，由瀛洲“信难求”而天姥“或可睹”引出对天姥山的向往，交代梦游之原委；自“我欲因之梦吴越”句以下以梦游所历之境紧承之；最后即转即合，由“忽魂悸以魄动”转出梦境，引出嗟叹与感悟，回扣题中“留别”二字，收合全篇。李白凭借其天马行空的想象，向我们展示了一个光怪陆离的梦境。关于《天姥吟》的主题，一直存在两种看法。一种以清代陈沆为代表，认为梦游天姥的过程即长安三年政治生活的隐喻，所谓“太白被放以后，回首蓬莱宫殿，有若梦游，故托天姥以寄意”；一种则认为诗中梦境乃诗人向往的理想境界，是污浊黑暗的政治现实的对立面。两种看法的根本分歧在于对梦境的理解：前者认为梦境是用来反映现实，后者认为梦境是用来与现实相对比。

关于《天姥吟》一诗的教学案例有很多，教学目标和教学重难点大多集中在以下两个方面：

1. 品味语言，领略作品想象奇特、大胆夸张的浪漫主义风格。

2. 探寻内心，感受李白傲岸独立、追求自由的精神气质。

这两个目标似乎很容易完成。一来作为一首游仙诗，浪漫主义手法的运用几乎是必不可少；二来作者在结尾处直抒胸臆，表达了内心的渴望与愤慨。因此，学生在学习这首诗的过程中往往会获得三个经验：一是李白善于想象与夸张，二是李白在被赐金放还之后开始寄情山水、求仙访道，三是李白有着傲然不屈的性格。但是，倘若这首诗的教学真是如此结果，我们不妨反思：这首诗的价值在于李白天马行空的浪漫主义风格吗？李白真的从此寄情山水无心仕途了吗？李白那种傲然不屈的性格除了在结尾两句中直接抒发出来，还在哪里有体现？主体部分的梦游与结尾抒发的情感有何关系？

如此一来，问题又聚焦到了对梦境的理解上。作为文学作品中的梦境，这究竟是一场怎样的梦？梦与现实有着怎样的关系？为何梦醒之后会有如此感慨？作者意欲借这场梦表达什么？正所谓“日有所思，夜有所梦”，孤立地、简单地看待这场梦游，不利于对整首诗内在情感的把握，也不利于对诗人情怀的理解。因此，本诗的教学核心问题可以设定为“这是一场怎样的梦”。

基于对天姥梦的解析，课堂教学设想如下：

（一）课前预习：理清诗歌思路，了解诗歌主要内容。

（二）教学重点：以“梦”为切入点，在问题的逐层展开中理解李白内心的矛盾与坚守。

1. 这是一场怎样的梦？

2. 如何理解李白梦醒后的宣言？

3. 李白为何要描写这样一场梦？

（三）教学拓展：由李白进而思考中国传统文人在“庙堂”与“江湖”之间的选择。

二、教学扫描与反思

（一）教学扫描一：这是一场怎样的梦

请学生在初读诗歌后说一说对这首诗的理解。

生：这首诗描写了李白梦游天姥山的过程，抒发了作者对权贵的蔑视，展现了作者追求个性自由的精神。

学生的回答仅仅抓住诗歌的主要内容，没有涉及具体细节，也没有关注诗歌的内在联系，得出的结论只是对诗歌的笼统理解，而“漏洞”往往就隐藏在这种“笼统”中。这种情况下，可以请学生对初读结论进行分析论证，审视结论的合理性，检查有无逻辑漏洞。

生：一场梦为什么会引发如此感慨呢？

生：因为梦是美好易逝的，人生亦是如此。所谓“世间行乐亦如此，古来万事东流水”。李白有感于天姥之梦的消失，产生及时行乐的思想，“且放白鹿青崖间，须行即骑访名山”；并因此回想长安经历，更是心生愤慨。

生：梦都是美好的吗？这场天姥梦也不好说是一场美梦呀，不然李白为何“忽魂悸以魄动，恍惊起而长嗟”，从梦中惊醒呢？

生：（沉默）

师：诗歌贵在含蓄。虽然也会有直抒胸臆，但许多微妙的情感还是隐藏在诗歌描写的内容中，需要读者去细细解读；甚至有些内容作者刻意不写，留出空白让读者去揣摩。究竟是一场怎样的梦让诗人从梦中惊醒，继而发出长长嗟叹？同学们不妨以“这是一场怎样的梦”为抓手，再次深入到诗歌中，发现这场梦的独特所在。

在诗歌的解读中遭遇“不通”，这正是思辨性阅读的契机。在深入阅读、独立思考、讨论交流的基础上，学生有了更贴合诗歌内容的理解。

生：这是一场求仙之梦。李白之所以选择天姥山作为梦游的对象，不是因为天姥山的雄奇高大，而是因为天姥山乃“人间仙山”。传说有人登上这座山，听到仙人天姥在歌唱，所以此山得名天姥山。诗人开篇就说“海客谈瀛洲，烟涛微茫信难求。越人语天姥，云霞明灭或可睹”，既然海上仙山实难求，人间仙山或可睹，喜好求仙访道的李白自然不会错过。而诗人梦中也果然得见“洞天石扉，訇然中开”，神仙纷纷现身。由此可见，李白的这番梦游天姥实质是梦中求仙。结合诗歌结尾的呐喊，再联系创作背景，诗人很可能是仕途失意后转而求仙。

生：李白的这场梦可谓波澜起伏，而从梦的结局来看，我倾向于这是一场噩梦。诗人是在梦中飞到天姥脚下，又有明月相伴，目睹荡漾之渌水，耳闻清猿之长啼，环境清幽，心情愉快。诗人“脚著谢公屐”以登山，自夜间至清晨，“见海日”“闻天鸡”，境界壮丽，意兴盎然。从清晨到傍晚，诗人“迷花倚石”，陶醉其中。至此，一切都是那么美好。可是，接下来转入暮景描写，惊心动魄、暴雨将临之景让诗人生出恐惧之情。终于，“列缺霹雳，丘峦崩摧”，通往神仙洞府的石门打开了，在一望无际浩阔透明的天空中，显现出极其美妙的神仙世界，诗人似乎也为之倾倒。然而，我们没有看到诗人参与到神仙的聚会之中，而是魂悸魄动，恍然惊醒。我想，这期间一定还发生一些事情，只不过作者不愿意写出来。不然他怎会无端惊醒呢？

生：这场梦也许并非写实，而是作者创作出来隐喻现实的一场虚构的梦。诗人梦醒后感叹“世间行乐亦如此”，如果我们将此梦比对李白的仕途经历，大体上还是相当的。虽然我不太了解李白在求官过程中的具体遭遇，但知道他当年奉诏入长安时曾得意地喊出“仰天大笑出门去，我辈岂是蓬蒿人”，他那时的心情应该是和梦中最开始的心情差不多。而京城、皇宫的生活应该会令他新奇、迷恋，达官显贵们的气度也许就像神仙一样。但李白并没能融入权贵的圈子里，朝廷最终也没有接纳他，最后，李白愤然离京，这场长安梦也就结束了。我想，诗中没有写出的梦也许就是他最终被神仙或者说是权贵拒之门外的一幕吧。借“天姥梦”来写“长安梦”，以梦中求仙喻指红尘求官，含蓄地表达了对长安经历的愤慨。因为愤慨，才会流露出远离红尘，骑访名山的想法；同样因为愤慨，诗人最终还是忍不住再次表达出对权贵的蔑视。

师：同学们这一次的阅读比起初读要更加细腻，不再仅满足于单纯地概括内容，而是带着疑问与思考去阅读、分析。三位同学的发言代表着三个不同的角度。从梦的对象来看，这是一场求仙之梦；从梦的结果来看，这是一场噩梦；从作者的创作意图来看，这是一场虚构的梦，用来隐喻现实。那么，你们现在对这首诗歌内容的概括应该更加具体，更能体现这首诗的逻辑与内涵了吧。

生：这首诗表面上是写求仙之梦，实际是隐喻诗人的长安三年，借以抒发诗人心中的怨气与傲气，也流露出诗人仕途失意后寄情山水、求仙访道的打算。

（二）教学扫描二：如何理解李白梦醒后的宣言

在上一环节，学生通过思辨性阅读，对这首诗有了更为具体的理解。但是，如何理解李白梦醒后的宣言呢？他真的是要放弃政治追求，寄情山水、求仙访道了吗？这个问题关涉对诗歌主旨的理解，但从这首诗本身难以找到答案。为此，我给学生提供了李白一生的大事年表，以及他的三首诗歌，分别是其早年的《代寿山答孟少府移文书》，赐金放还之后的《梁园吟》以及晚年的《古风·西上莲花山》，帮助学生在知人论世的基础上理解作者的梦后宣言。

生：李白的这首《代寿山答孟少府移文书》作于开元十五年。那时，年轻的李白漫游湖北一带。他在这篇带有自序性质的文章中写道，“达则兼济天下，穷则独善一身。安能餐君紫霞，荫君青松，乘君鸾鹤，驾君虬龙，一朝飞腾，为方丈、蓬莱之人耳？”彼时的李白虽在寿山隐居，但隐居的目的不是得道成仙，而是修身养性，从而“兼济天下”。在李白看来，理想的人生应当是“功成”而后“身退”，所谓“奋其智能，愿为辅弼，使寰区大定，海县清一，事君之道成，荣亲之义毕，然后与陶朱、留侯，浮五湖，戏沧洲，不足为难矣。”反之，“功不成”则“身不退”。

生：《梁园吟》创作于被赐金放还之际。在此之前，才华横溢的李白通过不懈的努力，终于赢得了唐玄宗的关注。很快，皇帝下诏，李白入京。虽然仅是待诏翰林，但作为天子身边的“红人”，李白“论当世务，草答蕃书。辨若悬河，笔不停辍”，似乎真的实现了“上为王师，下为伯友”的理想。可好景不长，李白傲慢不屈的性格使他与朝廷权贵格格不入，玄宗也看出李白更适合做一个诗人。于是，天宝三年，李白被赐金放还。离开京城的李白又开始了山水间的漫游，并一度隐居河南梁园。那时的李白虽然苦闷抑郁，但依然心系苍生，正如他在《梁园吟》的结尾所唱，“歌且谣，意方远。东山高卧时起来，欲济苍生未应晚。”在诗中，李白自比隐而终起的谢安，在表达了世事无常的伤感和及时行乐的旷达之后，心心念念的依然是“济苍生”。

生：李白一生都未能真正参政，但坚信“天生我材必有用”的他，即便是在晚年，也不曾熄灭其心头济世之火。这首《古风·西上莲花山》创作于安史之乱时期，那时的李白已经年过半百，“西上莲花山，迢迢见明星”，正当他与神仙一起升上天空之际，却“俯视洛阳川，茫茫走胡兵。流血涂野草，豺狼尽冠缨。”无疑，在仙界与人世之间，李白最终选择的是后者。

生：在李白的心里，一直都充满着强大的自信心和极高的期望值，“长风破浪会有时，直挂云帆济沧海。”从李白一生的大事年表中可以发现，天宝十四年，当永王李璘招募人马时，五十五岁的李白欣然应聘入幕。而在经历流放夜郎的生死巨变之后，李白依然初心不改。听闻太尉李光弼率军讨伐安史叛军，六十一岁的他不顾家人反对，毅然北上准备追随李光弼从军杀敌，只是中途因病折还。次年十一月，李白病逝于当涂寓所。

师：如此看来，这位号称“十五学神仙”且“五岳寻仙不辞远”的“谪仙人”，其一生的襟抱都是“愿佐一明主”，成为“管、晏”一样的卿相。

（三）教学扫描三：李白为何要描写这场游仙梦？

通过前两个环节的阅读与讨论，学生对诗中的这场游仙梦以及李白的人生理想有了更全面的认识，但疑惑也随之而来。

生：既然李白的主要人生理想是入世为官、兼济天下，那他为何要描写这么一场游仙梦呢？

师：这就要了解李白的性格特点和唐代的取士制度。李白所处的盛唐，其政治稳健、开放，在用人取士方面不拘一格，强调对才士的破格录用。而当时的皇族又推崇老子，故而道教的政治色彩极浓，学道、崇道之风尤盛。在这样的社会风尚下，“仙风道骨”和“经济之才”一样可以成为游说万乘的资本。时代造就了一个不走寻常路的李白，他性格狂放、自负，追求自由、富于幻想，好道且热心政治的他却又“耻豫常科”，不考科举，不陈情，不干谒，希望能被皇帝直接招聘，由布衣一举而至卿相。因此，李白早年的游仙其实是他“声闻于天”的手段，游仙是为趋时，“而趋时的目的又是为树立声望，提高从政身价”。这就是为什么在终于接到诏命时，他会欣喜若狂，“仰天大笑出门去，我辈岂是蓬蒿人”。而当李白政治受挫之后，他满腔的无奈、愤慨，以及潜在的执着，也是通过游仙诗来表达、宣泄。《天姥吟》即是其中的代表作。由此看出，对于李白而言，“游仙”既可成为入仕的“终南捷径”，也可作为抒发人生感慨的凭借，而这场“游仙梦”不过是作者借以表达内心的一种文学手段。

三、思辨读写

（一）试着将李白的这场天姥梦补充完整，让李白的梦中惊醒这一情节更为合理。

（二）李白去世后，他的族叔——陪伴他走到人生尽头的——李阳冰将其诗作收录成集。请以李阳冰的视角为这首《天姥吟》写一段阐释。

（三）李白的人生轨迹似乎一直在江湖与庙堂之间游移，这一人生理念有没有中国传统文化的影响在内呢？请查阅相关资料写出自己的理解。

四、教学资源链接

1. 施蛰存，唐诗百话［M］，上海：华东师范大学出版社，2011。
2. 刘学锴，唐诗选注评鉴［M］，河南：中州古籍出版社，2013。
3. 余恕诚，唐诗风貌［M］，安徽：安徽大学出版社，1997。

评说兴亡，以史为鉴

——《阿房宫赋》思辨教学案例

上海海洋大学附属大团高级中学　陈文德

一、核心问题：如何理解《阿房宫赋》评说历史兴亡的合理性？

唐代杜牧创作的《阿房宫赋》是脍炙人口的名篇，被誉为“千古第一赋”。统编版教材之前的苏教版、沪教版、鲁教版、北师大版等高中语文教材也都编选了这篇课文，可见其在高中语文教学中的重要价值。

梳理《阿房宫赋》的教学案例，教学的重点大多集中在以下几个方面：

1. 把握文章的内容和主旨，即通过写阿房宫的雄伟壮丽、美女如云、金玉珍宝众多突出秦亡的原因是秦始皇生活骄奢淫逸，从而告诫统治者爱惜民力，不要大兴土木。

2. 赏析文章铺陈夸张的手法和比喻、排比等修辞手法，从而体会赋“铺采摛文，体物写志”的特点。

3. 赏析文章的句式特点，包括整散结合的错落有致、短句的短促有力等。

《阿房宫赋》的内容似乎不难理解，大多数教学案例的重点集中在鉴赏赋的一般手法和语言特点上。《阿房宫赋》辞藻华美、气势磅礴，语言的鉴赏固然重要。但《阿房宫赋》“这一篇”的独特价值未得以彰显。《阿房宫赋》一改以往汉赋“讽多要寡，漫羡无归，不见治乱”的偏颇，以议论入赋，是一篇成熟的文赋，在赋的发展史上具有里程碑式的意义。祝尧《古赋辨体》说：“至杜牧之《阿房宫赋》，古今脍炙；但大半是论体，不复可专目为赋矣。”郭维森、许结《中国辞赋发展史》认为《阿房宫赋》是“文赋典型”。语文教学除了要关注“这一类”文体的体式特征，还要关注“这一篇”文本的特点。因此，从思辨阅读的角度看，《阿房宫赋》的教学重点应是分析文章的议论。

然而仔细分析杜牧在文中的议论思路，我们会发现几个问题：

1. 阿房宫在秦始皇三十五年（前212年）开始建造，秦始皇在秦始皇三十七年（前210年）驾崩，秦始皇死后，秦二世胡亥继续派人修建，但前207年，秦二世被杀，秦王朝灭亡。阿房宫始终未建成。经当代考古研究证实，阿房宫仅建成了台基，更别提被项羽烧毁。杜牧对阿房宫的想象夸张严重违背历史事实。

2. 杜牧认为，六国和秦王朝灭亡都是统治者骄奢淫逸、不爱护百姓造成的。这样的推论仍有以偏概全之嫌。

3. 杜牧指出，只要统治者爱护百姓，就能够长久地统治下去，这样的结论也不严谨，况且历史上没有哪个封建王朝能够长盛不衰。

《阿房宫赋》有这么多的逻辑疑点难道古人不知道吗？为什么仍能成为“千古第一赋”？

因此，本文的核心问题是：如何理解《阿房宫赋》评说历史兴亡背后的合理性。

联系写作背景，杜牧所处的晚唐，政治腐败，社会矛盾激化，边患不断，国势日衰。唐王朝的最高统治者不但不励精图治，反而大兴土木、沉迷声色。唐穆宗在位五年，“宴乐过多，畋游无度”。三十岁英年早逝。继位者唐敬宗十六岁登基，耽于玩乐，沉迷蹴鞠和打夜狐，不理朝政。杜牧在《上知己文章启》中自述：“宝历（唐敬宗年号）大起宫室，广声色，故作《阿房宫赋》。”可见《阿房宫赋》是借古讽今、针砭时弊之作。议论的针对性加上赋本身“铺采摛文、体物写志”的文体特点，构成了作者评说历史兴亡背后的逻辑依据。

鉴于上述分析，我设计了以下几个教学环节：

（一）课前预习：熟读课文，疏通文意；查阅历史资料，了解秦朝速亡的原因。

（二）教学重点：理解文章评说历史兴亡的合理性。为了引导学生有层次地理解文文章评说历史兴亡的合理性，我设计了以下几个问题：

1. 历史上的阿房宫并未建成，文章中对阿房宫的描写合理吗？

2. 为什么说秦始皇修建阿房宫导致了秦王朝的灭亡？

3. 为什么说统治者不“爱人”就会导致国家灭亡，只要“爱人”就可以长久统治下去？

（三）教学拓展：学习本文议论的针对性，引导学生学以致用。

二、教学扫描及反思

（一）教学扫描一：历史上的阿房宫并未建成，文章中对阿房宫的描写合理吗？

学生在预习的基础上，能很快概括出描写阿房宫的三个方面：宫殿雄伟壮丽、宫中美女众多、金玉珍宝众多。且无须过多分析，通过朗读即可大体感知赋体的铺陈夸张手法和磅礴的气势。但有不少同学在阅读过程中感到，文中的夸张未免太过离谱了：阿房宫再大，也不可能“一日之内，一宫之间，而气候不齐”；宫女人数再多，也不可能倒了胭脂水就能在渭河上涨起一层脂膏等等。顺着学生的疑惑，我给他们出示了阿房宫并未建成的史料记载和考古资料：

> ① 三十五年，……於是始皇以为咸阳人多，先王之宫廷小，吾闻周文王都丰，武王都镐，丰镐之闲（间），帝王之都也。乃营作朝宫渭南上林苑中。先作前殿阿房，东西五百步，南北五十丈，上可以坐万人，下可以建五丈旗。周驰为阁道，自殿下直抵南山。表南山之颠以为阙。为复道，自阿房渡渭，属之咸阳，以象天极阁道绝汉抵营室也。阿房宫未成；成，欲更择令名名之。作宫阿房，故天下谓之阿房宫。隐宫徒刑者七十馀万人，乃分作阿房宫，或作丽山。（《史记·秦始皇本纪》）
>
> ② 杜牧之《阿房宫赋》，文之奇不必言，然于事实殊戾。按《史》：始皇三十五年，营造朝宫渭南上林苑中，先作前殿阿房。阿房宫未成。二世元年，还至咸阳，曰：“先带为咸阳朝廷小，故营阿房为堂室。今释阿房宫弗就，是彰先帝举事过也。”复作阿房宫。二年冬，右丞相去疾、左丞相斯、将军冯劫谏止作阿房宫作者。二世怒，下去疾等吏。去疾、劫自

> 杀，斯就五刑。是终秦之世，阿房宫未成也。（清王士祯《池北偶谈》卷十二）
>
> ③ 2005—2007年，中国社会科学院考古研究所经考古研究证实，阿房宫仅建有台基，阿房宫前殿遗址东西长1270米，南北宽426米，高7—9米，面积约54万平方米。这次考古核心结论有三个：一是阿房宫根本没有建成；二是前殿遗址便是阿房宫遗址全部；三是项羽没有烧毁过阿房宫。

学生们议论纷纷，课堂像炸开了锅一样。

师：是杜牧胡编乱造还是有意为之？

生1：我认为杜牧是有意为之。铺陈夸张本来就是“赋”这种文体的特点，作者夸大其词就是为了突出秦始皇生活的奢靡。

生2：但是夸张总要有个限度吧，总不能把没有的事说得跟真的一样，否则不是欺骗读者吗？

师：有哪些事情是真的？

生3：秦始皇修建阿房宫这件事是真的。

生4：建阿房宫工程浩大这件事是真的。

生5：我《百家讲坛》里听王立群教授讲，秦始皇每消灭一个诸侯国，就叫人把该国的宫殿画下来，并派工匠在咸阳城仿建。

师：你了解得真多！

（PPT出示史料）

> 二十六年，……秦每破诸侯，写放其宫室，作之咸阳北坂上，南临渭，自雍门以东，殿屋复道，周阁相属。所得美人钟鼓以充入之。（《史记·秦始皇本纪》）
>
> 《三辅旧事》云：“始皇表河以为秦东门，表汧以为秦西门，表中外殿观百四十五，后宫列女万余人，气上冲于天。”（唐代张守节《史记正义》）

师：可见，秦始皇大规模兴建宫殿，并广罗六国美人充入其中的事情是真的。只不过不是阿房宫罢了。那秦始皇从六国掠夺金玉珍宝的事情是真的吗，我们该如何判断?

生 6：秦始皇大兴土木，宫中美人无数，可见他追求穷奢极欲的生活，金玉珍宝是不可或缺的。

师：你是从逻辑上进行推理，很好！

生 7：肯定是真的。从规模庞大的请始皇陵就可以推断出来。秦始皇把自己的陵墓都修得那么讲排场，可见他生前的生活也是极度奢靡的，说金玉珍宝堆积如山也毫不夸张。

师：你利用相关的考古发掘进行推理，很有说服力！

经过师生共同讨论，大家认为尽管历史上阿房宫并未建成，但是秦始皇大规模兴建宫殿，从六国掠夺美人和珍宝以供其享乐确有其事，阿房宫只是这些众多宫殿的突出代表罢了，这里可以理解为借代手法。杜牧并未胡编乱造，并未冤枉秦始皇。再加上这是一篇赋而非史论文，允许有文学的想象和夸张成分，通过杜牧的描写想象更加生动丰富，更有表现力。

（二）教学扫描二：为什么说秦始皇修建阿房宫导致了秦王朝的灭亡?

本文从前半部分的“赋”体到后半部分的“论”体，由阿房宫的壮丽奢华到六国和秦王朝不爱人而导致灭亡的历史教训，再到“后人哀之而不鉴之，亦使后人而复哀后人也”的现实警示，这中间的逻辑关系到底是怎么回事？这是读懂这篇文章的关键所在。

第三段上承对阿房宫的想象描写，下启不爱人导致亡国的议论，对理解文章的主旨非常重要。或许是受到贾谊《过秦论》的影响，作者连用六组对比，读起来颇有震撼力。但作者为什么这样对比，内在的逻辑是什么，往往被忽视了。

师：作者是怎么论证修建阿房宫导致秦王朝灭亡的？我们先来看这六组“多于”的句子。我们在哪篇课文见过类似的手法？

生 1：初中的《木兰诗》：“东市买骏马，西市买鞍鞯，南市买辔头，北市买长鞭。”

师：既是铺陈手法，又是互文见义，要合起来翻译。下面我们用表格进行梳理。

多	少
负栋之柱	农夫
架梁之椽	工女
钉头	粟粒
瓦片	帛缕
栏槛	城郭
管弦声	市人言语声

师：同学们有什么发现？

生2：表格左边的“负栋之柱”、“架梁之椽”、“钉头”、“瓦片”、“栏槛”都是阿房宫宫殿的部件，合在一起借代阿房宫。表格右边的内容合在一起就是当时社会的劳动力和生产的物质财富。

师：左边的“多”和右边的“少”有怎样的逻辑关系？

生3：阿房宫的宫殿多了，耕田的农夫和织布的工女就变少了。劳动力少了，生产的粮食和衣服也少了，于是城市和人口数量也少了。

师：“管弦呕哑，多于市人之言语”怎么理解？

生4：我认为管弦声代指享乐。秦始皇只知道享乐而听不见民间百姓的疾苦抱怨。

师：“使天下之人，不敢言而敢怒。”修建阿房宫只是为了满足秦始皇一个人的私欲，却严重消耗了国力，并招致天下人的怨怒，最终导致秦朝的灭亡。

经过小组讨论，大家发现，这段文字中的六组对比是不同类事物之间的比较，按道理说是讲不通的，但如果按照互文见义手法来处理，就有其内在的逻辑关联：修建阿房宫，导致劳动力变少了，生产的物质财富变少了，百姓的生活变贫穷了，民怨增加了。秦始皇因贪图个人享乐而给百姓造成了巨大伤害，这也正是秦始皇暴政的典型代表。而作者采用铺陈手法起到了增强语势的效果，更有力地控诉了秦始皇的骄奢淫逸。

（三）教学扫描三：为什么说统治者不“爱人”就会导致国家灭亡，只要“爱人”就可以长久统治下去？

文章在揭示完兴建阿房宫与秦王朝灭亡之间的因果关系后，将观点提升到了“爱人”即爱护百姓的高度，立意非常高远。但只要统治者“爱人”就能确长治久安、江山永固吗？文章的论述看似有理却又似无理。为了弄清楚结尾段的议论的合理性，我引导同学们进行推理分析。

师：作者说秦和六国的灭亡都是因为不“爱人”，它们都有哪些不“爱人”的共同表现？

生1：六国国君兴建了很多宫殿，宫殿里宫女和珍宝无数。秦始皇也大规模修建宫殿，并且广罗宫女和奇珍异宝。这些是不“爱人”的共同表现。

师：六国和秦朝的宫殿里的珍宝是哪里来的？

生2：文中说：“燕赵之收藏，韩卫之经营，齐楚之精英，几世几年，剽掠其人，倚叠如山。”可见六国宫殿里的金玉珍宝是从六国百姓那里掠夺而来的。秦朝宫殿里的珍宝是从六国宫殿掠夺过来的。

师：作者认为，六国国君兴建宫殿不爱百姓而导致亡国，秦始皇兴建阿房宫不爱百姓而导致亡国。由此推理出唐朝统治者如果大兴土木、广声色的话，也会导致亡国。作者这样推理严密吗，逻辑依据是什么？

生3：秦朝和六国灭亡的原因很相似，作者这样说是在总结历史教训，希望唐朝统治者不要重蹈覆辙。

师：很好！作者是在运用关联思维推理。我国古代有悠久的史学传统，正所谓“以铜为镜，可以正衣冠；以人为镜，可以知得失；以史为鉴，可以知兴替。”

师：统治者不“爱人”一定会灭亡吗？依据是什么？

生：会。因为儒家提倡“仁政”，统治者要爱民如子，“得民心者得天下”；而秦始皇施行的是暴政，劳民伤财，不得民心。

师：也就是说，“爱人”是维持统治的必要条件。那么，六国爱护自己的百姓就能不灭亡吗？秦王朝爱护天下百姓就能确保统治万世吗？

生2：不能。六国光爱惜百姓还不够，要想不被秦国消灭还需要有足够的经济和军事实力与秦国抗衡，需要国君的英明领导、文臣武将的通力配合等等。

生3：我国古代的封建王朝没有一个是万世不灭的。历史上一般认为秦王朝的速亡根源在于秦始皇实行暴政，不得民心。但是，即使秦始皇实行仁政，爱护百姓不修建阿房宫，也只能让秦王朝的统治时间延长，不可能万世不灭。

生 4：爱百姓是维持统治的必要条件，但不是充分条件。

师：既然这样的推理是无效的，作者岂不是强词夺理了？他为什么要这么说？

生 5：我想作者可能是故意夸大其词吧。

师：我们在跟人说理的时候，除了要讲逻辑，还要考虑对方的心理感受。试想一下，假如当时的唐敬宗看了这篇《阿房宫赋》，会不会在意这个逻辑漏洞呢？我们来类比一下，假如班主任对你说，好好努力，你期末考试一定能考上一本！你听了后会觉得班主任不讲逻辑吗？

生 5：不会。虽然我知道努力学习不一定能考上一本，但听了班主任的话还是很受鼓舞。杜牧当时写这篇赋是为了劝谏唐敬宗爱护百姓不要大兴土木贪图享乐。这样说也是为了让对方听了高兴。

师：说得好！同学们读借古讽今类的文章，一定要考虑它的现实针对性，有些看似不合逻辑的地方却有它的合理性。

学生们很容易对最后一段话的议论产生质疑。根据所学的历史知识和简单的思考判断，他们便能意识到六国和秦王朝的灭亡的原因不只是不“爱人”这么简单，他们随口也能说出几点。如果这样思考，文本的价值就大打折扣了。脱离历史语境的文本分析往往导致误读。教师调动学生的生活经验，还原了文本的劝说语境，不仅让同学们读懂了作者的良苦用心，还让他们认识到议论要有现实针对性。

三、思辨读写

（一）杜牧在咏史诗《赤壁》中这样写道：“东风不与周郎便，铜雀春深锁二乔。”意思是如果赤壁之战没有东风的帮助，周瑜将被曹操打败。你同意杜牧的看法吗？请说说理由。

（二）西汉初的贾谊在《过秦论》中认为，秦灭亡的原因是“仁义不失而攻守之势异也”。贾谊和杜牧的观点有何异同？

四、教学资源链接

1、姚双 . 三位语文特级教师《阿房宫赋》课例的比较［J］. 文学教育（上），2018（3）.

2. 肖美婷 .《阿房宫赋》的文本解读和教学内容探究［D］. 上海：上海师范大学，2017.

3. 刘伟生 . 杜牧《阿房宫赋》的文体文化意义［J］. 名作欣赏，2016（12）.

4. 许东海 . 辞赋与谏书——杜牧《阿房宫赋》新论［J］. 苏州科技学院学报（社会科学版），2014（1）.

“酹”江月的风流人物

——《念奴娇·赤壁怀古》思辨教学案例

西北工业大学附属中学　郑　刚

一、核心问题：苏轼为什么不“酹”风流人物，而“酹”江月呢？

在中国古代文学史上，宋词是能够和唐诗媲美的一座高峰，在这座高峰上伫立着一位备受人们喜爱的文学家——苏轼。作为北宋文学史上成就最为卓著的一代文豪，他在学术研究、散文、诗词、书法、绘画等多个不同的领域都取得了骄人的成就。这些成就是在他的政治生涯屡遭打击、壮志难酬的背景下取得的，他越贬越远，但没有自暴自弃、怨天尤人，始终用一种积极的心态来面对生活，将儒家的入世、佛家的救世、道家的出世融合起来，看得开、拿得起、放得下，在黄州、惠州、儋州等地方都积极做事，产生了深远的影响，可以说，苏轼是真正的“风流人物”！

《念奴娇·赤壁怀古》作为苏轼的代表词作，雄浑壮阔的场景背后，是他深沉的历史和人生的思索。在众多的教学案例中，大致都是这样的教学路径：先介绍作者及写作背景，利用多媒体创设氛围，引导学生对苏轼产生倾慕和同情，然后诵读全词，感知内容，再以巧妙的问题引导学生领略词中描绘的豪装宏伟的景物，扣住作者着意塑造的人物形象，深入品味作者深沉的感情。

在这些案例中，将苏轼的人生经历仅仅作为文学文化常识介绍，将作者、文本、思想情感三者截然分开，概念先行，在学生形成思维定势之后，通过拆分词作的内容，将其套上概念框架。这样的教学，学生对本词“豪放”特点的理解是浅表化的，除了记住一些文学文化常识，分析鉴赏诗词的能力等真正的文学素养，没有得到训练和提升。学生和作者之间依然横亘着历史的隔膜，没办法真正领悟作品的思想内蕴，没有衔接点，就难以产生相同的触动。

文学作为一种审美形式，欣赏者必须要找到自己和作品的衔接点，通过这个点，进入到作品的内部。在备课环节，教师要能敏锐地找到文本与学生生命的衔接点，以这个点出发，唤起学生的内在生命情愫，进行较为深入的思维活动，并产生对文本阅读的兴趣。课堂上，由这个点出发，带着学生在文本中畅游。当然，这个点是起点而不是终点，终点应是学生对文本个性化的深刻感知和理解，将文学转化为滋养生命的养料。

对于本词，我设计的核心问题是：**苏轼为什么不“酹”千古风流人物，而“酹”江月呢？**

本课的教学设计：

（一）课前预习：上网查找资料，了解苏轼的生平；阅读林语堂的《苏东坡传》、王水照《苏轼传》中关于本词创作背景的部分。

（二）教学重点：

1. 学习词中写景、咏史、议论、抒情融为一体的写作手法，掌握虚实和衬托的艺术手法。（重点）

2. 感受苏轼豪放的词风，体会苏轼名士、英雄、达者三位一体的人物形象，学习他旷达的胸襟和积极入世的精神。（难点）

3. 通过诵读把握情感。想象自己就是苏轼，带着感情诵读本词。感受苏轼豪放的词风，体会他复杂矛盾的情感，学习他的旷达胸襟和进取精神。

（三）教学拓展：

1. 读林语堂的《苏东坡传》，王水照的《王水照说苏东坡》

2. 仿照《宋词鉴赏辞典》的体例，写一篇关于本词的赏析文章。

二、教学扫描及反思

（一）教学扫描一

古诗文从语言到思想内容都距离学生的生活较远，加之古诗文背后的作者的生活方式也与当代学生的生活迥异，使得古诗文与学生之间横亘着一个巨大的阻隔。这首词，有苏轼厚重的历史沉思和沧桑的人生经历在其中，而学生并没有这些经历和认识。但另一方面，青春期的学生一定会对人生、历史有自己独特的体会和思考，这就是学生和本词的衔接点。

师：南宋豪放派词人辛弃疾说：叹人生，不如意事，十常八九。人生在世确实有很多局限，比如我就没有李白、苏轼的才华，没有吴亦凡、李易峰那么帅（生笑），没有马云、俞敏洪的口才，更没有那么多钱。

同学们，你还能想到我们的人生有哪些局限呢？

生：我觉得自己的理想总是难以实现。

生：人难免会有精神或肉体的疼痛。

生：人的生命短暂，人也很渺小。

生：……

师：概括起来，人生的局限性主要体现在空间和时间两方面，即人永远只能生活在此时此地，并且每个人都最终无一例外地走向死亡。那人生的意义何在呢？人的局限性如何超越呢？今天我们就来看苏轼是怎样认识人生的局限性，以及怎样超越的。

这个导入，找准了学生和本词的衔接点，既拉近了老师与学生的距离，活跃了课堂氛围，又拉进了学生与这首词的距离，以此为整节课奠定基础。

（二）教学扫描二

怀古诗大都是诗人处于某种背景之下，前往瞻仰或凭吊历史古迹，回顾古人的业绩或遭遇，自己内心产生共鸣，不禁发出对古人事迹和自我生命的慨叹，基调一般都比较苍劲悲凉。

师：怀古诗的内容大多由三个方面组成：观眼前之景、思历史之事、抒一己之怀。本词哪一部分是写景的？

生：词的上阕是写景的。

师：谁能把上阕给大家朗诵一下？

生：朗诵上阕。（慷慨激昂地朗诵完上阕）

师：读得很有激情。你能告诉我你为什么要用激昂的方式来朗诵呢？你这样处理的依据是什么？

生：因为苏轼是豪放派的代表词人，而这首词是苏轼的代表作。

师：豪放就意味着慷慨激昂吗？豪放是外在的特点，还是内在的风格？

生：（陷入思考）

师：以豪放派和婉约派对词作的风格进行划分，确实很具有概括性。不过大家还需要对具体词作的意象、意境和情感进行分析，来看看“豪放”到底是如何体现的？

生：……

通过这样的分析，让学生明白不能用他人现成的观点来代替自己的感知和思考。那些已有的观点，在帮助学生理解文本的同时，也遮蔽了学生自我独到的理解。这样的引领，让学生明白要通过自己的分析，来形成对词作风格的把握。

师：眼前之景用一个句子来概括就是……？

生：江山如画。

师：很准确（教师板书：江山如画）。那富有动感，最具有冲击力的景象是……？

生：乱石穿空，惊涛拍岸，卷起千堆雪。

师：这三句里面有几个词很有表现力，大家能找出来，并说说理由吗？

生：“穿”——夸张手法，写出陡峭山崖直插云霄的气势。

……

师：同学们的分析很到位。这样的景象可以用“壮美”来概括了（板书：壮美）。有的版本把“惊涛拍岸”写作“惊涛裂岸”，你觉得“裂”与“拍”哪个好一些？

生：“惊涛拍岸”与“卷起千堆雪”从逻辑上说得通，而“惊涛裂岸”怎么会“卷起千堆雪”呢？

生：“裂”用夸张手法，展现的视觉形象是“线”，不符合江水和岸的实际。而“拍”用拟人手法，展现的视角形象是“面”，符合江水和岸实际。既有视觉形象，又有声音效果。

师：分析很到位！以上如果说是诗人看到、听到的景象。那“大江东去，浪淘尽，千古风流人物”是不是作者眼前所见的景象？

生：“大江东去”是眼前所见，“浪淘尽，千古风流人物”则是诗人脑海中的联想。

师：能不能用本词中的一个两个字来解释一下原因？

生："故国神游"中的"神游"二字，说明苏轼并没有被眼前的景物局限，而是在脑海中畅游历史。

师：说得很生动嘛。这就是诗歌中虚实结合的艺术手法（板书：虚实结合）。苏轼是漫无边际地畅游吗？他想到了谁？

生：他想到了三国的周瑜。

师：为什么要加"人道是"三个字？

生：这不是真正发生赤壁之战的赤壁，作者很"狡猾"地用这三个字回避了别人的质疑。（生笑）

师：哈哈。你很懂苏轼哟。"是真名士自风流"，苏轼也称得上是名士了，只有名士才能看到这样壮美阔大的景象，并且写出来。苏轼用这三个字也巧妙地由"眼前之景"过渡到"历史之事"。我们如果用电影镜头的方式来看的话，大家会发现苏轼不断在将镜头聚焦于"大江东去"，空间极其阔大，只聚焦于赤壁；"千古"，时间极其浩远，只聚焦于三国；"千古风流人物"，人物极其众多，只聚焦于周瑜。

板书：眼前之景（虚实） 壮美阔大 名士

以上我和学生一起分析了本词的写景部分，并自然而然过渡到下阕。在下阕的教学中，重点分析"历史之事"和"一己之怀"。在赤壁之战众多的历史人物中，学生对苏轼为什么在众多的历史人物中只聚焦在周瑜身上这个问题的理解还不到位。

师：哪一句是写赤壁之战的？

生：谈笑间，樯橹灰飞烟灭。

师：有的版本把"樯橹"写作"强虏"，你觉得哪个更好一些？可以从意象特点、意境氛围、情感主旨上去分析。

生：从意象特点来看，"强虏"与"樯橹"都代指敌人，但"樯橹"更侧重指曹操的战船，点出了水军的特点。更能突出水战的特点。

生：从意境氛围来看，"强虏灰飞烟灭"过于夸张，敌人有的死有的逃跑有的投降，不见得都被烧得"灰飞烟灭"。但"樯橹灰飞烟灭"则更符合逻辑，用火攻，自然战船大都被烧了。

生：从情感主旨来看，羽扇纶巾的有血有肉的人，面对樯橹这样冰冷的战争机器，还能谈笑自若，最终使它们“灰飞烟灭”，更能体现周瑜的镇定自若和卓越的军事才华。

师：同学们的分析很到位。赤壁之战真的就像苏轼所说的周瑜“谈笑间”，就胜负强弱已定吗？

生：不是的，我了解一点三国的历史，赤壁之战前前后后是比较复杂的，其过程惊心动魄，没有这么轻松简单。而且英雄辈出，都有一定的贡献。并不是周瑜一个人的功劳。

师：你很敏锐，文学，尤其是篇幅很小的诗词，不可能呈现历史的全貌，就要求对历史进行**筛选和压缩，甚至变形**。本词还有哪些地方与历史史实不符？

生：赤壁之战发生在周瑜 34 岁时，而周瑜迎娶小乔是在 24 岁，中间相隔十年。

师：为什么相隔 10 年的历史被苏轼整合在一起了呢？

生：（陷入沉思）……

师：同学们想想苏轼此时是什么样的形象？我在这里准备了一个表格，大家填写一下。

人物	周　瑜	苏　轼
年龄	34	46
生活	幸福美满（小乔初嫁）	贫困潦倒（妻子 17 年前已逝）
外表	英俊潇洒	早生华发
职位	东吴大都督	黄州团练副使
成就	功成名就	一事无成

师：苏轼为什么只写周瑜，大家从这个表格中能不能找到原因呢？

生：为了衬托出此时自己的失意和落魄。

生：我觉得表现了苏轼内心深处建功立业的渴望。

师：两者兼而有之，那么孰轻孰重呢？

生：失意落魄是一方面，结合北宋积贫积弱的历史背景，和苏轼向来的理想抱负。他想成为周瑜那样力挽狂澜的英雄是主要的。

板书：历史之事（映衬） 壮怀激烈 英雄

接下来要分析苏轼的“一己之怀”，也就是从“人生如梦，一尊还酹江月”中反映出的复杂心绪。

师：“人生如梦”不是庄子的思想吗？在庄子看来，人生就是一场梦。”

生：（笑，然后深思）……

师：有人说，苏轼这首词是豪放派词作的代表。我觉得开始还有一点豪放，到后面，“人生如梦”是完全的消极嘛。

生：苏轼“笑”了。一个笑字就表现出他的达观和豪放。

生：我不同意刚才这个同学的观点，从“多情应笑我，早生华发”来看，“早”是时间概念。“人生如梦”，强调的是人生的短暂。

师：“笑”确实是个关键。我们思考一下：是谁在笑？笑什么？为什么笑？怎样笑——是开心的笑，还是忧伤的笑？是苦中作乐的笑，还是无可奈何的笑？是愚蠢的傻笑，还是智者的大笑？

学生讨论。

生：根据大家的讨论，比较一致的观点是，苏轼自己智慧阔达的笑，这个笑里有“情”有“理”。笑自己“早生华发”，他“笑”就说明他承认自己的局限性，并且能够正视自己在时间、空间局限，乃至于理想不能实现的无奈，这时应该是由苦笑到开怀大笑。

师：苏轼在认识到自己的局限性后，他做了什么呢？

生：一尊还酹江月——用酒祭奠江月。

师：**为什么不祭奠周瑜，祭奠三国的英雄们，而祭奠江月呢？**

生：“大江东去浪淘尽，千古风流人物。”就说明包括周瑜在内的三国英雄们，已经随着大浪流逝。祭奠江，其实就是祭奠周瑜。

师：那苏轼为什么还祭奠“月”呢？

生：如果说“江”代表流逝，“月”就代表永恒。“江月”就是流逝和永恒统一的意象。“酹江月”就是“酹”古往今来的英雄，既有历史也有今朝。

师：“一尊还酹江月”就是承认自我的局限性。苏轼有没有告诉我们，他在承认人的局限性后怎么办？

生：词里面没有写。

师：苏轼在词里提出了一个大问题，人应该如何面对自我的局限性？词中并没有写。但苏轼用他的一生做了回答。林语堂称赞他是“中国古今唯一一个打通儒释道，并在各个领域都取得巨大成就的人。”

板书：一己之怀（情理）　　壮心不已　　达者

苏轼并没有对建功立业进行否定。一方面，他对周瑜等曾叱咤风云的历史人物给予了极高的评价；另一方面，他又看到了人在天地之间的短暂、渺小，因而主张在精神上对世俗功利进行超越，达到道家主张的“虚静”“坐忘”的境界。有人评价苏轼打通了“儒”“释”“道”三者的界限，在自己的人生中将其融为一体。其实，苏轼像“释”“道”那样爬上山，然后站在山巅俯视人间，但最终他还是选择从山上走下来，回到“儒”，回到了人间。

三、思辨读写

1. 这个“梦”（按：“人生如梦”的“梦”）正是苏轼的人生之“梦”，是诗人的哲学之“梦”，也是智者的诗性之“梦”。在这个“梦”中融入了豪放的英气、婉约的柔情和智者深邃，英才的、情人的、智者的风范在这里得到高度的统一。也许在苏轼看来，能够进入这个境界的才是最深邃的潇洒，最高层次的“风流”。

——孙绍振《月迷津渡·古典诗词的个案微观分析》

2. 一个伟大的人物之所以伟大，并不是因为他的身上没有人类所固有的弱点，而是因为他能够克服并超越这些弱点。在困苦无望的处境下，苏轼也和常人一样感到无奈和悲哀，但是他却不会被这种阴郁的情绪长期主宰，他永远有足够的勇气面对现实，重新安排自己的生活。

——王水照、崔铭《苏轼传》

请你对本课学习的内容进行回顾整理，查阅相关资料，结合自己的人生体悟，仿照《宋词鉴赏辞典》的体例，从艺术技巧和思想内容两方面，对《念奴娇·赤壁怀古》进行赏析，并写出一篇赏析文章。

3. 他（按：苏轼）的典型意义正在于，他是上述地主士大夫矛盾心情最早的鲜明人格化身。他把上述中晚唐开其端的进取与退隐的矛盾双重心理发展到一个新的质变点。

——李泽厚《美的历程》

4. 在北宋这个具体的文化环境中，苏轼是一个富有浪漫气质和自由个性的人物。一方面，他作为士大夫集团的成员，抱着强烈的社会责任感积极地参与国家的政治活动与文化建设；另一方面，他比当代任何人都更敏感地体会到强大的社会政治组织与统治思想对个人的压抑，而走向对一切既定价值准则的怀疑与舍弃（但不是冲突与反抗），努力从精神上寻找一条彻底解脱出世的途径。

——章培恒、骆玉明主编《中国文学史》

5. 苏东坡是一个无可救药的乐天派、一个伟大的人道主义者、一个百姓的朋友、一个大文豪、大书法家、创新的画家、造酒试验家、一个工程师、一个憎恨清教徒主义的人、一位瑜伽修行者佛教徒、巨儒政治家、一个皇帝的秘书、酒仙、厚道的法官、一位在政治上专唱反调的人。一个月夜徘徊者、一个诗人、一个小丑。但是这还不足以道出苏东坡的全部。

——林语堂《苏东坡传》

不同的人，对苏轼有着不同的理解。请读读苏轼创作的诗文，谈谈在你眼中苏轼的形象，苏轼的一生对你的人生有哪些启示。

四、教学资源链接

1. 沈祖棻，《宋词赏析》，上海：上海古籍出版社，1980 年 3 月。

2. 孙绍振，《月迷津渡・古典诗词的个案微观分析》，上海：上海教育出版社，2015 年 9 月。

3. 林语堂，《苏东坡传》，长沙：湖南文艺出版社，2016 年 6 月。

4. 王水照、崔铭，《苏轼传》，天津：天津人民出版社，2013 年 11 月。

5. 王水照，《王水照说苏东坡》，北京：中华书局，2015 年 7 月。

清风明月寄哲思

——《前赤壁赋》思辨教学案例

华东师范大学附属周浦中学　张思聪

一、核心问题：本文的哲理性内涵是如何体现的?

《前赤壁赋》是苏轼于宋神宗元丰五年（1082 年）贬谪黄州（今湖北黄冈）时所作的赋文。本文记叙了作者与朋友月夜泛舟游赤壁的所见所感，以作者的主观感受为线索，通过主客问答的形式，反映了作者起伏的情感波动：由月夜泛舟的舒畅、到怀古伤今的悲咽、再到精神解脱的达观。这是一篇古代散文佳作，周先慎在《古诗文的艺术世界》一文中这样评价此文："《前赤壁赋》是一首诗，一首意境优美的散文诗，一首探索人生哲理的哲理诗。"这篇散赋文形质兼美，充满对于人生的哲理性思考。

《前赤壁赋》是苏轼的经典散文赋，也是高中语文教材的经典篇目，其教学案例丰富，教学目标和教学重难点大多集中在以下几个方面：

1. 学习赋文文辞优美、骈散结合的语言特点。

2. 赏析本文景、情、理交融的艺术特点。

3. 理解作者豁达乐观的人生情怀。

不少案例都是围绕散文赋的外在形式，通过品味语言、体会文章的语言特点和艺术魅力为重点内容展开教学。这诚然抓住了"赋"的文体特点，对于语言进行细腻地品味，不失为精彩的语文课。然而宋代的文章侧重理趣，即使像这篇赋文，苏轼在追求语言形式优美的同时，更不忘记思想的表达、人生哲思的抒写。这篇赋文写于公元1082年，当时苏轼因“乌台诗案”被贬黄州已经四年之久，这是他人生经历中的转折点，打破了他曾经奉行的“致君尧舜”的人生理想，开始出现由儒家积极入世的思想向佛道超然物外思想的转变。身处人生转折点的苏轼，他的内心是矛盾的，借用传统赋文“主客问答，抑客伸主”的形式，能够更好地展现内心矛盾的挣扎。读懂一篇文章，不仅仅是为了品味华丽的语言，更是为了读懂苏轼的思想，也是透过宋代的文章来了解宋代散文追求哲理性思考的普遍特点。

本教学案例的核心问题是：《前赤壁赋》的哲理性内涵是如何体现的？

文本中有些语言直接阐明了作者在特殊境遇中的人生思考：

“寄蜉蝣于天地，渺沧海之一粟。哀吾生之须臾，羡长江之无穷。”

“逝者如斯，而未尝往也；盈虚者如彼，而卒莫消长也。”

“盖将自其变着而观之，则天地曾不能以一瞬；自其不变者而观之，则物与我皆无尽也，而又何羡乎？”

“且夫天地之间，物各有主，苟非吾之所有，虽一毫而莫取。惟江山之清风，与山间之明月，耳得之而为声，目遇之而成色，取之无禁，用之不竭。”

这些抒发情感或表达议论的语句中，既有借客之口面对着江水与明月对于人生短暂、个体渺小的哀叹，体现了儒家想要建功立业又困于现状，对于个体生命的局限性难以跨越的悲叹；也有借主之后，跳出了人类自身的局限性、迈向更开阔的自然空间后，进一步借自然中的江水与明月，思考了人生的意义与价值，体现了道家在面对人生的困境之时那种释然与豁达的心境。

除了这些直接的抒情或议论来展现作者的哲思，即使是开头两段看似平静的描写之中也无处不在展现着作者对于人生的哲理性思考。比如：

“清风徐来，水波不兴。”

“诵明月之诗，歌窈窕之章。”

“浩浩乎如冯虚御风，而不知其所止；飘飘乎如遗世独立，羽化而登仙。”

“歌曰：桂棹兮兰桨，击空明兮溯流光。渺渺兮予怀，望美人兮天一方。”

《前赤壁赋》中处处围绕“江”“水”“月”描写，而这些描写都是为全文哲理的抒写奠定基础。

所以，探究本文的哲理性内涵是如何体现的，对于读懂本文借助赋文的传统手法来表现哲学思考的效果，对于读懂黄州时期苏轼的精神的丰富内涵有很大的帮助；还能让学生关注前文的描写对于作者抒发思想内涵是如何起到铺垫作用的，从而体会一篇优秀的散文赋是形质兼美、文脉连贯的佳作美文，值得我们吟咏回味。基于此，我的教学设想分为以下几个环节：

（一）课前预习：请学生为苏轼制作年谱，查找苏轼写作的相关背景。

（二）教学重点：探究本文的哲理性内涵是如何体现的。为了帮助学生在细读品味文本的过程中理解本文的哲理性内涵的体现手法，我设计了以下几个问题：

1. 细读文本，圈画出作者抒发人生哲理的相关语句。

2. 结合苏轼的人生经历，思考作者采用传统赋文“主客问答”的形式，对于传递人生哲理有何效果。

3. 这篇赋文中一些优美的描写性语言是如何为抒发人生哲思服务的？

4. 探究本文的哲理性内涵是如何体现的。

（三）教学拓展：透过这篇赋文，思考文章的外在形式如何更好地为思想所服务，哲学性思考对于为人与为文有何重要意义。

二、教学扫描及反思

（一）教学扫描一：细读文本，圈画出作者抒发人生哲理的相关语句。

师：请同学们自读文本，圈画出作者抒发人生哲理的相关语句。

生 1：“盖将自其变着而观之，则天地曾不能以一瞬；自其不变者而观之，则物与我皆无尽也，而又何羡乎？”

生 2：“逝者如斯，而未尝往也；盈虚者如彼，而卒莫消长也。”

生 3：“且夫天地之间，物各有主，苟非吾之所有，虽一毫而莫取。惟江山之清风，与山间之明月，耳得之而为声，目遇之而成色，取之无禁，用之不竭。”

生 4：……

学生很容易从文章中找到第四段中蕴含的有关人生哲理的语句，但是对于某些语句的理解尚存困难，这时就需要老师适时地引导，使之更好地理解作者所传递的哲理内涵。第四段是以议论为主的，看似简单地表达观点，实则学生们理解困难，于是，我又追问如下问题：

师：作者围绕哪些景物来阐发他的人生哲学的？

生：水、月。

师：这一段如何借水月的说理来阐发作者的人生哲理？

生1：他说眼前这不断流逝的江水，滔滔不绝，奔流不息，但永远还是一江的水，它实际上是并没有消失；那天上的月亮，有时圆，有时缺，但循环往复，既没有增长，也没有减少。

师：同学对于江月的特点分析得很到位，那么进一步思考，作者要阐释什么人生哲理？

生2：借江水是谈从变的一面来观察认识事物，那么即使一般人认为万古不变的天地，在短暂的一瞬间也是在变化着的。

生3：借明月是从不变的一面来看，天地万物甚至我们人类自己也都是没有穷尽、不会消失的。

生4：宇宙万物和人生都既是变化的，又是不变的，没有什么根本的区别，就用不着去羡慕长江的无穷而哀叹人生的短促了。这里我们看到了一个豁达的、超脱的苏轼。

经过师生对于文本中议论性文字的找寻与品读，学生们经过交流与探讨，明确了本文借夜游赤壁，实际想要传递出的人生思考，以及借水月所要表达的真正内涵。这有助于师生后续进一步分析文章采用赋文“主客问答”的写法对于表达哲思的效果。

（二）教学扫描二：联系苏轼生平经历，思考作者采用传统赋文“主客问答”的形式，对于传递人生哲理有何效果？

初读文本的学生往往认为“主”与“客”是两个不同的人，于是教师并不急着把这篇赋文的写法特点告诉学生，而是在一步步的引导与提问中，让学生去思考：第三第四两段是借主客问答的形式，表达作者对人生的思索和感叹。

师：请同学们朗读第三段。

（学生朗读）

师：请你在此段中找一个词来表达此段“客”的情感？

生1：“哀”“悲”

师：客“托遗响于悲风”，箫的袅袅余音之中，寄托了客内心哪些悲情呢？能否结合具体的语言来分析，客内心在悲伤什么？

生 2：寄蜉蝣于天地，渺沧海之一粟。个人生命的短暂易逝，个体生命的渺小。

生 3：羡慕长江的无穷无尽，哀伤自己生命的短暂。

生 4：想要挟飞仙以遨游，抱明月而长终。离开这个世界，而终究是个幻想。

师：同学们找得很全面，客的悲伤，缘何而起呢？

生 5：曹操是一世之雄也，而今安在哉？伟大的人物都在历史的长河中淡去了身影，更何况是“渔樵于江渚之上”的被贬谪的黄州的诗人及客。

师：这位同学说得很好，我们这里能否把曹操换成在赤壁之战中获取胜利的大都督周瑜呢？

生 6：可以的，只要是个伟大的人物，能够和自己的命运形成对比就可以。

生 7：不可以，曹操比周瑜更伟大，所以曹操更合适。

生 8：曹操是赤壁之战中的失利者，用周瑜也可以，因为在苏轼的《念奴娇赤壁怀古》中所凭吊的英雄人物就是周瑜。

师：（引导学生一起背诵：雄姿英发，羽扇纶巾，谈笑间，樯橹灰飞烟灭。）这是苏轼所作的词《念奴娇赤壁怀古》中所塑造的周瑜形象——意气风发、潇洒的胜利者的形象。把曹操换成周瑜是否合适？

生 6：不合适。因为周瑜是个少年英雄，一路作战特别顺利。在这里作者不单单是把曹操和自己进行对比，说自己的渺小；更是借曹操来反映自己的内心，曹操在赤壁打了败仗，但不能否认他是一个伟大的军事家、政治家。黄州对于曹操是一个失利的场所，这就和黄州对于苏轼和客是一个贬谪之地，有一种类比的意味，所以写曹操进行感慨更合适！

（掌声……）

师：这位同学分析得很好，你们有没有在曹操的身上似乎看到了苏轼的影子？

生 7：“酾酒临江，横槊赋诗。”面对着江水斟酒，手中横执着长矛，不是在杀敌，而是在赋诗，我看到的似乎是苏轼自己的身影。

师：分析得好，曹操的《短歌行》这首诗歌很长，为什么要引用“月明星稀，乌鹊南飞”这两句诗句？

生8：因为和月亮有关。这篇文章很多内容都是围绕“水”和“月”展开的。

师：你说得很好，不过《短歌行》中“明明如月，何时可掇”一句，也和月亮有关，还有对于月亮的描写“明明如月”，换成这句好不好呢？

生9：不好，作者选择“月明星稀，乌鹊南飞”肯定有他的道理。要尊重作者，不随意改动。

师：那你觉得他的道理是什么呢？

生9：这里的“乌鹊南飞”是不是有作者自身的隐喻呢？象征作者被贬谪到黄州。

师：有道理，紧接着这句诗的后一句是：“绕住三匝，何枝可依”，这两句诗，描写了月光明亮，星光却稀疏，一群寻巢的乌鸦向南方飞去。绕树飞了三周却没有收敛动情，哪里才有它们的安身之所呢？在这里，确实有一种隐喻自身的色彩。

师：同学们是否还记得苏轼的《卜算子》。请一位同学朗读。

生：缺月挂疏桐，漏断人初静，谁见幽人独往来，缥缈孤鸿影。惊起却回头，有恨无人省。拣尽寒枝不肯栖，寂寞沙洲冷。

师：这首词写于元丰三年（1080年）是苏轼贬居黄州的第一年，是其思想极端苦闷的一年。此词上篇写鸿见人，下篇写人见鸿，借月夜孤鸿这一形象托物寓怀，表达了词人孤高自许、蔑视流俗的心境。这首词中月夜的“孤鸿”是作者的自喻，和《短歌行》中“乌鹊”的形象确实有相似之处。

结合苏轼写作本文的时代背景，补充同一时期的其他诗词作品，在老师的预设与引导下，学生在思考中生成了对于文本的自我理解。学生体会到：本段文字是作者借客之口，传递儒者苏轼的人生思考。具体在写作思路上，层层推进地传递作者的人生思考：由眼前的景象（明月、江水、山川）联想到曹操的诗“月明星稀，乌鹊南飞”，进而联想到历史上著名的赤壁之战，再联想起曹操兵下江南、横槊赋诗的英雄气概，进而产生“固一世之雄，而今安在哉”的感慨，凭吊历史人物的兴亡，哀叹吾生之须臾。老师再适时地补充：苏轼这里借用了传统赋文“主客问答，抑客伸主”的写法，并进一步让学生思考：这样的一种写法对于传递苏轼对于人生的思考有何效果？

学生能够领悟到，这样的一种写法能够把一个人思想的两个不同的层面更好地传递给读者，对于作者而言也是更好地宣泄了自己内心矛盾的两个方面，从而得到了自我的宽慰与解脱。从篇章结构上看：这一段是客人解释上段所描绘的箫声所传达的悲情苦绪，但它的目的却在引发下面一段对人生哲理的议论。文思如血脉贯通，流畅明晰而又十分紧凑。

（三）教学扫描四：探究本文的哲理性内涵是如何体现的？

学生以回家作业的形式，来完成对于这个探究问题的思考。经过批改与整理，学生的观点大致如下：

1. 对于景物的自然描摹中流露出作者的喜爱之情，为后文传递人生哲理进行铺垫。

2. 文章所要传递的人生哲理借助传统赋文“主客问答”的表现手法，表现得淋漓尽致。

三、思辨读写

（一）为苏轼制作年谱，结合苏轼的人生经历，思考如下问题

1.“且夫天地之间，物各有主，苟非吾之所有，虽一毫而莫取。”“功业”“伟大”对苏轼而言是否一定是“非吾所有”？

2. 拓展阅读《后赤壁赋》，思考两篇赋文所传递的思想有何不同之处。

3. 作者在《前赤壁赋》中所流露的思想是不是一种消极无为的道家思想呢？是否是消极避世的人生观呢？

（二）《前赤壁赋》总体上符合刘勰定义的赋，有铺排，但句式多变更像

文；有体物，但并非重点，作者“体赤壁之景”为写“超越儒道之志”。苏轼以“文”作赋，体物写志，随物赋形，突破了古赋的铺排、骈赋的对仗、律赋的格律，也印证了作者对自己文风的评价“随物赋形”，真可称得上“不为古今赋家体格所拘”了。

1. 请你思考“体物”部分是如何为“写志”所服务的。

2. 作者为何选用“赋”这种文体来承载思想？

四、教学资源链接

1. 周先慎，《读苏轼〈前赤壁赋〉》，《中学语文教学参考》高二上。

2. 张永芳，《从〈前赤壁赋〉看儒释道思想对苏轼的影响》，《文学教育》，2019 年 2 月。

3. 石莉，《搭建与古诗文对接的“支架”——以〈前赤壁赋〉教学为例》，《语文学习》，2018 年 5 月。

4. 成龙，《文言细读与教学展开——以〈前赤壁赋〉为例》，《语文教学通讯》，2015 年 2 月。

是一针见血还是一厢情愿

——《答司马谏议书》教学案例研究

盘锦市高级中学　赵宇强

一、核心问题：《答司马谏议书》是不是典范的驳论文？

《答司马谏议书》历来为人所称道，主要理由是本文“理足气盛”。“气盛”没有疑议，但是否“理足”需要探讨。从近年的研究来看，评析大多集中在以下方面：

1. 从论证方法的角度，通过演绎推理来赏析本文驳斥论点的方法。

2. 从艺术特色的角度，以本文为例，赏析王安石“文必务实、不尚虚饰、长于论辩”的散文艺术。

3. 从文体的角度，分析本文寓刚于柔、委婉得体的古代书信体特征。

普遍的看法是，驳论是本文较突出的教学价值。确实，本文的驳论有诸多值得肯定的地方，但能够将其抽象为驳论文的范式，这需要探讨，这也是本文的核心问题。驳论文“可以怎样写”和驳论文“应该怎样写”是两个问题，前者是作家的选择，后者是中学生应该掌握的范式。

本文驳论一针见血，见解深刻！作者预见到会出现“怨谤之多”的情况，但他的改革立场格外坚定，立志“不为怨者故改其度”！作者认为，“天下怨谤”主要来自那些“习于苟且非一日，不恤国事、同俗自媚于众”的士大夫们，是因为变法触动了那些“不事事，守前所为”保守派利益；其中可能也有“民”怨，但王安石坚信变法初期的“民”怨也是可以理解的，只要“度义而后动”，就“不见可悔故也”。这种对“天下怨谤”的认识是极为深刻的，也是本文一针见血的地方。

但王安石可以这样写，不代表驳论就应该样写。因为论证的前提是理由要可靠，本文“为天下理财”“辟邪说，难壬人”等理由只是作者个人的看法，不是公认的看法；事实上，不同利益群体对变法的理解和成效争议极大，退一步说，王安石的实际变法措施也未必能实现自己的初衷。所以，作者以“名实”为讨论的大前提固然巧妙，但他的理由也没有完全符合这个前提。再者，驳论必须考虑反方的立场和意见，不能因为立场不同而取消了对话的空间。本文的驳论更多是表态，没有展开论证，其效果可能是一厢情愿的。更重要的是，我们不能让学生认为驳论就应该这样写。立场正确不代表措施合理，况且立场不是抽象的概念，不是正义的标签，而是一件件具体的事；只看立场，不看实证，立场可能就是绑架的武器，理性容易被遮蔽，感性容易泛滥，思想难以演进，共识难以凝聚，这才是更应该担心的。

当然我们也要意识到，我们不能就此认为作者不会写“我们理解的驳论”，他恐怕是不屑于论证，也不舍得浪费宝贵的变法时间去论争；更重要的是，他知道自己与司马光“所操之术多异，虽欲强聒，终必不蒙见察”，道不同不相与言，这从本文“略上报”359字的篇幅也可见一斑。

作者完成的只是他自己的驳论，这封有“公开信”性质的驳论文有诸多现实考虑，但我们却需要辩证地去学习。让学生正确理解本文的驳论、理性认识本文的驳论，才能让他们学会自己的驳论。

很多人认为本文是一篇驳论文，我们可以从理解、评估驳论的角度来逐一审视，接着再从文体特征、作者个性、写作意图等角度进行综合评估，从而提升学生对文本的认知。基于此，我的教学设想分为以下几个环节：

（一）课前预习：请学生查找本文写作背景的相关资料，结合注释，疏通文意。

（二）教学重点：学习理解、评估驳论的方法。为了引导学生有层次地理解评估的方法，我设计了如下问题：

1. 驳论即反驳对方的论点，并在此基础上阐明自己的观点和意见。请结合文本推断作者驳论的论点是什么。

2. 清代蔡上翔认为本文“无论其言是否，而在已无不达之情”，本文是否有“不是”的地方？这和高步瀛先生认为本文“理足气盛”的看法矛盾吗？请结合文章，谈谈你的看法。

3. 本文是一篇值得你学习的驳论文吗，请结合前面的学习谈谈你的看法？

二、教学扫描及反思

（一）教学扫描一：识别本文的驳论

培养思辨能力的前提是能够把握作者的观点、态度，《答司马谏议书》虽然字数不多，但驳论的论点并不明显，学生在理解上是有些分歧的。

师：驳论即反驳对方的论点，并在此基础上阐明自己的观点和意见。请大家结合文本，推断作者驳论的论点是什么？

生：驳论论点是我没有“侵官、生事、征利、拒谏”，这里有提出自己的看法吗？

生：自己的看法是名实相符，名正言顺。

生：“名实相符”是前提，因为“名实相符”，所以我没有“侵官、生事、征利、拒谏”。

师：作者为什么要否认“侵官、生事、征利、拒谏”呢？

生：因为这导致了“天下怨谤”。

师：导致了“天下怨谤”又如何呢？

生：那变法就是不对的！

生：所以司马光的意思是，变法就是“侵官、生事、征利、拒谏”，就会导致“天下怨谤”，所以就不该变法。

师：所以作者的意思是？

生：我没有“侵官、生事、征利、拒谏”，“天下怨谤”不是因为这个。

师：那是因为什么？

生：因为士大夫“不恤国事、同俗自媚”。

师：所以作者想表达什么？

生：变法！

生：一切事事，不守前所为。

……

梳理文言文的驳论观点是有一定难度的，因为有历史情境，有些观点双方心照不宣，作者未必用直接完整的形式来表达观点。可是不梳理清楚，我们就不易理解作者的观点和推论。就本文而言，王安石表面上是在否认“侵官、生事、征利、拒谏”，实际上是在说，既然这四个理由无中生有，那么“天下怨谤”的原因就不在他。他也承认确实有“怨诽”，但那是变法的必然，因为变法触犯了士大夫的利益，是不作为的士大夫在抱怨；就算有民怨，民怨也可能是误解，不代表一直会有，况且民怨更多的是不作为的士大夫导致的。所以，作者想表达的其实是他要坚持变法，理由是“上欲变此”和“度义而后动”。出于表达的需要，作者会隐藏自己的论点和目的，这是学习时需要注意的。

（二）教学扫描二：评估本文的说理性

余党绪老师认为，写文章可以讲究文采、气势、韵味、技巧等，但这些东西首先应服务且服从于“说理”的需要。思辨性阅读的关键是要评估文本的说理性。既然我们已经明确了本文的论点，接下来我们就要评估其论证。

师：清代蔡上翔认为本文“无论其言是否，而在己无不达之情”，本文是否有“不是”的地方？这和高步瀛先生认为本文“理足气盛”的看法矛盾吗？请结合文章，谈谈你的看法。

生：作者是一代政治改革家，他说“如曰今日当一切不事事，守前所为而已，则非某之所敢知”这种坚定改革的立场我非常钦佩。驳论的前提是立场正确，王安石作为政治改革家的立场没有任何问题，我觉得他说得非常正确。

师：立场正确就代表论证合理吗？

生：作者的立场就是贴标签，将反对变法的人一概称为“不恤国事”“同俗自媚”的“壬人”，其实就是在用“我对，你不对”的逻辑进行强辩，无论证逻辑，也无事实依据。

生：当年苏轼也反对变法呢，苏轼也是“壬人”？

师：立场不是抽象的，要结合具体的人事去看，要历史地看待。

生：欲加之罪，何患无辞，什么立场都能找到支持的理由。

师：所以我们不仅要看理由的真实性，还要看论证的合理性。不仅要证实，还要证伪，刚才苏轼的反例就举得很好。

生：我认为不矛盾，王安石从儒生对国事的共识上出发否定了司马光议论的前提，这个角度特别巧妙，将司马光所遵循的信条作为自己的攻击利器，迫使对方有口难辩，逻辑强大。接着王安石从程序合法角度上否定了侵官，从符合忠义角度上否定了生事、征利，从性质上否定了拒谏，从改革的前瞻性上否定了众怨滔滔，确实是理足气盛。

师：这位同学关注到了本文的论证技巧，选择“名实相符”这个大前提去反驳是本文突出的亮点。名不正则言不顺，这正是司马光坚持的原则，以子之矛攻子之盾，非常有力。接下来，作者就可以逐一批驳司马光提出的理由，着重揭示这些指责“名实”不符，因而司马光的指责就是错误的了。不过，作者的论证有没有遵循这个前提呢？

生：我觉得没有。“为天下理财”仍然是以理清财政为由，借机充实国库。实难辞“征利”之嫌。“辟邪说”更欠理据，谁能知道哪一种是邪说，哪一种是“正论”？兼听则明，偏听则暗，古之正道。

生：我觉得王安石对司马光的几点质疑概括得过于简单，有避重就轻之嫌。而且司马光也并非让王安石一切不事事，守前所为吧。

生：作者给出“民怨”的理由也欠妥，招致民怨可以理解。但可否减少民怨或缩短民怨延续的时间呢？不能因为民怨自古有例，认为存在的就是合理的，便全然不顾民怨。

师：大家的意思是，王安石的驳论和立论理由都有牵强之处？

生：对。我觉得作者就没想说服司马光，没打算跟他争个高下。

师：依据是？

生：文中说了两人“所操之术多异”“虽欲强聒，终必不蒙见察”，两人立场不同，没有共同语言。

生：文中说了“冀君实或见恕也”，那个“或”表示可能，“也”表示推测，说明王安石对自己说服司马光不抱什么希望。

生：文中说“重念蒙君实视遇厚，于反复不宜卤莽”，就是碍于情面不得不回应。

师：仅仅是碍于情面吗？

生：也可能是为了以正视听，这封信不只是写给司马光的，也是写给以他为首的保守派的。

师：确实，司马光还有个身份就是王安石的好朋友，给好友写信，应该称字而不称官职。这不是孤例，如《答吕夷简书》和《回苏子瞻简》，前者是写给吕惠卿的，吕惠卿与作者是有嫌隙的；后者是写给苏轼的，苏轼对变法是持保留态度的。司马光与作者的关系比吕惠卿、苏轼与作者的关系要好得多，可作者依然称司马光官职；尤其作者写这封信时，任参知政事（副宰相），地位是高于司马光的。所以，这封信不是写给朋友的，而是写给政敌的。君实虽以朋友的身份连写了两封《与王介甫书》，但说的却不是私事，而是关乎国运的制置三司条例司改革问题。问公当以公答，所以称答司马谏议，是回答司马光右谏议大夫这个身份的。

经过上述讨论，我们发现大家普遍认可本文的立场。王安石对于反对派的汹汹来势，毫不退让动摇，表现了"人言不足恤"的无畏气概；本文驳论词严义正，击中要害，一针见血，表现了高超的斗争艺术和反驳艺术。但有些理由确实有待商榷，变法的正义性不必然意味着变法措施的合理性。但也正像同学们所说的，王安石可能也没指望说服司马光，这体现了作者对政治形势的深刻洞察和写作意图。学生的回答能够根据文本中的具体语句来分析，用文本本身说话，这是值得高度肯定的。

（三）教学扫描三：认识文体，学以致用

很多老师会把《答司马谏议书》作为典范的驳论文来教，确实，本文立意高远，驳论一针见血，切中要害，行文简洁明快。但本文其实只是给出结论，没有展开论证。只是一封短信，不是典范的驳论文。王安石可以这样写，不代表我们也应该这么写。那么究竟应该学什么呢，这个问题可以交给学生来问答。

师：本文是一篇值得你学习的驳论文吗，请结合前面的学习谈谈你的看法？

生：我认为是，本文手法高明，扭转局势于不经意间；言辞犀利，简明有力不失顿挫抑扬。虽有避重就轻之嫌，犹可于气势胜于人。首段表面为寒暄客套，尽从对方落笔。但"不复一一自辩"实则为下文自己的简单论证埋下了伏笔，从而不着痕迹地将态势转向自己；行文过程中对仗工整，不多费笔墨，简明有力，减少了出现漏洞的可能。且立足先例，站在帝王的角度上，剥离了自身的责任，占据道德制高点，让人无法反击，实在高妙。

生：我认为是。本文语言简洁，重点突出，逐一反驳，有理有力。能以政治家的胸怀看问题，态度坚定，表明心志，印象深刻。

生：我认为不是。曹林先生说“一事当前，先问真假，再问是非，再说利害”。王安石的“难壬人”是他自己看法，不是事实。其余那几条确实对，但没给解释，需要论证。

生：我认为是，虽夸大了部分事实以支撑驳论，但逻辑紧密，说服力强。在说明对方看法后，将自己的做法加以阐释，声明自己是为君主朝廷服务。并表明自己早已做好心理准备，接着批评了朝中士大夫不作为的现象。借古人事例，将自己置身于道德制高点上，最后总结自己目前确实做得不够好，必须变法的态度。全文条理明晰，层层递进，

师：夸大了部分事实以支撑驳论也是“说服力强”？

生：对呀，瑕不掩瑜，至少我写不出来这样的文章。而且双方立场不同本就不可能说服对方。作者清楚地认识到虽欲强聒，终必不蒙见察。他自己的形象、主张符合“名实”“义理”即可，除此之外，不必多言。

生：我认为不是，这就是一封几百字的信，我们不能苛求它是典范的驳论文。王安石重点在于阐述自己变法的原因和动机，这是他的写作目的，多以“略上报，不复一一自辩”。当然，要是我写，我会写得充分点。

……

通过大家的讨论，我们可以看出：本文的驳论确实有很多值得借鉴的地方，尤其是本文的立场和驳论技巧上。但只是表态下结论，没有展开论证；部分理由也有待商榷，作为一篇典范的驳论文确实欠妥，这点需要学生注意。作者的写作受书信体的特殊性、作者的创作个性和写作意图等因素的综合影响，但一般情况下，我们的驳论不应写得这样简略，不能因为本文是古代名篇就盲目崇拜。

三、思辨读写

（一）请你以《答司马谏议书》为基础，扩充成一篇不少于800字的驳论文。

（二）如果时光可以倒流，请你代司马光给作者写一封回信，表达你的思考。

要求：（1）应该针对原信内容；（2）应该有一个明确的中心；（3）除书信的形式外，还应该有“文体”的意识。

四、教学资源链接

1. 周琦程，从《答司马谏议书》学经典驳论，《中学语文教学参考》，2018（9）。

2. 杨有山，试论王安石议论文的“揭过法”，《信阳师范学院学报》（哲学社会科学版），2016（9）。

3. 宫红英，“壬人”“邪说”辩——重读《答司马谏议书》，《电影评介》，2007（10）。

4. 王成功，《答司马谏议书》的逻辑分析，《黄河科技大学学报》，2001（9）。

5. 赵改变，对《答司马谏议书》反驳艺术的教学研究，《山西财政税务专科学校学报》，2001（4）。

6. 刘梦初，王安石书信艺术论略，《湖北民族学院学报》（社会科学版）》，1993（12）。

7. 刘毅，略论王安石的散文艺术，《渤海学刊》，1992（4）。

8. 胡永在，辞情委婉　文笔犀利——读王安石的《答司马谏议书》，《绍兴师专学报》（社会科学版），1981（3）。

9. 褚斌杰，《中国古代文体概论》（增订本）[M]，北京：北京大学出版社，1990。

10. 王兆鹏 黄崇浩，《王安石集》[M]，南京：凤凰出版社，2014。

借古讽今话六国

——《六国论》思辨教学案例

上海海洋大学附属大团高级中学　陈文德

一、核心问题:《六国论》的议论是否严密?

苏洵《六国论》是古代散文中的经典名篇。《古文鉴赏辞典》称赞它“行文纵横恣肆,论断斩钉截铁”。统编版高中语文教材也认为它“阐发观点,逻辑严密,有着雄辩的力量和充沛的气势”。但历来也有不少人提出质疑,认为它破绽百出。清代林云铭《古文析义》认为,燕齐后亡是因为秦采取了“远交近攻之策”而非燕齐“用兵之效”。现代历史学家严耕望经过研究后指出,六国灭亡的重要原因之一就是“兵不利,战不善”。

梳理《六国论》的教学案例,教学内容的选择集中在以下几个方面:

1. 把《六国论》当作议论文的典范指导学生进行议论文写作。

2. 运用历史知识批判《六国论》在论点、论据、论证上的漏洞,认为它是一篇不符合史实且逻辑混乱的文章,更不能作为议论文的典范。

3. 先从史实和逻辑角度质疑《六国论》,再从文学角度勉强承认它成为名篇的合理性。

可以说,《六国论》教学的分歧很大。《六国论》的议论究竟是逻辑严密还是漏洞百出?本文的核心问题,是深入理解其议论的严密性。

把《六国论》当作反例来批驳,大多是建立在现代历史知识和有关史料基础之上。如批驳苏洵的论点,指出六国破灭的主要原因是秦国经过商鞅变法之后富国强兵，加上天下大乱人心思定，秦的统一是顺应了历史发展潮流，是偶然中的必然等。批驳《六国论》的论据，如认为诸侯因向秦割地求和而丧失的土地并没有因战败而丧失的土地多，更不至于达到“百倍”；认为燕国最后灭亡是因为离秦国最远，而秦国采取了远交近攻的策略；认为齐灭亡不是“用武不终”而是国君昏庸用人不当等等。

历史上六国灭亡的原因很复杂，苏洵为什么单说“六国破灭，非兵不利，战不善，弊在赂秦”？对于文章涉及的史实，作为一代大家的苏洵难道不知道吗？要解决这些疑问，不妨跳出以史论史的思维陷阱，重新审视《六国论》的主旨和写作意图。《六国论》表面是篇史论，实质上是篇策论。苏洵此文并非要以历史学者的身份总结六国灭亡的缘由，而是借古讽今、针砭时弊。故前三段论史只是铺垫，后两段讽今才是重点。六国联合起来，“并力西向”，本有战胜秦国之“势”，但因赂秦而致失“势”破灭。作者以此告诫北宋王朝统治者不要重蹈历史覆辙，要有敢于与辽、西夏作战的勇气，重振大国雄风。

基于以上分析，我的教学设计分为以下几个环节：

（一）课前预习：请学生查找秦灭六国的相关历史资料。

（二）教学重点：把握文章主旨，并在此基础上深入理解本文议论的严密性。

1. 画思维导图，梳理课文前三段的论证结构。

2. 结合相关历史知识，对课文前三段议论大胆质疑。

3. 六国破灭的原因很多，苏洵为什么单强调“赂秦”？细读课文后两段，概括文章主旨。

4. 从“势”的角度重新分析前三段的议论。

（三）教学拓展：阅读苏轼和苏辙的《六国论》，比较它们与课文在议论上的异同。

二、教学扫描及反思

（一）教学扫描一：对话文本，大胆质疑

学生们通过画思维导图，很容易发现前三段先总后分的论证结构：首段先提出论点——“六国破灭，非兵不利，战不善，弊在赂秦”；然后提出分论点1——“赂秦而力亏，破灭之道也”；再补充分论点2——“不赂者以赂者丧，盖失强援，不能独完”。第二、三段论证分别对应分论点1和分论点2。前三段的论证看似很严密，但学生们结合自己掌握的历史知识展开了激烈的质疑。

生：我觉得文章的论点值得商榷。秦之所以能统一六国，主要原因是秦国实行了商鞅变法，加上历代国君励精图治，使得秦国的经济和军事实力不断壮大。

生：文章很多论据与历史事实不一样。秦国当时采取了“远交近攻”的策略，先稳住远方的齐国和燕国，再逐一蚕食周边的诸侯国，燕国最后灭亡是因为距离秦国最远，又有韩、魏作为屏障，不是因为燕国“用兵之效”。

师：秦国当时的策略是笼络燕齐，稳住楚魏，消灭韩赵，然后各个击破，统一全国。

生：春秋战国时期实行的是分封制，诸侯国的土地是周天子分封的，不是他们的祖先历尽艰辛开创的。

生：燕太子丹派荆轲刺秦王是想最后一搏，是不得已而为之的计策，燕无论刺秦与否最终都会被秦国灭掉。

师：有人还找到一处与史实不符的地方，请同学们看看六国割让给秦的土地与战败丢失的土地的对比：

六国割地事实	六国战败事实
前290年，韩割武遂予秦。 前280年，楚割汉北及上庸予秦。 前275年，魏割温予秦。 前273年，魏割南阳予秦。	前293年，白起将兵，败魏师、韩师于伊阙，斩首二十四万级，虏公孙喜，拔五城。 前289年，伐魏，至轵，取城大小六十一。 前285年，秦蒙武击齐，拔九城。 前278年，秦拔郢，烧夷陵。 前276年，秦武安君伐魏，拔两城。 前248年，蒙骜伐赵，定太原，取榆次、狼孟等三十七城。 前247年，秦将王龁攻上党诸城，悉拔之，初置太原郡。 前244年，蒙骜伐韩，取十二城。 ……

六国割让给秦国的土地远不如被秦国侵占的土地多。如此看来，文中“诸侯之所亡，与战败而亡者，其实百倍”恰恰说反了。

生：赵国灭亡，与国君听信小人谗言错杀名将李牧有很大关系。不是赵国“用武不终”，而是赵国不善用人导致的。

师：赵武灵王“胡服骑射”之后，赵国军队的战斗力大增，但赵武灵王之后的国君普遍很昏庸。公元前260年的长平之战中，赵王让只懂得“纸上谈兵”的赵括担任统帅，导致赵国惨败，45万精兵被杀，赵国从此一蹶不振。

……

余党绪老师认为：“思辨性阅读是求真性阅读，它以文本为依据，以逻辑为基础；思辨性阅读是对话性阅读，它强调读者对文本的批判和对自我的反思。”读者首先要与文本平等对话，不要迷信与盲从。我们要培养学生大胆质疑文本的勇气，但同时也要告诉学生，对文本的批判要尊重逻辑和证据。当学生对相关史实不太确定的时候，教师有责任给他们提供帮助，而不是任由他们凭着感觉自由发挥。如可能有学生质疑文中六国灭亡的顺序，认为作者把赵国放在后面搞错了。这时老师就要补充相关历史知识：公元前228年秦攻占赵国都城邯郸，赵国公子嘉逃到代国称王，直到公元前222年赵国才彻底灭亡。同时，批判性阅读者内心应该是平静的，思考问题应该是理性的，不能被自己的情绪所左右。

（二）教学扫描二：揣摩意图，把握主旨

不少《六国论》的思辨阅读，止于文章前三段，于是只能得出议论漏洞百出，论据不符史实的结论。诚然，某些论据或许有夸张的成分，但如果总体上漏洞百出、逻辑混乱的话，此文何以流传千古呢？难道苏洵不知道六国灭亡原因的复杂性吗？难道苏洵不清楚六国的历史吗？作为饱读诗书的文人学者，苏洵不太可能犯这些低级错误。既然如此，学生的疑惑又该如何解释呢？能否解决这个难题，是我们能否深入进行思辨阅读的关键。

师：是苏洵不懂历史还是有意为之呢？请同学们结合当时的时代背景，揣摩苏洵写作《六国论》的目的是什么。

生：当时的北宋王朝受到北方的辽和西夏的军事威胁，北宋每年都要向他们交纳很多白银，称为“岁币”。苏洵写这篇文章是为了借古讽今，告诫统治者要吸取历史教训。

师：是什么样的历史教训，能不能说得详细点？请从课文中找相应的

语句。

生：“为国者无使为积威之所劫哉！”就是说，治理国家的人不要被（敌人）积久而成的威势所胁迫。

师：这与前面的议论“六国破灭，非兵不利，战不善，弊在赂秦”有什么联系？

生：“有如此之势，而为秦人积威之所劫，日削月割，以趋于亡。”六国正是因为被秦国积久而成的威势所胁迫才采取了“赂秦”的策略。

师：就是说，六国本来兵利、战善，如果“并力西向”的话，是有打败秦国之“势”的，但却在秦的威势面前丧失了自己的“势”，企图通过“赂秦”以求苟安，然而被秦逐一消灭了。这里的“势”有些抽象，可以理解为气势、勇气等。

师：如此说来，本文的主旨应该怎样概括，重点是在开头还是在结尾？

生：我认为结尾才是重点，前面的议论都是为它服务的。苏洵是借六国赂秦导致破灭的历史教训告诫北宋统治者，要有敢于同辽、西夏作战的勇气，不要一味地纳币求和。

……

读文章要整体把握主旨。根据文章最后两段，苏洵的用意是借古讽今。因而论史不是重点，“讽今”才是关键。前人对此早有评论。清代储欣《评注苏老泉集》卷一：“谓此悲六国乎？非也。……借古伤今，淋漓深痛，文钞谓忽人正论，犹花似雾中看也。”

再从文体上看，《六国论》选自苏洵的《权书》，而《权书》是一部论述兵法和权谋的书。“《权书》，兵书也，而所以用仁济义之术也。”由此可见，苏洵写《六国论》不是纯粹的论证历史，而是借六国灭亡的历史谈论自己的军事思想，并用它来分析当时的北宋与辽、西夏的军事形势，批评北宋朝廷赂敌投降的策略。《六国论》不完全是史论，更兼有策论的性质。策论即古代议论当前政治问题、向朝廷献策的文章。

经过师生的共同研讨，我们发现文章最后两段三次出现了“势”字，分别指六国之“势”、秦之“势”和六国胜秦之“势”。“势”在文中可以理解为威势、气势、勇气等。于是我们把“势”字作为作者议论的关键词。

“赂秦”只是表象，失“势”才是本质。当时有秦灭六国之“势”，也有六国“并力西向”之“势”。苏洵认为“六国破灭，非兵不利。战不善，弊在赂秦”的结论，实际上是认为六国在战略上失去了与敌人较量的勇气，在秦国强大气势的威压下，自我失“势”，自甘灭亡。而当时北宋王朝与辽、西夏政权的对峙也是双方“势”的较量，更何况北宋是一个统一的王朝，其国力远在六国之上，更不应该重蹈六国破灭的覆辙。

（三）教学扫描三：深入理解本文议论的严密性

在明确了文章的主旨和文体后，再引导学生反思之前的质疑，从“势”的角度重新看前三段的议论是否严密。

师：进行思辨阅读，不仅要大胆质疑，还有紧扣文本，自我反思。在理解了文章的主旨之后，我们再回过头来看看文章前三段的议论和我们之前的质疑，你有哪些新的发现？

生：“六国破灭”的“破灭”不是简单的灭亡，而是带有破裂被消灭的意思，作者将六国看作一个整体，强调了韩魏楚三国“赂秦”造成的破坏性影响，不仅有损六国实力，更使得六国士气大减，丧失了与秦国对抗的勇气。

生：“今日割五城，明日割十城，然后得一夕安寝。起视四境，而秦兵又至矣”虽然是很夸张的说法，没有具体史实，但形象生动地表现了六国“赂秦”之后丧失了与秦对决的勇气，同时又助长了秦国蚕食诸侯、吞并天下的野心。

师：“狭路相逢勇者胜。”两军交战，士气至关重要。如果六国“并力西向”的话，秦国不可能这般轻易地蚕食诸侯。

生：我突然觉得，“较秦之所得，与战胜而得者，其实百倍；诸侯之所亡，与战败而亡者，其实亦百倍”所说的并不是土地。如果六国为了求和割让给秦国的土地是因战败丧失的土地的百倍之多的话，求和还有什么意义呢？这于情于理都说不通。作者用“其实”两个字，表明另有所指。

生：韩魏楚三国向秦割地求和（“赂秦”），不仅失去了土地，更是失去了与秦对抗的勇气和信心，也就是失去了“势”，造成的损失比打了败仗还有严重；反过来说，秦不战而屈人之兵，坐收城池于囊中，这就更加助长了秦的嚣张气焰。

师：所以作者说，“则秦之所大欲，诸侯之所大患，固不在战矣。”

生：齐人“与嬴而不助五国”，同样也是削弱了六国威势而助长了秦国的侵略野心。

生：燕国派荆轲去刺秦王，这是旁门左道、雕虫小技，反倒削弱了自己的威势，助长了秦灭燕国的气势，所以作者认为燕国的做法不可取。

生：赵王听信小人谗言，误杀了名将李牧，这表明君臣不和、上下异心，大大削弱了赵国的气势。

……

《六国论》是将六国作为一个整体来立论的。当然，六国各有各的利益，它们之间经常你争我斗，合纵也只是一个松散的联盟。作者把六国当作一个整体来立论，是一种理想化的处理方式。而且作者谈论的历史似乎只限定在秦王嬴政统一六国这个时间范围。教师要让学生明白，如果单从史学角度来说，苏洵这样处理是有些脱离历史语境的，但如果从写作兵书或者策论的角度看，苏洵这样处理又是合乎情理的。

在学生们认同本文议论的严密性之后，我又引导他们思考文章中还有少数内容是文学笔法，不能当作史实看待：如“思厥先祖父，暴霜露，斩荆棘，以有尺寸之地”目的是强调韩魏楚开创基业、拓展疆土的不易，与分封制并不冲突；再如，“赵尝五战于秦，二败而三胜”一句，未道明五场战役的具体时间，只能根据后文“后秦击赵者再，李牧连却之”推断为公元前 233 年之前，有人认为苏洵这句话是用典，引用的是《战国策·燕策》中纵横家苏秦的说辞，本不可信。这个地方也不必纠结，作者只是想表明赵国有反败为胜的可能性。

通过这一轮分析，学生们真正认识到《六国论》逻辑严密，议论切中时弊，加上语言颇有气势，确实是名篇佳作。

三、思辨读写

苏轼苏辙兄弟也各写了一篇《六国论》，请你比较它们和苏洵《六国论》在议论上的异同，并说说为什么苏洵的《六国论》名气最大。

四、教学资源链接

1. 谢澹，从《六国论》谈古代名篇的思辨教学［J］，语文学习，2018（8）。

2. 陈文忠,《六国论》的文人之意与历史逻辑［J］，中学语文教学参考，2019（3）。

3. 李元洪,《六国论》——建立在沙滩上的大厦［J］，中学语文：下旬，2012（10）。

4. 罗秉相，策论《六国论》的文本内涵［J］，语文教学与研究：读写天地，2016（3）。

虚无与诗意超越

——《春江花月夜》思辨教学案例

西北工业大学附属中学　郑刚

一、核心问题：人怎样以一己之力面对阔大无尽的宇宙？

《春江花月夜》是唐代最为璀璨的诗篇之一，清末学者王闿运评价其“用西洲格调，孤篇横绝，竟为大家”。学者兼诗人的闻一多称其为“诗中的诗，顶峰上的顶峰”。关于《春江花月夜》的教学案例较少，且大多都是互相借鉴，这些案例中的重难点和教学活动主要有以下几方面：

1. 通过知人论世，了解本诗创作的背景。
2. 通过分析意象，想象本诗描写的美丽画面。
3. 通过思考讨论，探究本诗深刻的哲理。
4. 通过配乐朗读，把握本诗优美的语言。

在这些案例中，最突出的问题是“割裂”：创作背景与诗歌内容割裂，老师在介绍了作者和历史背景之后就将之抛在一边，知人论世并没有帮助学生理解诗歌；诗歌的独创性和时代的普遍性割裂，杰出的文学作品一定是独一无二的，但另一方面它也必然反映出整个时代的精神风貌，这两者应该是辩证统一的，这些案例有的偏重于展现初唐雄浑开阔的气象，有的侧重分析这首诗对宫体诗的突破，未将两者统一；诗歌理与情的割裂，诗歌从开始到“但见长江送流水”着重表达诗人的“宇宙意识”，从“白云一片去悠悠”到结束重点展现游子思妇的爱情，老师分别进行讲授，但没能阐释两部分内在的理、情的统一。

中国古典诗文的文学性主要集中在语言（符号）性、情感（心灵）性、意象（形象）性、想象（虚构）性等四个方面。对于古典诗歌来说，情感是中心，在教学中应把本诗的“情感性”作为中心，找出情感内蕴上的一致之处，然后对其语言性、意象性、想象性三个方面进行分析鉴赏，局部的分析是为整体的鉴赏服务。

本诗的核心问题，是人如何以一己之力面对阔大无尽的宇宙。

在教学中，首先让学生结合注释自主梳理、朗读；然后由老师进行分析鉴赏；课堂的教学重点放在对诗歌“宇宙意识”和“游子思妇图”的探讨；最后带着理解后的感情重新朗诵本诗。这样，整个课堂教学，由感性出发，然后理性分析鉴赏，最后再回归感性。将学生的生命意识与张若虚的宇宙意识结合，将游子思妇相望相思之情上升到学生自己对人与人之间情感的审视和珍重。

本诗的具体教学环节如下：

（一）课前预习：课前结合注释，梳理本诗的大意；根据自己的理解，带着情感朗读本诗；利用各种资源，查找本诗的写作背景。

（二）教学重点：分别梳理三个部分的诗歌内容，然后进行整体把握。

1. 张若虚笔下的“春江花月夜”有什么特点？

2. 为什么“江月”会引发诗人深邃的哲学思索？

3. 游子思妇图有什么作用，诗人是如何表现的？

4. 本诗三个部分是什么关系，能不能颠倒顺序？

5. 朗诵本诗，把握韵律和情感，从外在的形式对全诗进行把握。

（三）教学拓展：思考人该如何面对宇宙，确知自我存在的意义。

二、教学扫描及反思

（一）教学扫描一：《春江花月夜》产生的历史背景，及其在唐诗发展史上的重要意义。

杰出的文学作品是独一无二的，它既借鉴了前代文学创作的经验，也用文学的方式映照出这个时代的精神面貌。“知人论世”，对于文学创作来说，这个“人”就是作者，“世”就是时代。但学生在这里却遇到了难题。

师：优秀的文学作品是独一无二的，《春江花月夜》具有一定的开创性，你觉得本诗和这一时期其他诗有什么不同？

生：我觉得本诗避免了宫体诗的缺点，没有浮华艳情的内容。宫体诗作品绝大多数皆以爱情为题材，其风格纤柔绮丽、浮靡轻艳。

生：我觉得这首诗的独特性就在于它虽然运用了“春江花月夜”的旧题，但开创了新的诗歌境界，境界阔大、思想深刻，后面对爱情的描绘也充满深层的伤感。

师：古人读诗，讲究知人论世。关于作者，你们了解到什么呢？

生：根据现代的研究，作者是初唐诗人，“吴中四士”之一，生卒年不详。他只流传下来了两首诗。

师：同学们的分析有一定道理。大家还可以分析本诗和时代的关系，文学作品往往与时代相互映衬，审美是一个时代人们内在精神的外在表现，而文学作品就是精神的重要载体。

……

一个时代有一个时代的审美。唐代结束了数百年的分裂和内战，在政治、军事和文化上逐渐走向强盛；在思想上，经过魏晋南北朝“人的觉醒”。国力强盛，经济走向繁荣，审美开始由宫廷的走向民间，由之前的浮华，走向壮阔雄浑。唐初，这种觉醒和壮阔的时代交融，形成一种雄浑壮阔的诗歌风格。

“海内存知己，天涯若比邻”“念天地之悠悠，独怆然而涕下”等诗句，《长安古意》和《代白头翁》等长诗，由狭小的个人境遇，开始放眼苍茫的天地，但视线还聚焦在个人的人生境遇，传达上层知识分子时光流逝、壮志难酬的感慨。时代的生机正在勃发，但时代的声音还没有发出。这一使命，需要一个神秘的人物来完成，他就是张若虚。

这首诗的三部分中，第一部分沿袭的是宫体诗的套路，第二部分开始发出大唐的时代之音，到第三部分则表现了古往今来人们通过月亮寄予的情感。

在此诗中，张若虚超越了一己的生命短暂的感慨，而是代表整个人类向苍茫的宇宙发出了慨叹。

（二）教学扫描二：分析《春江花月夜》的意境、哲理、情感，把握诗歌的意趣、理趣和“情”趣。

通过意象把握诗歌的内容和情感，是惯常的做法。“春江花月夜”是《清商曲·吴声歌》旧题，通过比较，更能把握本诗的独特性。

师：张若虚借《春江花月夜》描绘的画面，与隋炀帝的《春江花月夜》有哪些不同？

生：杨广描绘的画面更明艳、华丽一些，“暮江平不动，春花满正开。流波将月去，潮水带星来”。而张若虚所表现的画面则比较素净，重点突出的是白色，同时层次也更丰富一些，除了视觉、听觉，还写到了嗅觉。

师：分析得较为细致，可以再从画面的空间感上进行比较。

生：杨广表现的是自己眼见的景象，而张若虚表现的画面则极为阔大：春江和大海连为一体，大海和天空连为一体，明月在浑然一体的天地里生起；“千万里”和“何处春江无月明”，则将空间延伸到了月光所能照射到的所有江水。

生：张若虚还有意去掉了这个空间里的其他颜色，只保留着白。在月光下，花“皆似霰”，霜“不觉飞”，白沙“看不见”，天地之间似乎纯净到极致，空间也就被扩大到了极致。

通过对意象的分析，我们了解到诗歌开篇所营造的阔大素净的意境。然后让学生闭上眼睛，想象自己处于这样的纯净、阔大、芬芳的春江花月夜之中，感受诗歌的“意趣”。接下来，我带着学生来分析诗歌第二部分，探究本诗的“理趣”了。

师：张若虚用“江天一色无纤尘，皎皎空中孤月轮”对前八句诗表现的意境做了总结，广阔的明净天地之间，孤悬着一轮圆月。我们看诗歌的第二部分，诗人提出了什么问题？

生：江畔何人初见月？江月何年初照人？

师：你来回答一下张若虚的这两个问题。

生：（沉思良久，摇头）不知道。

师：这不是一个科学问题，而是一个美学问题。著名科幻作家阿瑟·克拉克在《2001：太空漫游》中写道，“所有曾走在地球上的生物中，猿人是第一批会凝视月亮的。”

生：我想用诗意的方式这样表述：当第一个猿人注视太空中的明月，开始去领略其中的美时，人类就出现了。因为，人类是地球上唯一会欣赏美并保存、再现美的动物。

师：说得真好！我们继续来看诗歌中是怎样描述“人”和“月”的关系的。

生：人生代代更替，但江月看起来却似乎没什么变化。

师：为什么是“江月”，而不是“月”呢？

生：子在川上曰：逝者如斯夫不舍昼夜。江水日夜不停流淌，代表时间的流逝，一去不返。这正如人，代代更替，但逝去的人再也不会回来了。

生：“江月”似乎在哪里等待谁，但他等的人似乎始终没来。只看到时间像江水一样流逝。

生：古人言，四方上下为宇，古往今来为宙。《春江花月夜》中，这广阔的空间和旷远的时间，不就是宇宙么？人在宇宙中实在短暂渺小呀。

师：越来越沉重伤感了。人该如何以一己之力面对阔大无尽的宇宙，就是本课的核心问题。我们先来看“江月”意象：“江”象征着流逝的时间，“月”阴晴圆缺却“卒莫消长也”，象征着永恒。“江月”就是流逝和永恒统一的意象。当你抬头看月亮的时候，月亮不就在看着你吗？“江月”孤独地存在着，她或许就是在等待着那个凝视她的人。

生：这么说来，我抬头看月亮，就说明月亮等的人就是我喽。（众笑）

师：是啊，月亮就是在等着那个用审美的眼睛审视她的人呢。海上生明月，天涯共此时。古往今来，身处不同时空的人们，因为曾凝视过同一个月亮，而获得一种共同的情愫。

通过以上的讲解和分析，我们掌握了本诗的“理趣”，但诗歌毕竟不是哲理散文，诗歌偏重于形象思维，而哲理则多是抽象的逻辑思维，这是两种截然不同的思维方式。诗歌固然需要逻辑和推理，但在创作和欣赏时，都依赖意象——直觉方式。概念和推理常常隐没于审美意象和审美直觉的氛围之中的。

接下来就分析诗歌的“情趣”。

师：在诗歌的第三部分，表现了几个场景？

生：“白云一片去悠悠，青枫浦上不胜愁。谁家今夜扁舟子？何处相思明月楼？”这几句是一幅“游子思妇图”，在水面摇动的扁舟上，游子思念故乡的爱人；明月朗照的楼上，思妇想念着远方的游子。

生：“谁家”“何处”可以看出不止一家、不止一处有这种离愁别恨。一种相思，两处离愁。

师：诗人用设问句，提出问题，强调了这种寄托在明月上的离别相思之情的普遍性。可以看成是古往今来的游子思妇的离别相思图，所表现的不是达官贵人的闲情逸致，而是平民百姓共有的离愁别绪。那接下来的场景呢？

生：从“可怜楼上月徘徊”到“鸿雁长飞光不度”是“明月闺阁图”，从“昨夜闲潭梦落花”到“落月摇情满江树”是“江湖游子图”。

师：我们先来看“明月闺阁图”，诗人选取了哪几个能表现思妇形象的意象？

生：“楼”“月”“镜”“户”“帘”“砧”，这些意象都具有女性特征，是妇女生活劳动常见的意象。

师：这些意象还有什么共性？它们是如何组成一个和谐连贯的整体的？

生：是用“月”这一意象串联起来的。月光照着在楼上徘徊的思妇，勾起思妇内心的惆怅，她的容颜可能随着时光流逝，便去照镜；月光不仅照在镜子，还照在帘子上，在捣衣砧上。月光就是思妇内在愁情的外化，挥之不去，拂之又来。

师：月光无远弗届，无声地超越了空间。月光无处不在，相思之愁也如影相随。相思之苦有没有排解的途径呢？

生：没有。虽然同望一轮圆月，但自己的心意没办法通过月亮传达，“鸿雁”“鱼龙”也不能传信。在澄澈的月光下，思念像一杯酒，表面平静，但内在却很浓烈。

师：那此时的游子呢？他在做什么，想什么呢？

生：他在江湖间漂泊，也在思念着思妇。

师：诗人刻画游子，重点强调的是什么？

生：重点表现的是时间流逝。“落花”既表示春天快要过去，和“春半”“江水流春去欲尽”形成照应，也象征着美丽容颜的衰老。江水流春，流去的不仅是自然的春天，也是游子的青春、幸福和憧憬。

师：明月西沉，游子回去了没有？他为什么回不去呢？

生：没有回去，因为“碣石潇湘无限路”，“碣石”在北方，“潇湘”在南方，一南一北表现的是自然对人的阻隔。长路漫漫，有家难回。

以上“游子思妇图”“明月闺阁图”“江湖游子图”三幅图画是诗歌第三部分的主要内容。如何理解最后两句诗表达的情感，成为难点。

师：最后两句诗可不可以改为“游子乘月有人归，落月摇情满江树”？两种结尾哪个更好一些？

生：（笑）这不就是大团圆结局了么。我觉得悲剧更耐人寻味，也更深刻一些。

师：把游子不能回乡视为悲剧，是不是有些拔高了。

生：原诗说“不知乘月几人归”，就包含老师您说的“有人归”，同时原诗的内涵更为丰富，还包含着“有人归、有人未归”和“无人归”两种情感。哀而不伤，有一丝温情在其中。

师：你分析得很好，从内涵上看确实原诗更为丰富一些。还能不能从其他角度分析呢？

生：“几人归”包含很多不确定因素，似乎在向读者发问，能够让读者产生思考，更具有代入感。我们在读这首诗时，和诗人、和古往今来的读者一起共同创建这一美妙的诗境，一起沉浸在这一淡淡的忧伤的氛围中。

生：“落月摇情满江树”是以景结情，加上前面“不知乘月几人归”，好像一幅画的留白，诗人没有把诗意填满，反而生发出更多的诗意，让读者去品味。从效果上看，诗句在这里结束了，诗意依然继续荡漾。

（三）教学扫描三：《春江花月夜》前后两部分的内在联系。

诗歌的三个部分并不是彼此割裂的，而是一个整体的存在，彼此之间呼应和互补，从而扩大诗歌表现的内涵。俄国形式主义将语言分为三类，日常语言、科学语言和情感语言。[①] 文学语言主要诉诸形象，通过形象来传达情感。在审美时，我们既要有能力从整体出发进行细部的分析，同时也要能将细部还原为一个整体，进行欣赏。

师：张若虚的思路是怎样的？

生：由春江花月夜，到江月，由江月到古今离别相思之人，由相思之人重点刻画游子思妇。

生：以月亮作为时间的表征，整首诗从明月初升写到月落：由月生，明月当空，明月西斜，再写到月落；月色由开始的“皎皎空中孤月轮”的明亮，到

① 孙绍振、孙彦君，文学文本解读学，北京：北京大学出版社（2015），241 页。

结尾时“斜月沉沉藏海雾”的朦胧。

师：你很敏锐地说出了本诗内在逻辑的一个方面。大家能不能从其他角度进行分析呢？

生：本诗的韵律节奏也很有特色，从单个句子来看，基本上都是“2—2—1—2”的节奏，尽管每句诗的内涵不同，但由于每句诗的节奏一致，使整首诗读起来浑然一体，毫无违和感。

生：这首诗的换韵也很有特点，韵脚很有规律，读起来朗朗上口。

师：吴翠芬老师在《唐诗鉴赏辞典》中指出，诗的情感热烈、深沉，而诗读起来却自然、平和，犹如脉搏一样有规律、有节奏。全诗36句，每4句一换韵，共换9韵。诗人将仄声韵和平声韵交互杂沓，高低相间，依次为洪亮级（庚、霰、真）——细微级（纸）——柔和级（尤、灰）——洪亮级（文、麻）——细微级（遇）。这首诗的韵脚和情感结合得恰到好处，同学们可以通过朗读来感受这种变换。

“一切的美的光是来自心灵的源泉：没有心灵的映射，是无所谓美的……张若虚的诗有其深度、高度、阔度……中国人于有限中见到无限，又于无限中回归有限。我们从无边的世界回到万物，回到自己，回到我们的‘宇’。”①

张若虚认识到虚无，并超越了虚无。没有认识到虚无，是盲目的乐观主义者；而被虚无吞噬，则是消极厌世主义者。美意味着各部分的和谐，在这首诗中诗歌的形式、内容、情感和韵律达到了完美统一在一起。从思想上看，张若虚站在时代的交点上，借鉴了前代诗人的有益探索，通过他天才的笔触，书写了盛唐之音的前奏。

三、思辨读写

1. 隋炀帝杨广也曾以“春江花月夜”为题写过两首诗，请你从意象、意境和情感三个角度比较分析张若虚的诗作与杨诗的异同。

2. “月”是中国文人最偏爱的意象之一，请你搜集相关的文学作品，并进行归纳分析，总结出“月”意象在文学作品中的思想内涵。

① 宗白华，美学散步，上海：上海人民出版社（1981），59页、74页。

四、教学资源链接

1. 吴翠芬,《〈春江花月夜〉鉴赏》《唐诗鉴赏辞典》，上海：上海辞书出版社，2013年8月。

2. 闻一多,《唐诗杂论》，北京：北京出版社，2016年7月。

3. 李泽厚,《美的历程》，北京：读书·生活·新知三联书店，2009年7月。

4. 宗白华,《美学散步》，上海：上海人民出版社，1981年6月。

真问题驱动真思考

——《伶官传序》教学案例

上海市新场中学　刘敏

一、核心问题：欧阳修为什么这样表达自己的政治主张？

《伶官传序》是欧阳修为《新五代史·伶官传》所写的序文，原本就不是一篇独立的文章。本文用唐庄宗得天下和失天下的史实来论证国家盛衰和“人事”有关的观点，推出了“忧劳可以兴国，逸豫可以亡身”的结论，并提出“祸患常积于忽微，而智勇多困于所溺”的警戒，希望当朝统治者能够以史为鉴。

在研究《伶官传序》的众多教学案例和教学设计中，教学目标和教学内容大概集中在以下几个方面：

1. 内容：理解“满招损，谦受益”，“忧劳可以兴国，逸豫可以亡身”，“祸患常积于忽微，而智勇多困于所溺”等句子的内涵及其对人生的启示。

2. 结构：把握文章清晰严谨的论证结构，模拟对比举证的文章结构，学习议论类文章的经典范式。

3. 论证方法：学会筛选主要观点、论据，学习运用例证法、对比论证法阐明事理的方法。

4. 用史的方法：学习如何选材、剪材、用材来证明观点。

5. 语言：通过研究句式的变化，反复诵读，体悟不同句式在表达思想情感上的作用与效果。

这些案例和设计有对于写作思路、论证方法的研究，也有对于语言特点的探讨，但是大部分都是教师认为这篇文章应该用来教什么，而不是从学生的真实问题出发，学生真正的学习和思考没有发生。所以，结合学生的实际情况，我将本文的核心问题定为“欧阳修为什么这样表达自己的政治主张”。

要解决这个问题，首先要弄清楚的就是欧阳修在这篇文章中的观点是什么。“盛衰之理，虽曰天命，岂非人事哉”“忧劳可以兴国，逸豫可以亡身”“祸患常积于忽微，而智勇多困于所溺”，这三句话之间的内在联系是什么，这是第一个教学关键。如果学生在实际阅读过程中，弄不清楚本文的中心论点是什么，那么所有方法的研究和探讨都是多余的，所以删选出文章的观点，理清几句阐释句之间的关系是首要的，这虽然是最基础的问题但是很真实，绝对不能忽略。

第二个问题就是作者是如何用唐庄宗受三矢完成父亲遗愿后又宠信伶人败国丧身的史实来证明自己“盛衰之理”在于“人事”的观点的。这就涉及论证方法——抑扬对比。从唐庄宗接受父亲遗命的 908 年到亡国的 926 年，一共 18 年，其中完成父亲遗命 15 年；后来庄宗开始享乐，从重用伶人到败国丧身仅仅用了 3 年。15 年的奋斗拼搏艰辛而漫长，而 3 年的安闲享乐荒唐而短暂，抑扬对比，再用一句“岂得之难而失之易欤”指出“抑本其成败之迹而皆自于人欤”的观点，得出“忧劳可以兴国，逸豫可以亡身”的结论，并以此来提醒当朝统治者“祸患常积于忽微，而智勇多困于所溺”，人君当居安思危，防微杜渐。

有学生问为什么写伶官的笔墨很少？实际上学生的这个问题隐含的就是第三个问题：作者为什么这样表达自己的政治主张？这就指向了写作意图，直指本文的现实针对性。有一些研究认为《伶官传序》只描写庄宗如何轻易失去天下，从侧面指出了失败的原因在于宠信伶人，论证不严密。但我比较赞同文章运用了“互见法”的说法。文章题为《伶官传序》，却主要以“矢”为线索，极力铺陈庄宗得天下的过程，证明了“忧劳可以兴国”；涉及伶官的笔墨很少，也没有“逸豫可以亡身”的事实论据，庄宗宠信伶人的史实在《新五代史·伶官传》中有详细的叙述，两者互为补充，不会显得重复无味。文章以“岂独伶人也哉”揭示了导致国家灭亡的原因不只是“宠信伶人”，还有可能有很多别的原因，这话正是说给也有可能犯类似错误的当时的统治者看的。北宋统治岌岌可危，北方少数民族不断进犯，北宋朝廷却不图变革，忍辱吞耻，年年纳币输绢，以求苟安。在这样的历史背景下，欧阳修写“忧劳可以兴国，抑郁可以亡身”“祸患常积于忽微，而智勇多困于所溺”，旨在让北宋统治者下定决心，发愤图强。再结合“盛衰之理，虽曰天命，岂非人事哉”这一句，那么“岂独伶人也哉”的慨叹，就直指本文的写作意图了。

基于以上思考，从学生的真实问题出发，设计以下几个主问题，从内容到形式再回到内容，循序渐进，形成有效地思考路径：

（一）预习作业

（1）根据要求，完成翻译任务单。

（2）根据自己对文章的初步理解，提出疑问，小组交流释疑并提交疑难问题。

（3）补充阅读《伶官传》，了解其主要内容即可。

（二）教学重点：探究欧阳修这样表达自己政治主张的原因。

为了解决这一问题，我设计了三个主问题：

1. 本文的中心论点是什么？

2. 作者是如何用“史实”来表达自己的“政治主张”的？

3. 作者为何这样表达自己的政治主张？

二、教学扫描及反思

（一）教学扫描一：探讨三句阐释句的内在联系，判断中心论点。

在梳理文章的主要内容之后，学生对于哪句是中心句产生了分歧。

师：本文的中心论点是什么？

生：“忧劳可以兴国，逸豫可以亡身”。

师：解释一下句子，并告诉我为什么？

生：忧虑辛劳可以使国家兴盛，安闲享乐会使自身灭亡。因为文章主要是在说庄宗先忧劳打下了天下，然后安闲享乐了就失天下了，文章的例子就在证明这个观点。

师：好像蛮有道理的，有没有不同意的？

生：我觉得不是这句，因为例子讲完以后有一句“抑本其成败之迹而皆自于人欤”，这句话表明庄宗的例子是为了说明他成败的关键是人，所以我觉得应该是“盛衰之理，虽曰天命，岂非人事哉”。

师：你能解释一下这句的意思吗？

生：还是探求他成功失败的事迹都是由于人事呢？

师：怎么跟你的论点句关联起来？

生：“盛衰之理”这句话的意思是说虽然大家都认为国家的治乱、朝廷的盛衰取决于天命，其实却也和人的所作所为有关。跟人有关系就跟“抑本其成败之迹而皆自于人欤”这句一样了。

师：所以，你认为论点句是“盛衰之理，虽曰天命，岂非人事哉”？那用反问句的意思是什么？

生：强调，强调“人事”对国家兴衰的重要性。

师：好的，大家同意吗？（大部分点头）如果是这句的话，那么另外两句有什么用？跟中心论点有关系吗？

生：“祸患常积于忽微”这一句像是论证结束以后的呼吁口号，跟前面的论述没有很大的关系就是提醒警戒，要以史为鉴。

师：嗯，要以史为鉴，那这句话就是文章的？

生：写作目的。

师：好，这句解决了，那么前面两句有什么内在联系吗？（学生茫然状）

师：我们从句子本身出发一起来看一下，“盛衰之理，虽曰天命，岂非人事哉！”这句话强调了国家的盛衰和人的所作所为有关系。“忧劳可以兴国，逸豫可以亡身”的主语是什么？谁忧劳？谁逸豫？

生（全体）：统治者/人。

师：现在能说说这两句话的关系了吗？

生：我觉得“忧劳可以兴国，逸豫可以亡身”是“盛衰之理”这一句的具体化，包含在里面的，“忧劳”“逸豫”对应“人事”，“兴国”“亡身”就是“盛衰”，是一个意思，就是一个大的包含在里面了。

师：所以，你认为中心论点是？

生：“盛衰之理，虽曰天命，岂非人事哉”。

师：我们把三句话放回文中，理一理它们之间的关系，文章一开头就提出中心论点“盛衰之理”，然后用庄宗得天下与失天下的史实证明了具体的人的作为影响国家盛衰的结论——“忧劳可以兴国，逸豫可以亡身”，最后告诫统治者“祸患常积于忽微，而智勇多困于所溺”，要以史为鉴。

……

思辨的基础是真实的问题，学生的真实问题就是判断不出中心论点是哪一句。原因是多方面的：第一是预习不充分，文章没有看懂；第二，论点是需要证实的，看作者在用材料证明什么就能明白论点指向什么，这就可以排除“祸患常积于忽微，而智勇多困于所溺”这一句了；第三，在两句好像都是论点的状况下，回到文本里去找到答案。相当一部分学生认为“忧劳”这一句是论点的原因就是因为庄宗的史实里面主要在论述这个，而忽略了例子后面直接跟的那一句结论是“抑本其成败之迹而皆自于人欤”。所以，这个问题刚开始让好多同学都没有办法讲清楚。

（二）教学扫描二：既是为《伶官传》写序，为何涉及伶官的笔墨极少？

学生能够比较明显地感觉到作者用“抑扬对比”的手法凸显落差以强调自己的观点，所以重点放在解决学生课前提到的疑问：为什么文中涉及伶官的笔墨极少？

师：你们觉得伶官这个官职在朝廷上应该管什么的？

生（全体）：音乐、舞蹈、唱戏等吧。

师：我们一般都是这样认为的，但阅读过《伶官传》后，我们知道本文中的伶官是管什么的？

生（全体）：参与政事，掌管政权的。

师：《伶官传》中写庄宗因为自己喜欢演戏，喜欢伶人，不仅自己扮伶人，还让不少伶人参与政事并掌权。既然《伶官传》里已有详细的叙述，如果本文还详细地写，那么？

生（全体）：重复了。

师：嗯，这是第一点。（PPT 补充：“互见法”，司马迁在《史记》中所创造的一种述史方法，即一个人物在本传和别人传记中互见，从而使得史实材料更完整、人物性格更丰富。）还有没有别的原因？

生 1：这边写得少可以和前面形成对比，感觉到灭亡得快，和《阿房宫赋》里阿房宫建的时候的豪华奢靡语句很多，灭亡的时候也只有几句话，形成反差。

师：嗯，你说的是这段的论述笔墨少的好处。清代沈德潜评价本文说："抑扬顿挫，得《史记》精髓，《五代史》中第一篇文字。""抑扬对比"和"互见法"是本文写法上比较突出的特点。还有没有别的原因？

生2：文章好像不是要写伶官。

师：你为什么这么认为？

生2："岂独伶人也哉"，不是只有伶人啊。

师：什么不是只有伶人？主语是什么，讲完整？

生2：前面一句"祸患常积于忽微，而智勇多困于所溺"，是说祸患的产生常常是在微小的事物中积累，有智慧、有勇力的人常常因为沉溺某事物不能自拔而陷入困境，祸患和困境不只是伶人。

师：会让国家产生祸患和困境的不只是伶人，还有别的那些"忽微"和"所溺"是这个意思吧？

生2：嗯。

式：我们刚开始就有同学提到这篇文章的写作目的是？

生（全体）：以史为鉴。

师：以什么历史为谁借鉴？借鉴什么？

生（全体）：以庄宗宠信伶人败国丧身的史实来劝谏当时的统治者要以史为鉴。

师：借鉴什么？

生（全体）：（不答）

师：讽谏北宋统治者不要宠信伶人？[PPT补充资料：欧阳修（1007—1072）。宋真宗于997年继位，在位共25年。前期颇为勤勉，但军事上却无所作为，他不顾寇准等人的反对，与辽国议和，签订"澶渊之盟"，每年向辽国进贡。后期任用王钦若大兴祥瑞，东封泰山，西祀汾阳，又广建佛寺道观，劳民伤财。宋仁宗于1022年继位，在位共41年。继位时只有12岁，由章献太后垂帘听政。他在军事、政治等方面均无大作为，后与西夏交战战败，被迫进贡；起用范仲淹变法，最终也遭遇失败。

欧阳修生活的年代，历经宋真宗宋仁宗两朝，主要是仁宗时代，真宗、仁宗两位皇帝有相似的致命弱点，军事无能，与外族议和、进贡。澶渊之盟后，宋真宗每年要向辽国进贡白银十万两，丝绸二十万匹；宋仁宗每年向西夏进贡白银十五万两，丝绸十五万匹，茶叶三万斤。]

……

师：欧阳修为一群败政乱国的伶人作传写序，目的是通过伶官受宠而乱政的史实，论证国家的兴盛在于“人事”的观点，总结历史教训，儿“岂独伶人也哉”是为了提醒当时的北宋统治者一味地靠进贡国家也会陷入危险，要以庄宗为鉴，居安思危，防微杜渐，这是本文的现实针对性的体现。

学生喜欢用套话术语去套答案，而不是真正的分析，所以在课堂推进过程中需要不断地追问，让学生表述清晰，含混的答案一般是学生还没想明白，只有表述清晰了才能表明他是想清楚了。这篇序文，原本就不是为了写史，而是要说理，伶官的笔墨自然不多。而且伶官的相关历史在《伶官传》中已经有了详细的叙述，就不必重复了。作者以庄宗宠信伶人致使国家败亡的史实来论证国家兴亡盛衰之理，其实庄宗亡国的原因是多方面的，但欧阳修却把宠信伶人单独列出来论述，是他自已表达观点的需要，为了强调他总结的历史教训，伶人只是“忽微”和“所溺”的其中一种表现而已，他所针对恰恰是当时北宋朝廷的各种看似“忽微”实际上是祸患的进贡等等情况，其实在当时是有很强的现实针对性的。

三、思辨读写

欧阳修认为“盛衰之理，虽曰天命，岂非人事哉”，你是如何理解这句话的？你是否同意他的看法，请提出你的看法并阐述理由。

四、教学资源链接

1. 郜宇，《1979 年以来〈伶官传序〉研究综述》，《中学语文教学参考 · 高中》，2018.11。

2. 章桂周，《显隐互见两相宜——〈伶官传序〉的“互见法”》，《语文教学之友》，2019.8。

3. 鄂冠中，《走出文本浅易解读的怪圈》，《中学语文教学参考 · 高中》，2015.4。

4. 戴继华执教，陈明华、曹津源、时金芳评析，《“真境”，别样的课堂风景——〈伶官传序〉一课教学与评析》，《教育研究与评论》2019 年第 7 期。

你落泪了吗？

——《陈情表》教学案例研究

上海师范大学附属中学　陈琢

一、核心问题：读《陈情表》我们为什么难以落泪？

《陈情表》是一篇经典的文本，是高中语文教材的传统篇目。在教材编写意图说明中有如下文字："本单元的主题是'家园亲情'，旨在让学生通过本单元的学习，增强家园意识，珍惜亲情，懂得感恩。《陈情表》是向朝廷陈述不就职的情由，因而要充分理解情由是什么，才能把握全篇的内容，理解和传承'孝'的意义。"古人也有很多对《陈情表》的经典评价：如《古文观止》的评价是"历叙情事，俱从天真写出，无一字虚言驾饰""至性之言，自尔悲恻动人"。苏轼的评价是"读《出师表》不下泪者，其人必不忠；读《陈情表》不下泪者，其人必不孝；读《祭十二郎文》不下泪者，其人必不友；读《报任安书》不下泪者，其人必不为人"。清代林云铭《古文析义》的评价是"纯是一片至性语，不事雕饰，唯见天真烂漫"。但在自己的教学实践中，或许由于自己的理解和悟性不够，抑或语言感染力的匮乏，说实话，很难让自己和学生落泪；我也有幸聆听过一些老师关于《陈情表》的公开课，虽然也声情并茂，但似乎也并没有让人真正落泪，即使是动容的也难得一见，更不要奢求动心动情了！那么，造成这种尴尬困境的深层次原因是什么？仅仅是因为时代的鸿沟、教师的素养、我们情感的干瘪、抑或是没有同理心吗？还是有其他的原因呢？余党绪先生在《思辨性阅读，走向真知的必由之路》一文中这样写道："文本是思辨阅读的基石，这是展开思辨性阅读不可或缺的基本理念。陈思和先生说对文本要有一种‘信仰’强调的也是这个意思。”所以，还是让我们以文本为坐标，去探寻作者内心的“原点”吧！

《陈情表》一文的教学案例众多，教学目标和教学重难点大多集中在以下几个方面：

1. 了解“表”这类文体的基本特点和相关常识。感受古人知恩尽孝、敬老爱老的传统美德；

2. 学习作者“动之以情，晓之以理，融情于事，汇理于情”的表达技巧；

3. 赏析文章骈散结合的语言风格。

无论是对文化常识、传统美德、语言风格还是句式特点的学习，都是围绕着本单元的要求——家园与亲情，弘扬传统的“孝”字展开的。这诚然是符合课程设置标准的。但我们在阅读文本时，是否会根据前人大家的评论，或者它所处的课本位置，就先入为主地“画地为牢”了呢？

基于此，我的教学设计分为以下几个环节：

（一）知人论世：请学生查找本文写作的时代背景；

（二）教学重点：探究“陈情”的“情”字外延与内涵；

（三）设置情境教学法；设置问题如下：

1. 诵读课文，概括李密在《陈情表》中都陈了哪些“情”？

2. 如果你是李密，生活在魏晋时代，晋武帝要你出仕，你要拒绝，还有哪些理由可以使用？

3. 如果你是晋武帝，你要维护你的统治，李密的哪些理由你认为是可以接受的？哪些理由你不能接受？

4. 通过情境设置和换位思考，你们觉得李密在《陈情表》中要表达什么“情”才是最核心的？（这也就突破了“我们为什么难以流泪”这个核心难点）

二、教学扫描及反思

（一）教学扫描一：概括《陈情表》中“情”字的外延和内涵？

学生们在了解时代背景的基础上，能迅速围绕核心问题，比较准确地概括段意，初步理解核心概念词“情”字的外延与内涵，即作者命运多舛的哀情，祖母对自己的养育之情，自己对祖母的感恩之情，对皇恩浩荡的感激之情，自己进退两难的心情。但是对于理解哪个“情”是最核心的，学生们的回答出现了分歧。

生1：我认为命运多舛的哀情是最重要的，忠孝难以两全的情况下，常理都是先尽忠再尽孝、舍小家为大家，所以在不合常理的情况下，只能以情动人，文章第一段以四字短句，“生孩六月，慈父见背；行年四岁，舅夺母志……少多疾病，九岁不行，零丁孤苦，至于成立。既无叔伯，终鲜兄弟，门衰祚薄，晚有儿息。”让人感觉到灾祸接踵而至，引发晋武帝的同情与怜悯。所以我认为哀情是最核心的。

生2：我认为是祖母对自己的养育之恩和自己对祖母的感恩之情是最重要的，即“孝”是最重要的，因为作者说“臣无祖母，无以有今日，祖母无臣，无以终余年，祖孙二人，更相为命，是以区区不能废远”尤其是最后一句，二二四拍，是以 / 区区 / 不能废远。语言坚定。

生3：我同意他的观点。我们教材的单元说明的主旨是“家园亲情”，本文是学习中华传统美德，所以我也认为“孝”是最重要的。

生4：我也认同，因为第三段“伏惟圣朝以孝治天下”，作者围绕“孝”字大做文章。我们知道，晋朝是篡位政权，也屠戮了一些反对他们的文人和官宦，是不忠不义、不仁的。所以“孝”是晋朝治国的纲领，也是本文详细阐述的内容，所以“孝”最重要。

师：我们读文本，应该有对象意识和体裁意识，这篇文章的体裁是表，很显然是给皇帝看的，那如果你是晋武帝，你认为哪个理由更打动你呢？

生5：初读文本，作者是因“孝”而不就职，但仔细推敲，“孝”只是一个能够登上大雅之堂的冠冕的理由。这篇文章的题目是《陈情表》，明显体裁是“表”，是公文而不是抒情或叙事的散文，它就是一个申请书，所以，从文本的体裁角度，我认为把它归入应用文或实用文似乎更妥帖。所以陈情的核心不应该是“孝”。

生6：我觉得作为皇帝，政权还未牢固，那么“忠”才是最重要的。所以“陈情”的重点应该是感激皇恩浩荡之情才是核心。因为这是关乎切身的利害得失。

生7：我同意上一位同学的观点。如果打动别人，要切中他的利害才是最重要的。而且有同学说是拒绝别人，我读来李密不是拒绝，恰恰是答应了出仕做官的要求,“尽节于陛下之日长,报刘之日短也”。出仕只是时间的问题,所以根本上晋武帝不是出于“孝”而同意,而是李密摆明了自己的政治立场,初步满足了他的要求。晋武帝评价“士之有名,不虚然哉!”这个“名”不仅仅是简单的“才学”“孝”。更重要的是懂得皇帝的心思吧!

(二)教学扫描二:同样是魏晋时代的名士,晋朝统治者为什么找借口杀掉了嵇康,而没有杀掉李密呢?仅仅是李密的陈情“忠”于自己并许诺将来出来做官吗?或者“晓之以理,动之以情”逻辑缜密的文章吗?或许是有这样的原因,但可能还有什么其他的原因?

生1:嵇康虽是竹林七贤,但他也做过“中散大夫”的官职,是曹魏政权的忠实拥护者,他和曹魏政权有联姻关系(娶了魏武帝曹操的曾孙女);而李密只是蜀国的臣子,显然在亲疏关系上,李密对司马政权没有太多的潜在危险。

生2:当时的政治环境,东晋政权刚刚建立,刚刚灭掉篡取曹魏政权,灭掉蜀国,人心不稳,加之东吴政权还存在,所以同时司马政权通过一杀一拉,向世人或者说向读书人表明自己的立场。

生3:李密的这份陈情表,表面上是因孝而不仕,但实质上是已经答应了晋武帝出仕的要求,即先尽孝再尽忠。只不过是保留了读书人最后的一块名节的遮羞布而已。李密给晋武帝一个台阶,何尝不是给自己的一块遮名节的遮羞布呢?

生4:如果我们认为晋武帝为李密的孝所感动,那么我们就太单纯幼稚了。最是无情帝王家。在权力和政治的斗争中,从来都是利弊在先,对错在后。理智在先,情感在后。纵观封建社会的历史,不要说孝道,就是骨肉相残、同室操戈的例子也不胜枚举。“孝”只是统治者权力工具箱中一个备选的工具而已。

生5:李密的《陈情表》并不是一个感天动地、让人怆然涕下的孝文,而更像一份投降书,只不过保留了些许体面而已。如果在《陈情表》中去寻求中华传统美德的孝道,我个人认为无异于缘木求鱼、舍本逐末了。它更像一个心思缜密、揣摩圣意的加入体制的申请书,是一篇公文。孝道,只是一个手段——为了遮羞,抑或为了取得生存或权力待价而沽的工具。

三、教学总结和反思

文本是阅读的基石，课堂是再次阅读的钥匙。针对文本的核心问题和学生们课上的讨论，我总结了学生的几处质疑，又发现了文本中几个不合逻辑的地方。

（一）《陈情表》重点在“陈情”还是重点在“表”

“以体定教”是我们常用的教学原则，意思是根据不同的文体确立不同的教学目的、教学方法。“刘勰《文心雕龙·章表》云：‘章以谢恩，奏以按劾，表以陈情，议以执异。’意思是说，‘章’是用来谢恩的；‘奏’是用来弹劾，即揭发别人的；‘表’是用来陈述衷情的；‘议’是用来表示不同意见的。”又列举了三国时诸葛亮的《出师表》和晋李密的《陈情表》，指出“两者的内容虽不同，但都意在表白心迹和恳切陈情，可知‘陈情’确是表文的特点”。由此观之，《陈情表》确实是一篇李密向晋武帝陈述衷情之作。从文章学来看，《陈情表》作为“表”这种文体的文章，应有明确的实用功能。从写作内容来看，本文是李密在对朝廷的征召“辞不就职”“诏书切峻”的情形下写就的，陈述他不能立即应诏赴职的原因，并非重在陈述衷情。基于上述分析，我认为，本文的重点在“表”原因，“陈情”只是一种手段，所以，从题目来看，这是一篇实用文，而非抒情散文。这样一种文体在某种意义上也决定了它重在说理的逻辑性，而削弱了感动读者的情感性。

（二）“不矜名节”与“尽节”的矛盾

面对晋武帝“特下”“切峻”“责臣”“催臣”等急迫的征召，李密在陈述请求时不得不表明自己的政治态度——“臣少仕伪朝，历职郎署，本图宦达，不矜名节”。如果说他称晋朝为“圣朝”，称蜀汉为“伪朝”，是从外在名义上向晋武帝表明自己的忠心，那么“不矜名节”更是从个人修养品性上向晋武帝做出的庄严承诺。因此，“不矜名节”是我们理解作者政治态度的核心词，也是切入文本的关键，体会李密陈情于事技巧的引擎。细读文本，就会发现，真正能表明作者政治态度的应是“是臣尽节于陛下之日长，报养刘之日短也”中的“尽节”一词。对于“尽节”一词，“应和上文“不矜名节”之“节”意思一致，对于作者不以名节自夸，或者说自己并非是清高的看重名节之人，抑或是要消除晋武帝对他的猜忌。但如果不重名节，又何来“尽节”呢？难道对蜀汉不“不矜名节”，对晋武帝就能“尽节”吗？在这矛盾和双标背后，恰恰是李密内心割裂与矛盾的体现。不能回避，但又根本经不起深究和推敲的问题。君臣双方心照不宣，点到为止，默契十足。这种政治上的所谓“正确”站队，也削弱了文章情感的感染力。

（三）“孝”与“忠”矛盾的解决，看似合理，其实充满“机心”

自古说“忠孝不能两全”，为解决“尽孝”与“尽忠”的矛盾，李密从长短、缓急之维度诉说：“是臣尽节于陛下之日长，报养刘之日短也。”加上“伏惟圣朝以孝治天下”这一理论依据，从而提出“先尽孝后尽忠”的想法。我们可将本文和《晋书·孝友传·李密》互读，《李密传》载：“刘氏有疾，则涕泣侧息，未尝解衣，饮膳汤药必先尝后进。”《孝友传》将李密列在首位，誉之“以孝谨闻”，可见，李密对祖母的“孝”毋庸置疑。但纵观中国历史文化传统，当忠孝发生矛盾时，我们多提倡顾全大局，舍小家为大家，以民族国家大义为重。之所以我们没有被感动，或许就是“尽孝”是实，“尽忠”是虚，打着“尽孝”之实名，行“尽忠”之虚意。以“尽孝”为托辞观望和明哲保身。文章充满了对对方心思的猜测和自我内心真实想法的掩饰，因为有着很强的目的性，正如《列子》中的“机心”的典故，所以削弱了情感的感染力，使我们难以落泪。

但是设身处地着想，在那个封建专治的时代，我们是否对李密太过苛责了。在课堂上，我们在探讨文本的价值和意义，而在现实中，李密面对的可能是生存本身。如果让我有落泪唏嘘之处，恐怕是在那个专制统治下，面对高高在上的皇权，知识分子的困境——匍匐在地的身躯和卑微灵魂的惶恐。希望有一天，社会环境可以允许而且知识分子也能挺直腰杆，面无惧色直接地说：“不！”

四、教学拓展

阅读《晋书·李密传》，嵇康《与山巨源绝交书》，了解“阮籍三哭”的典故。思考魏晋时代士大夫阶层面对残酷的政治环境，有人坚守自己的风骨，甘愿成为殉道者；有人相时而动，顺应历史的潮流，还有的人为了生存，做出无奈的选择。在人生困境必须做出选择的时候，我们应该做何选择？

五、思辨读写

《陈情表》作为实用文体，有其现实的针对性，引导学生学以致用，学会从对方的角度“晓之以理，动之以情”委婉决绝。

情境任务：假如你是公司的一名职员，领导要求你完成一个难以完成的任务，而你又不能辞职，你如何向领导表明心迹，委婉地拒绝，要晓之以理，动之以情，请阐述理由。

六、教学资源链接

1. 余党绪，《思辨性阅读，走向真知的必由之路》，《中国教育报》，2018 年 7 月。

2. 鄂冠中，《晋武帝果真为“情”所动了吗？》，《语文知识》，2015 年第一期 13—14。

3. 鲍枕，《语文与政治在对话中的一次双赢》，《学语文》，2004 年第三期 14—15。

4. 张斗和，《还原那一场政治秀》，《中学语文教学参考》，2016 年 10 月 52—53。

5. 乔化永，《真情难掩怖惧》，《语文学习》，2013 年 11 月 42—43。

6. 陈爱娟，《遵循思辨性阅读的圆形法则：事实、情理和逻辑》，《语文知识》，2017 年 11 月 3—4。

“问道”何以“得术”

——《种树郭橐驼传》思辨教学案例

江苏省南通中学　徐晓岚

一、核心问题：什么是“顺天以致其性”？

《种树郭橐驼传》是柳宗元的名篇，可惜现有教材收录的并不多。人民教育出版社 2003 年大纲版收录于高中语文必修第二册，2006 年课标版收于高中语文选修教材《中国古代诗歌散文欣赏》；2006 年华东师范大学出版社版收于上海高中语文教材高一上。教材收录与否和对该文本的教学价值的理解有关，但即便收录也并不意味着准确把握了文本的语文教学的意义，上海版列于“树木花卉”单元，或未必能循名责实。

从国内主要中学语文杂志已发的案例与发表在网络媒介的案例看，《种树郭橐驼传》的课堂教学，一般聚焦三个问题：

1. 言与文

文言文教学如何处理好“言与文”的关系，一直是困扰一线老师的问题。一线的教学有注重文言语词知识梳理的，但文与言“隔”，重言轻文或重文轻言的现象多有出现。《中学语文教学》2010 年 7 月刊的《〈种树郭橐驼传〉教学设计》①，全文列出五个教学板块，第二个板块检查了字词的读音与活用现象，就目前发表的文字看，“设计思想”中的“由言而文”落实得并不理想。

---

① 钟义民，《种树郭橐驼传》教学设计［J］，《中学语文教学》，2010.（7）：59—60。

2. 传记与寓言

《种树郭橐驼传》，从体式看，传记其形，喻理其核。如何处理好传记与寓言、虚与实的关系，也是教学的难点。《福建基础教育研究》2017 年 4 月刊发表的陈日亮[①]与陈颖彦[②]两位先生围绕文本中的“虚与实”展开的争鸣，其实质就在于“传”与“寓言”教什么，并由此推广到“语文教什么”的问题。蒋红卫老师启发学生发现此“传”之特异，课堂引导由“了解种树经”“体悟寓意”到“明悟写作目的”，“紧扣了寓言文体特征进行体知与建构”。汲安庆先生有评：“由表及里，由浅入深”，“整个课脉显得十分紧凑、精致”。[③]

3. 种树与养人

“种树”与“养人”是《种树郭橐驼传》课堂教学绕不开的问题，诸多案例大都采用筛选、比较的手法，引导学生理解种树之道与“养人之术”的联系。宋丰胜老师在对“养、牧、治”三字的比较探究中引导学生“认识了郭橐驼，他顺己之形，顺木之天”，由此“悟到了‘顺天致性’的人生大道”[④]。这堂课应该说是言文、体式、理趣结合得较为成功的案例，以问题带动语言，以语言化解寓意难题，避免了言、文之“隔”，探究有迹可循而不空泛。

那么，为什么说“顺天以致其性”是文本的核心问题呢？且看下列句子：

> 橐驼非能使木寿且孳也，能顺木之天，以致其性焉尔。
>
> 凡植木之性，……则其天者全而其性得矣。
>
> 他植者则不然，……而木之性日以离矣。

“能顺木之天，以致其性”，挈领郭橐驼自陈，是其种树之道的核心。具体陈述，无论是自己的经验还是“他者”的情况，都紧扣一个“性”字，“得性”“离性”是自己与“他者”所植之树的区别，而“性”的“得”“离”则和

---

① 陈日亮，致陈颖彦［J］，福建基础教育研究，2017.（4）：143—144。

② 陈颖彦，《种树郭橐驼传》的“虚”“实”之辨［J］，福建基础教育研究 .2017.（4）：4：141—142。

③ 汲安庆，基于文体的教学，如何生长［J］. 中学语文，2019.（9）：76—81。

④ 宋丰胜，刘丽霞，《种树郭橐驼传》课例赏鉴［J］，语文教学通讯 .2018.（7~8）：89—93。

“顺天”与否相关。

再看“养人”：

> 然吾居乡，见长人者好烦其令……又何以蕃吾生而安吾性耶？

“蕃生”“安性”，“养人”治民不仅围绕着“性”，且“安”与“得”“离”呼应，行文有严密的内在逻辑。作者旨在“设事明理”，以“养树”之事说“养人”之理，“事”与“理”的思维角度一致，“理”方有明的可能。

综上，“顺天以致性”，关乎作者的写作意图，文本的思想内容、运思的主要技巧，是该文的文眼。同时，“天”与“性”现代汉语有合成词，而文本中这两个词显然有意义上的区别，在语境中推敲文言语词的意义、辨析其细微的差别，同样具有语文教学的价值和意义。

基于上述认识，围绕“顺天以致性”这一核心问题，笔者设计了以下几个教学环节：

（一）课前预习

任务：借助工具书，疏通文本词句；初读文本，发现疑难。

（二）教学重点

1. 释疑问难

策略：在引导学生发现疑难中检查预习情况。

2. 依传识人

任务：借助注释自主翻译第一、第二两段，思考：作者有关传主的哪些介绍足以吸引你的注意？篇名为“传”与通常传记有何不同？

3. 缘事寻理

任务：列表比较郭橐驼与“他者”种树的不同，思考：郭橐驼为什么“能顺木之天，以致其性”？

策略：从“顺”“天”“性”“欲”等语词的内涵入手，探究事理。

4. 思辨批判

任务：推断探究以“养树”启思“养人”的内在逻辑，评价文本“设事明理”的合理性。思考：郭橐驼“种树之道”果真可以“移之官理”成为“养人之术”吗？

策略：可从人与树的异同、现实与理想的差异、传记寓言赋体问答的体式等多角度，推助学生自主发现、思辨批判。

（三）课后拓展

活动：结合自身的学习生活体验，谈一谈“顺天以致性”在现代生活中的价值，将自己的看法与小组同学分享。

策略：依据一定的事实形成观点，组织语言，口头表达。

二、教学扫描与反思

（一）教学扫描一：缘事寻理

学生以小组为单位，列表比较郭橐驼与“他者”种树的不同，并分享本组学习成果。

成果举例：

	种植	管理	结果	原因
郭橐驼	本舒培平 土故筑密	若子 若弃	天全性得	**顺**
他植者	根拳土易 过或不及	爱恩 忧勤	木性日离	**扰**

师：郭橐驼种树为什么“能顺木之天，以致其性”？

生：我从郭橐驼的做法来看，“其本欲舒，其培欲平，其土欲故，其筑欲密”，“欲”是“想要”的意思，这里不仅是郭橐驼种树要怎么做，而是树有什么需要和愿望，郭橐驼按照树的愿望也就是“顺木之天”去种树。

生：我赞同他的说法，郭橐驼尊重树的愿望，“本舒、培平、土故、筑密”是树存活的必要条件，或者说是树的天然需要。

师：你从“活”的需要看“顺木之天”说得很好，尊重是态度，尊重什么很重要。

生：从“以致其性”的结果看，“无不活，且硕茂，早实以蕃”，不仅仅是“活”，而且是生长，还要长得繁茂、长得好。

生：这里是不是还有一个怎样看待“人”的需要的问题？希望树“硕茂，早实以蕃”不就是人种树的目的吗？上文说人们“皆争迎取养”就是出于这个目的。可是郭橐驼“不害其长”“不抑耗其实”，不因为“人”的需要而“害”树，是真正的“顺木之天”，尊重树的天性，让它好好地生存发展。

师：也就是说人的种树行为，不仅要遵循树自身的天然需要，还要促使树生长发展，开花结果长成参天大树。这就是郭橐驼的种树之道吧。

“顺天致性”是重点也是难点，难点不穿透则很难抵达对作者写作意图乃至技巧运用的理解与鉴赏。文言文阅读要抓语文结合点，“能顺木之天，以致其性”是文眼也是语文结合点，生从“欲”字入手，即由言入手推助对文的理解。但仅仅限于文言词句的疏通，教学活动不免过于质实，思辨性阅读所要求的思维品质的训育与提升，殊难实现。

《种树郭橐驼传》是传记式寓言，其特点在于借助具体人事谈抽象道理。“天”与“性”有抽象内涵，从树的生长过程来分解，活的需要是“天”，长的目标是“性”；“天”与“性”是天性与习性的关系。从生存需要与发展需要来化解，抽象的哲学内涵有了具象的解答，郭橐驼对物的“顺”，不仅含有对“天然的”规律的敬畏，还包含对对象的主体精神的尊重，不以人害物的理趣则在具体“事”中得以明了。

（二）教学扫描二：思辨批判之一

推断探究以“养树”启思“养人”的内在逻辑，评价文本“设事明理”的合理性，是该板块的主要任务，以问题激趣，推助学生自主发现是主要策略。

师：郭橐驼“种树之道”果真可以“移之官理”成为“养人之术”吗？文本中“问养树，得养人术”的说法合理吗？

生：我也有这样的疑问，郭橐驼说：“我知种树而已，官理，非吾业也。”还说：“若是，则与吾业者其亦有类乎？”并没有用肯定的语气。

生：如果“活”是树的“天”，“长”是它的“性”，移之于人，“活”也是人的“天”，“好好活”则是“性”。但是在“长人者好烦其令”的管理下，“卒以祸”，“又何以蕃吾生而安吾性”，活着不易，更别说好好活。像对待树那样让人也“顺天致性”就非常必要。

生：“长人者”“若甚怜”，“促”“勖”“督”的做法和“他植者”“爱之太恩，忧之太勤”是一致的，因而百姓的“蕃生”“安性”，则需要像郭橐驼那样顺而不扰。从这个角度看，学橐驼种树的方法“养人”就有一定的合理性，或者说有移植的可能性。

生：我也赞同这个意见。也就是说无论主观愿望如何，“长人者”扰民的客观现实，使小民有“蕃生”“安性”的需要，产生以橐驼“种树”的方法来“养人”的理想有一定的合理性。

生：用郭橐驼的方法来“养人”，有必要性与可能性，但未必能达到郭橐驼种树的“天者全而其性得矣”的效果。理想是美好的，但“移之官理”很难，真正成为“养人术”也不容易。

师：请具体说说你的看法的由来。

生：“问者”问“以子之道，移之官理”，听完橐驼的话后却说“得养人之术”，而不是养人之道，可见他已经意识到用橐驼之道来治民养人可能性不大。“术”是方法技巧，技巧好学，“道”是思想，不是简单照搬能学到的。

“问道得术”是评价文本“设事明理”合理性的关键所在，也是思辨性阅读向深度推进的重要环节。但如何让学生提出质疑，或者说思辨批判在“自发现”中生成，设计颇费思量。

在“依传识人”板块中我们曾抓住“因”这个看似寻常的虚词，认识橐驼“顺天”的性格。“因”作“于是、就”讲学生没有多大困难，简单的语义识记，体察不了文字的温度，也就难以抵达理性思辨的深度。“因”前后连接的事情有事理上的相承，但“乡人号之”与“自谓”何以相承？痛苦的得因、丑陋的形象、一般人看来污名化的外号何以“亦自谓”？“甚善。名我固当。”橐驼主观上接受、行动上的取舍，表现出对不可改变的客观存在的随遇而安顺遂的态度，常人看来的不合理就有了合乎事理的内在逻辑。这一板块学生已经有了在上下文的联系中辨析语词以判断文本内在逻辑的活动体验。“缘事寻理”板块在具体形象中比较“天”与“性”的微小差异，是对前一个板块中获得的“体验”的巩固，这个重视语文结合点的训育已经内化成该生的能力素养，故而有了自觉地生成。学生9的质疑首先缘于“道”与“术”意义的差别。

上述环节执教者并未刻意去“设计”。譬如我们也可以借助《庄子》中的故事来帮助学生理解橐驼的思想性格，但研读文本，细究寻常语词后面的不寻常的意味，学生在发现、批判，再发现、再批判中认识文本的核心问题，认识是自主建构生成的。教师所做的不过是精选语文结合点，推助学生自主发现。

（三）教学扫描三：思辨批判之二

师：你从“问”与听答后的判断来认识，不错，有启发性。我们还在哪些古文里也有问答的形式？

生：《渔父》《赤壁赋》。我明白了，“问”除了启发读者思考，问也恰恰是“问者”内心纠结寻求答案的过程，屈原、东坡都有这样的苦闷、追寻的心路历程。

师：那柳宗元呢？

生：柳宗元的写作目的是“以为官戒”。从我们现实生活来看，你给有些领导提意见他不会认为你是帮助他把事情做得更好，何况封建时代？所以“问答”除了有启发思考的意味，还有使表达相对和缓的效果，便于“长人者”接受。另外，对于当时的社会政治柳宗元应该有比较清楚的认识，所以问道得术，有“能做到‘术’也不错了”的意味。

生：我也赞同前一位同学的意见。除了“长人者”的目的不在“养人”外，也很难像橐驼尊重自己行为所施加的对象，更不会“爱而若弃”清净无为地管理。所以，理想与现实有距离。作者不说“养人之道”，只说“养人之术”，但是无论“道”还是“术”，要“养人”，而不是“长人”；只要有“养人”的想法，哪怕是“术”，于“道”的距离或许会近些。

生：更重要的是郭橐驼别人学不到。从他欣然以外号为名看，“驼背”的残疾是不可改变的“天”，他不惭不怨，才可能成为善植者，在认识自己上，他也体现了“顺天致性”思想。

师：“顺天致性”而成就的人，做“顺天致性”的事。有道理。人的精神品质与作者想说的理也是一致的，这正是本篇寓道理于传记中的特色所在。

生：还应该考虑“人”也就是“民”自身的因素。民毕竟不是树，给“树”提供“顺天致性”的条件能“活”能“长”，人还得有自我的觉醒。就像郭橐驼，如果他不认为残疾是“天”，不从心理上与行动上“顺其形”，也就不可能成为种树专家。就像我们学生，有优良的学习氛围，成才还要靠自身的努力。

师：很好，又换了一个角度。无论是自我认识，还是“顺天致性”地“养人”，柳州时期的柳宗元自己就是一个很好的范例。韩愈在《柳州罗池庙碑》中写道：

柳侯为州，不鄙夷其民，动以礼法，三年，民各自矜奋，曰：“兹土虽远京师，吾等亦天氓，今天幸惠仁侯，若不化服，我则非人。”①

……

上述思辨性阅读从三个层次展开。一、人与树相类的逻辑；二、逻辑建构的逻辑；三、逻辑的评估与批判。第二个层次是关键。我们都知道，有合理性未必有必然性，有必要性未必有有效性，这是以树说人可思辨之处，因为任何“相类”都是临时的、相对的，非恒常之“天”。作者寓理于传的运思方式不难理解，难的是为何还要采用“问答”形式？难道仅仅是高明的作家灵活处置的高明手段吗？但如果高明仅在手段，这样的高明意义为何？柳宗元于古文运动的价值在哪里？对于这些问题我们的教学如果仅照搬文学史教材的说法，同样会出现“隔”而不化的现象。还以生 9 为例，他的认识是“自发现”的。他采用的方式与策略是阅读中常见的简单比对，比对中发现“问道得术”的差异，于无疑处有疑；解决问题凭借的是语词内涵的差异、问答式构思的特点这些常规的语文知识，策略或者“武器”是自我选择的，学生对文本的核心问题“顺天以致性”的思辨性认识是自主建构生成的。

其实，这里“问道得术”的差异，不正是种树养民要“顺天致性”的道家思想和现实中知其不可为而勉力为之的儒家思想纠结、碰撞而形成的张力吗？真正的思辨是与作品的精神碰撞，与作家的灵魂对话。

三、思辨读写

（一）2020 年春天，新冠肺炎疫情的发生，改变了我们的一些学习与生活的方式，以下是某中学高三学生居家在线学习作息时间表。读下列表格，根据

① 韩愈，韩愈文集汇校笺注［M］，北京：中华书局，2018。

要求谈谈看法。

第六阶段课表

<table>
<tr><th>日期
上课时间</th><th>3 月 23 日
（周一）</th><th>3 月 24 日
（周二）</th><th>3 月 25 日
（周三）</th><th>3 月 26 日
（周四）</th><th>3 月 27 日
（周五）</th><th>3 月 28 日
（周六）</th></tr>
<tr><td>7:00—7:50</td><td>自习</td><td>自习</td><td>自习</td><td>自习</td><td>自习</td><td rowspan="5">8:00—10:30
语文考试</td></tr>
<tr><td>8:00—9:00</td><td>语文</td><td>语文</td><td>语文</td><td>语文</td><td>语文</td></tr>
<tr><td>9:10—10:10</td><td>数学</td><td>数学</td><td>数学</td><td>数学</td><td>数学</td></tr>
<tr><td>10:20—10:25</td><td colspan="5">眼保健操</td></tr>
<tr><td>10:25—11:25</td><td>英语</td><td>英语</td><td>英语</td><td>英语</td><td>英语</td></tr>
<tr><td colspan="7">午　餐</td></tr>
<tr><td>12:00—12:30</td><td>小题</td><td>小题</td><td>小题</td><td>小题</td><td>小题</td><td rowspan="5">13:30—15:30
英语考试</td></tr>
<tr><td colspan="6">午间休息</td></tr>
<tr><td>13:30—14:00</td><td>物理</td><td rowspan="3">数学练习</td><td>物理</td><td rowspan="3">语文 / 英语练习</td><td>物理</td></tr>
<tr><td>14:10—14:40</td><td>化学</td><td>化学</td><td>化学</td></tr>
<tr><td>14:50—15:35</td><td>班会</td><td>体育</td><td>体育</td></tr>
<tr><td>15:45—16:30</td><td>讲评答疑</td><td>讲评答疑</td><td>讲评答疑</td><td>讲评答疑</td><td>讲评答疑</td><td rowspan="3">15:50—18:20
数学考试</td></tr>
<tr><td>16:40—17:25</td><td>讲评答疑</td><td>讲评答疑</td><td>讲评答疑</td><td>讲评答疑</td><td>讲评答疑</td></tr>
<tr><td>17:35—18:20</td><td>讲评答疑</td><td>讲评答疑</td><td>讲评答疑</td><td>讲评答疑</td><td>讲评答疑</td></tr>
</table>

1. 在线学习的高三学生

2. 参与教学与管理的老师

（二）结合自身的学习生活体验，谈一谈“顺天以致性”在现代生活中的价值，写成一段有理有据的文字。

四、教学资源链接

1. 柳宗元，柳宗元集［M］，北京：中华书局，1979。

2. 陈幼石，韩柳欧苏古文论［M］，上海：上海文艺出版社，1983。

3. 杨保春，《种树郭橐驼传》的道家解读［J］，青岛大学师范学院学报，2002.（12）：11—13。

4. 汲安庆，基于文体的教学，如何生长［J］，中学语文，2019.（9）：76—81。

5. 宋丰胜，刘丽霞，《种树郭橐驼传》课例赏鉴［J］，语文教学通讯，2018.（7—8）：89—93。

大胆质疑，小心求证

——《石钟山记》教学案例研究

成都市树德中学　王华美

一、核心问题：如何看待苏轼的质疑？

《石钟山记》篇幅短小，文字浅显，全文的重心在于石钟山得名的原因。苏轼大胆质疑既有结论，正好有机会到了湖口，他乘小舟专程来到石钟山下，经过现场观察，得出了自己的结论，并发出一番感慨。对于培养批判性思维而言，本文可谓一个难得的范本。一般而言，学生阅读本文后，会对苏轼独立思考、亲身探访的品格留下印象，语文老师也大多会在教学中涉及这一方面的内容。但是，如果仅仅是粗浅感受、浅尝辄止，无非重温一下实事求是、眼见为实等大道理罢了。

怎样激发思维，促进学生深入文本，充分训练思维能力呢？我们可以围绕石钟山得名的原因，引导学生思考：苏轼得出了怎样的结论？他是怎样得出结论的？这一结论可靠吗？他对前人的批驳理由充分吗？苏轼告诉我们的哲理有局限性吗？我们还可以带领学生联系实际生活，结合相关文本，继续思考：怎样才能得出合理的结论？或者说，怎么判断一个结论是否合理？

由此，我将“如何看待苏轼的质疑”作为课堂教学的主问题，分解出一些互相关联的子问题。引导学生在解决问题的过程中，统整文言知识的学习，领悟深思慎取的治学精神，发展思辨读写能力，提升思维的广度和深度。

教学设计主要分为以下环节：

1. 初读课文，读正确，读流畅，了解文章大意。思考：本文内容和一般的游记有何不同？

2. 再读课文，思考：对于石钟山得名的原因，苏轼的结论是什么？他是怎么得出结论的？由此你获得了什么启示？

3. 三读课文，思考：对于前人的观点，苏轼是持怎样的态度？苏轼对前人的反驳，理由充足吗？对于苏轼的观点，你有疑问吗？我们应如何看待他人的观点？

4. 完成本课“思辨读写”任务，或将学习本文的所思所感写成文章。

二、教学扫描及反思

（一）教学扫描一：苏轼的结论是什么

在整体感知阶段，学生指出《石钟山记》不同于一般游记，景物描写很少，作者不是去游山玩水，而是探究石钟山得名的原因。

我们首先研读第二段。

师：第二段中哪些语句写了石钟山得名的原因？找出来读一读。

生：①余方心动欲还，而大声发于水上，噌吰如钟鼓不绝。②徐而察之，则山下皆石穴罅，不知其浅深，微波入焉，涵淡澎湃而为此也。③舟回至两山间，将入港口，有大石当中流，可坐百人，空中而多窍，与风水相吞吐，有窾坎镗鞳之声，与向之噌吰者相应，如乐作焉。

师：读得很流畅。请三位同学分别翻译一下。

生：第一句：我正心惊想要回去，忽然巨大的声音从水上发出，声音洪亮像钟鼓声连续不断。

生：第二句：我慢慢地观察，山下都是石穴和缝隙，不知它们有多深，细微的水波涌进那里面，水波激荡成为这样。

师：“而为此也”可以翻译为：因而发出这种声音。石钟山能发出像钟鼓声一样的声音。第三句比较长，谁来挑战一下？

生：船回到两山之间，将要进入港口，有块大石头正对着水的中央，上面可坐百来个人，中间是空的，而且有许多窟窿，把清风水波吞进去又吐出来，发出窾坎镗鞳的声音，同先前噌吰的声音相互应和，好像音乐演奏。

师：水石激荡能发出声音，这种现象很常见。但是，能发出钟鼓之声却着实罕见。所以，苏轼认为这就是石钟山得名的原因。苏轼由此发出了怎样的感慨？

生：事不目见耳闻，而臆断其有无，可乎？

师：请一位同学来翻译一下。

生：事情不用眼睛看不用耳朵听，只凭主观臆断去猜测它的有或没有，可以吗？

师：注意“目”和“耳”是名词作状语，“目见耳闻”可以翻译为亲眼看到、亲耳听到。苏轼是一个爱思考、有主见的人。我们学过他的《题西林壁》：“横看成岭侧成峰，远近高低各不同。不识庐山真面目，只缘身在此山中。”游庐山，收获人生哲理，留下千古名篇。游石钟山，解决心中疑惑，成就石钟山美名。

正确理解文本是思辨性阅读的基础。这一环节通过引导学生筛选、朗读和翻译关键语句，联系旧知，联系生活实际，准确把握文本主要内容，同时落实文言知识的学习。

单纯学习文言知识，积累词语也好，把握语法也罢，容易枯燥乏味，效率不高。因此，我试图将文言学习和文意把握结合起来，但这样又面临文言学习零碎散乱的问题。我认为，通过默读、朗读、理解、翻译等活动，学生能自然而然地积累文言知识，提升文言阅读能力，这是主要的学习方式，教师还可以安排课前自学、课后梳理、知识检测等方式作为补充。

（二）教学扫描二：如何看待苏轼的质疑

第一、三段都提及郦道元、李渤的观点。我们首先比较苏轼和他们的看法有何不同，分析苏轼如何看待前人观点，找出质疑的依据，然后判断理由是否充分。接下来引导学生思考苏轼的结论是否可靠，再引入相关材料，让学生重新做出判断，最后让学生联系生活实际，归纳看待他人观点应当注意的问题。

师：苏轼和前人的看法有何不同？哪位同学来具体说说？

生：郦道元认为石钟山得名的原因在于石钟山靠近深潭，微风振动波浪，水和石头互相拍打，发出洪钟一般的声音。苏轼和郦道元的看法其实是相近的。而李渤认为敲击石钟山的石头会发出独特的声音，像钟声一样。

师：对于郦道元和李渤的观点，苏轼是持怎样的态度？

生：怀疑。郦道元，“是说也，人常疑之”；李渤，“然是说也，余尤疑之”。

师：“人常疑之”，苏轼自己呢？

生：苏轼应该也是怀疑的。所以，他才亲身去探访考察。

师：怀疑精神弥足珍贵。孟子说：“尽信《书》，则不如无《书》。”明代陈献章说：“学贵有疑，小疑则小进，大疑则大进，疑者，觉悟之机也。”马克思甚至将“怀疑一切”作为座右铭。但是，怀疑不是无端猜疑，质疑要讲求依据。苏轼怀疑的依据分别是什么呢？

生：“今以钟磬置水中，虽大风浪不能鸣也，而况石乎！”“石之铿然有声者，所在皆是也，而此独以钟名，何哉？”

师：请同学翻译第一句。

生：如果把钟磬放在水中，即使大风大浪也不能使它发出声响，何况是石头呢！

师：注意“虽”的意思是即使，表示假设。“鸣”是使动用法，使……发出声响。大家想想，这里反驳的逻辑或者说推理过程是怎样的呢？

生：钟磬在平常情况下是容易发出声音的，但是在水中，钟磬尚且不能发出声音，石头就更不能发出声音了。

师：这个推理有没有问题？

生：有问题。凭借物理学常识可以知道，声音在空气中容易传播，由钟磬在水中不能发出声音，并不能推出风、水和石头在空气中也不能发出声音。郦道元并没有说是石钟山浸泡在水中的部分发出了声音啊。

师：嗯，有道理。对于别人的看法，我们一定要有自己的思考。我们来翻译第二句。

生：石头敲击后能发出声响，到处都这样，可唯独这座山用钟来命名，这是为什么呢？

师：“石之铿然有声者”属于定语后置，敲击后能发出声响的石头。按照李渤的观点，如果某座山的石头敲击能发出声响，那么这座山就有资格叫石钟山。到处的石头敲击都能发出声音，但唯独这里叫石钟山，因此李渤的观点是错的。

生：我不同意。这里有个致命的漏洞。李渤认为敲击这里的石头能发出钟磬声，而苏轼把它扩大到所有的声音。李渤并不是说只要敲石头有声音就能叫石钟山，而是敲击能发出钟磬般声音才能叫石钟山。(学生鼓掌)

师：大家的掌声表明了你们的态度。苏轼也可能是表述不够清楚。“石之铿然有钟磬声者，所在皆是也，而此独以钟名，何哉?”这样说行不行?

生：到处的石头都能发出钟磬声吗？不符合事实吧。

师：做论断必须以事实和逻辑为基础，否则就没有说服力。我们来看最后一段：“郦元之所见闻，殆与余同，而言之不详；士大夫终不肯以小舟夜泊绝壁之下，故莫能知；而渔工水师虽知而不能言。此世所以不传也。而陋者乃以斧斤考击而求之，自以为得其实。”在苏轼看来，世人为什么不知道石钟山得名的原因?

生：有的根本没有实地考察，而是凭借主观臆测就瞎说一通，以讹传讹。而知道真相的，却不能广泛传播。这让我想起最近流行的一句话：“当真相还在穿鞋，谣言已经跑遍半个世界。”

师：郦道元明明是对的，但“言之不详”，结果“人常疑之”。学好语文很重要啊！李渤明明错了，还“自以为得其实”。反思一下，我们自己也许犯过类似的错误。其实，对于苏轼的结论，后人也有质疑。同学们先不看参考资料，想想苏轼哪里可能存在问题。

生：苏轼只是简单看了看、听了听，并没有全面深入地研究。苏轼不是地理专家，他仅仅是凭直观感受和生活经验得出结论的。石钟山得名原因未必就像苏轼说的那样。

师：你的思考很严谨，有当专家的潜质。

生：郦道元、李渤和苏轼都是从声音的角度来说的，石钟山还有可能是因为形似石钟而得名。

师：很多学者和你“英雄所见略同”。

生：有没有可能既考虑了“声”，也考虑了“形”?

师：不盲从，有深思，同学们真的让人佩服。我们来看两则资料。

【材料一】

石钟山现属江西湖口县，是两座低矮的石质小山。……构成石钟山的石灰岩，主要化学成分是碳酸钙，长期受到含有二氧化碳的地表水及地下水的溶蚀，形成奇特的岩溶地貌，溶洞特别发育。《石钟山志》云：上钟崖与下钟崖其下皆有洞，可容数百人，深不可穷，形如覆钟。石钟洞系发育于石灰岩山体内的穹形溶洞，当江湖之水浸灌洞内，水位低于洞顶时，风兴浪作，冲击洞顶洞壁，轰然发声，回音激荡，这便是石钟山和石钟洞之所以具有钟之形与钟之声的原因。

（摘自《地理知识》1979 年第 5 期）

【材料二】

历史上，石钟山得名有三种说法：一是主声派，认为此处水石相击，声似洪钟。二是主形派，认为山形似钟，故以形命名。三是主张形声结合的。郭庆蕃《舟中望石钟山》诗云："洪钟旧待洪钟铸，不及兹山造化功。风入水中波激荡，声穿江上石玲珑。"他指出山形如洪钟，波涛与玲珑的山石激荡，又发出类似钟磬之声。

苏轼为何误判？一是苏轼游石钟山是元丰七年农历六月初九（公元 1084 年 7 月 14 日），正处涨水季节，山体下的石洞已浸入水中。据记载，石钟山附近的水位，涨水季节（5 月至 7 月）与枯水季节（11 月至第二年 2 月）其落差在 12 米左右。因此苏轼考察时，因涨水无法看到石钟山状如覆钟的形体。二是苏轼在深夜乘船往崖下考察，他听到水声与钟声相类，就认为解决问题、探至本原了，并没有进行周密、深入而详尽的调研。三是苏轼没有向当地寺僧、渔工、水师虚心请教，丧失了向熟悉情况的当地人士进行调查了解的绝好机会。苏轼对前人的定论不盲从、不轻信，主张经过实地考察来解决难题，这种治学态度当然是正确的。但是苏轼的实地考察却是草率的，所以导出了片面、不准确的结论。正如清人俞樾批评的："东坡当日'犹过其门，而未入其室也'"。

（摘自谭汝为《石钟山得名考辨》）

师：我们来总结一下：怎么对待别人的观点呢？

生：别人的观点可能是对的，可能是错的，可能有对有错。我们要独立思考，仔细辨别，用事实来验证。对，我就接受；不对，我就纠正。

生：也可能别人是对的，是我们自己错了。

生：还有一种情况，大家说的都有道理，或者大家说的都是错的。暂时拿不准，那就等等再说。

师：我们要记住王安石的名言："学者不可以不深思而慎取之也。"

培养批判性思维，在态度和技能层面都要用力，不能仅仅停留于空洞的号召、说教。技能，当然需要在实践中学习与运用。态度层面，让学生亲身体验也是最佳途径，他们在发现问题和解决问题的过程中可以体会到思维的乐趣，培养良好的思维习惯，这是外力不可替代的。同伴的示范作用、相互启发和思想碰撞，能激发思考和表达的动力。教师的示范和必要的点拨引导不可或缺，但一定要注意避免干预过多，越俎代庖。

学生对苏轼质疑依据的评估，是这节课的亮点。学生能感受到，伟大人物、经典名篇都可能出错，对事物的认知总是在不断修订中逐步完善的，自己可以和作者平等对话，自己也拥有发现奥秘的潜力。

最后一段，引导学生自我反思，不可主观臆测，不可自以为是。自我反思是成长的重要方式。对于苏轼所批评的"自以为得其实"，我们要保持警醒。反过来说，苏轼是否也存在"自以为得其实"的可能呢？我们不是苛责古人，而是站在巨人的肩膀上继续前进。

对苏轼结论的质疑，很多老师都会提供相应资料。但是，如果先让学生独立思考，再提供有冲击力的资料，效果要好一些。学生哪怕只发现了一点，这种鼓舞作用都是巨大的。通过阅读补充资料，印证自己的观点，增强信心，或是引发进一步思考，资料才发挥了更大的作用。

最后让学生明确，我们应该如何对待他人观点，可以使学生体验到的东西条理化，加深印象。有了前面的体验，这就不再是抽象的条条框框。

三、思辨读写

（一）阅读清代纪昀的《河中石兽》，联系《石钟山记》及其他相关文本，思考：怎样得出合理结论？怎样评判他人的结论是否合理？

假如现在让你去探究某风景名胜得名的原因，你打算怎么做？请拟写一份策划书。

（二）对"事不目见耳闻，而臆断其有无，可乎？"进行再思考："目见耳闻”能保证结论一定正确吗？郦道元和李渤对石钟山是否“目见耳闻”了？何为“臆断”？苏轼得出结论的过程中有臆断吗？如果不能“目见耳闻”，怎么办？……

请与同学进行交流，然后将你的思考写一篇文章。

四、教学资源链接

1. 李渤《辨石钟山记》、罗洪先《游石钟山记》、曾国藩《石钟山名考异》。

2. 刘江田，质疑问难探幽发微——《石钟山记》教学手记［J］，中学语文教学参考，1998（11）：37—38。

3. 张伟然，《石钟山记》的表述过程与思维过程［J］，文史知识，2003（5）：53—59。

4. 冯为民，品《石钟山记》四美［J］，语文教学通讯，2007（34）：28—29。

5. 朱昌元，《石钟山记》备教策略［J］，语文教学通讯，2007（Z1）：114—116。

从“促织之戏”走向“人成促织之戏”

——《促织》思辨教学案例

湖北省宜昌市葛洲坝中学　谭小红

一、核心问题：怎样看待“人变成虫”的异化

《促织》选自《聊斋志异》，是蒲松龄创作的文言短篇小说。它曾经入选了高中语文教材，暌违多年之后，在这次新教材的编订过程中，又再次入选。《促织》的题材取自史实，明代斗养蟋蟀之风盛行，明代沈德符在《万历野获编》卷二四“斗物”中记载：“我朝宣宗最娴此戏，曾密诏苏州知府况钟进千个。一时语云‘促织瞿瞿叫，宣宗皇帝要’。此语至今尤传。”

这篇小说通过对成名一家不幸遭遇的描写，深刻地揭示了为政者的贪婪、凶残与自私，表现了身处社会底层的老百姓的痛苦、辛酸与艰难，寄予了作者对人民深切的同情。作为蒲松龄文言短篇小说的代表作品，这篇文章有很多值得学习和探讨的地方，比如它曲折跌宕又构思严谨的情节，一千四百字的篇幅中有五次转折、三次抗争，堪称古典小说情节的典范；再比如它精炼生动的语言，描写成名捕获蟋蟀的过程时，作者通过“逐”“蹑”“扑”“掭”“灌”“视”等词，把整个过程描绘得纤细毕现，如在眼前；又比如它对人物形象描写的细致入微，常常是寥寥几笔，就把人物刻画得栩栩如生。

但这篇小说最引人关注，也是探讨最多的地方，还是小说中“人变成虫”的情节描写，我们称之为“变形”，更多的时候称为“异化”。古典文学作品中写人化为物的并不只这一篇，比如《孔雀东南飞》中焦刘二人最后化为鸳鸯，

“中有双飞鸟，自名为鸳鸯”，梁祝化蝶的故事更是流传至今，但这些故事或文学作品并没有引起文学研究者们对“人化为物”的探讨，通常都只是当作民间或作者一种美好的祝愿。那么，怎样看待《促织》中的“人化为虫”这个情节的设计，这种异化具备怎样的研究价值，就成了这篇课文的核心问题。

基于此，我们可以做如下的教学设计：

（一）学生通读小说，梳理并复述小说的故事情节，找出小说中描写“人化为虫”的部分。

（二）探讨“人变成虫”的必然性：人变虫在现实世界里是不可能的，在这篇小说中有其必然性吗？（解决“变”）

（三）探讨“人变成虫”的合理性：如果说成名的儿子必须要变的话，那么他可以变成其他的动物吗？你从文章中的哪些内容能看出作者安排的合理性？（解决“虫”）

（四）成名一家因为儿子变身促织最后“裘马扬扬”，小说的结尾给我们呈现了这样一个大团圆的结局，你怎么看待这个小说的结尾，是喜剧还是悲剧？（解决“人”）

二、教学扫描与反思

（一）教学扫描一：“人变成虫”的必然性

经过对故事情节的梳理和复述，学生们明确了这篇小说情节上跌宕起伏的特点，并能很快地确定文章的第六段是“人变成虫”的转折段。在探讨“人变成虫”的必然性时，学生们梳理了文章第二段到第五段的相关内容，得出了成名的人生困境，但容易忽视的是作者安排困境的“有意”。我接下来主要是针对这个部分进行引导，以期提升学生对困境的认识。

师：通过刚才对文本的分析，大家一致认为这篇小说里“人变成虫”是有其必然性的，因为成名已经面临着“无路可走”的绝境。成名的绝境由哪些内容构成呢？我们梳理一下。

生：科场失意、无法脱职、薄产累尽、捕捞无获、并虫也不能行捉，最后连神明指示的一头也被儿子弄死了。

师：如果我们对这些困境来做个分类，你觉得可以分成哪几类呢？

生：可以分成人的努力与神的帮助。前面的科场、薄产、捕捞、脱职，都可以看成是人的努力可以去做到的事情，但是成名都失败了；最后一个是上天的帮助，神明指示，可是也失败了。

师：也就是说，蒲松龄是存心要把他的主人公成名“逼上绝路”，所以我们在小说的一开端，成名的“死”就已经写了两回了——“忧闷欲死”“惟思自尽”，这两处有不同吗？

生：程度越来越深。“忧闷欲死”好像我们平常说的“愁死了”“累死了”，带有夸张的成分，但“惟思自尽”就是只想着自尽了，觉得已经一点办法也没有。

师：是啊，在这样的情境下，蒲松龄安排了一次神示。我们可以发现，小说用了两个自然段描写了成名如何求神，如何在神示的引导下捕获一只蟋蟀的过程，与前面“人的努力”的概述相比，用墨颇多。为什么？

生：可能神的作用是最后的一点努力，人走投无路的时候就会想着能有老天爷帮助就好了，老天爷保佑就是最后的一根救命稻草，所以写详尽点，这样最后的希望也没有的时候就更绝望。

生：我觉得可能因为这是小说情节上的第一个起伏，为了让情节一波三折，所以写详细些。

师：很好。我个人认为还有一种可能，因为后面有“人化虫”的情节，这里有神明指示，这样小说在整体上就具有了一种神秘怪诞的色彩，或者说，让我们在读后面的“人化虫”时不会觉得很突兀。

师：通过刚才进一步的分析，我们可以发现，“人化虫”的情节不是突然发生的，在这篇小说里具有它自己的必然性。蒲松龄为了建立这种必然性，将他们所有的希望全部彻底埋葬，无论是人的努力还是神的帮助，这才为下文的“变”做好了充分的铺垫。所以，当神明指示的那一头蟋蟀被儿子不小心拍死的时候，这个年幼的孩子就只能选择投井自尽，又自化为虫。

通过这部分的学习，我们可以发现，《促织》的“人变虫”的异化不是在巨大的偶然性中存在的荒诞，而是在诸多强大压力下的无奈，是由故事内在逻辑的推理中的自然生成。当人在生存的困境失去了存在的意义，除了异化没有更好地解脱理由时，他们就只能选择变成“虫”，这就是“变”的必然。

（二）教学扫描二："人变成虫"的合理性

这一部分是师生通常会忽视的内容。"人变虫"是荒诞的，但是有其必然性。在必然性的作用下，作家是否就会忽视合理性呢？在这一部分，我将和同学们探讨，如果"变"是必然，那么成名的儿子为什么非要变成一只促织呢？作者是如何处理这种"异化"（或是虚构）带给读者可能的不信任感呢？我们又将怎样看待这种合理的"异化"呢？

师：既然"人变成虫"是不能避免的事情，我想问问大家，成名的儿子为什么要变成一只蟋蟀呢？反正小说是作家的虚构，那么他为什么不能变成一只老虎、一只狮子，或者是更具神话色彩的一条龙？

生：他变成蟋蟀才能解决问题。因为他们家现在最需要的就是一只蟋蟀。

师：变成老虎、狮子、龙，也可以解决问题啊。比如吃掉那些压迫他们家的人，或者是带上父母逃离这个地方，躲到山里面去。

生：那我觉得，成名的儿子还很小，只有九岁，他可能想不到吃掉坏人或逃离的办法。

师：有道理。换言之，就算小说是虚构的艺术，作家也要遵从小说内部的逻辑链条。作为九岁的孩子，在自己犯下大错，命运之神似乎又给他开启了一扇可以选择的大门时，他幼小的心灵里只能想到，自己变成一只蟋蟀就好了，强烈的责任感和负罪感使他异化成蟋蟀在情感逻辑上显得自然且合理。这种异化，我们更觉得像是一种——

生：自我的惩罚。

师：所以，如果别人家的孩子可以七十二变，那么成名家的儿子就只能变成一只蟋蟀。那么，蒲松龄还通过哪些描写来让读者觉得这只蟋蟀是合理的呢？

生：对这只蟋蟀的描写，"短小，黑赤色"，因为是一个孩子变的，所以这只蟋蟀很小。

师：很好。大家发现了没有，自从这只蟋蟀出现之后，蒲松龄就给了他一个名字，叫他"小虫"。这个名字本身就饱含着作者对这个孩子深切的同情和怜爱。

生：作者还写了这只小虫和成名的互动过程。成名刚开始瞧不上它，"劣之"，想另外找，结果这只小虫"忽跃落襟袖间"，这就说明它和成名之间有关系。

师：是啊，我们读到这里的时候，就都知道了，这只小虫就是成名的儿子变的。为什么，因为这只小虫已经“反常识”了，虫子不躲着人，反而主动跳到了人的身上。这是因为，孩子为了帮助父亲，不惜把自己变成了一只促织。父子以这样的一种方式重新见面，我总觉得这是这篇冰冷的小说最为温暖的地方。

生：还有这只小虫和其他蟋蟀、和鸡争斗的过程。刚开始，这只小虫“蠢若木鸡”，可能是这个孩子还不知道该怎么斗。可是一旦开始，就“直龁敌领”，能够直击要害。后来跟鸡斗的时候，“虫集冠上，力叮不释”。这些都符合“孩子变成的促织”的逻辑。

师：很好。作者在描写这只蟋蟀时，始终注意到符合小说内在的逻辑，也就是要合理；是孩子，所以只能是只小虫；是孩子变的，所以这只小虫具备着一般虫子没有的灵性，包括后面的“每闻琴瑟之声，则应节而舞”。这只小虫，实际上是虫的躯壳与人的灵魂相结合的产物，所以，他才能一路高歌，节节胜利，直到最后改变了全家人的命运。

人变成虫是必然的，但必然并不代表着可以天马行空。通过这一部分的研讨，师生共同解决了文章第六、七、八三段的内容，明白了蒲松龄之所以这样处理故事的缘由，从而也对小说的虚构有了更深的认识。

（三）教学扫描三：喜剧还是悲剧？

小说的结局是一个喜剧，至少看起来是如此。因为这只小虫，从抚臣到县宰再到成名，每个人都因为这只小虫而富贵荣华。成名的儿子也苏醒过来，一家人从此过上了“裘马过世家”的生活。蒲松龄借异史氏之口，认为是“天将以酬长厚者”，并也指出“天子一跬步，皆关人命”。从作者创作的意义上来看，《促织》仍然只是传统的“劝谏文化”的一部分，蒲松龄仍然只是“借古讽今”，借明朝的人，说大清的事。但是，如果把“人变成虫”这个部分拿出来，放在“人”的自我认知的精神成长史上来看，这篇小说的异化就有了更深层的意义。

师：鲁迅先生曾说，“凡是历史上不团圆的，在小说里给他团圆，没有报应的，给他报应，互相骗骗。——这实在是关于国民性的问题”，指的就是中国古典小说惯常的大团圆的结局。在这篇小说里，成名一家最后获得了他们可能以前从未想过的富贵生活，成名的儿子也苏醒了过来，这也是一个大团圆。你们怎么看待这种中国式的大团圆的结局呢？或者说，当你读到这个结尾时，你的感觉是怎样的呢？

生：我觉得这种结局挺好的，因为它满足了读者的期待心理。我们看小说，就很希望里面的人物好人有好报。成名一家最后合家团圆了，生活也很好，我觉得挺高兴的。

生：我觉得心里有些不舒服。因为成名一家因为一只蟋蟀差点家破人亡，又因为一只蟋蟀而富贵荣华，这样让我觉得好像是“物”主宰了“人”的命运。

生：我觉得前半部分是悲剧，后半部分是喜剧。

师：我们之所以会认为前面是悲剧，因为我们看到了成名一家的走投无路，看到一个九岁孩子的被迫投井自杀。我们会觉得人的生命消失就是悲剧。我们再来看看，悲剧是怎么转换成喜剧的呢？

生：人变成虫。

师：“人变成虫”意味着什么？

生：意味着放弃人的身份，放弃人的价值，以一只虫的形态活着。

师：也就是说，成名一家能够最终过上“人”的生活，是以他们后代的“非人”行为，也就是把一个人的灵魂蜷缩在一个促织的体内为代价的，也是以他的父母陷入深深的绝望为代价的。那么，从人的价值来看，这是喜剧还是悲剧呢？（生：悲剧）

师：更何况，这种异化是主动的吗？是随心所欲的吗？都不是。这种异化甚至连反抗都算不上，因为他变无可变，因为他只能变成一只蟋蟀，因为他要主动迎合官方意识形态的收编。所以有人认为，这篇小说的悲剧“不是人之投井自尽，而是人之自我否定，不仅否定了自己的生命，而且连人的价值、人的尊严也一起否定了”。刚才有同学说，是“物”主宰了“人”的命运，是这样的吗？

生：不是“物”主宰“人”，还是“人”主宰“人”，是因为皇帝喜欢促织才让促织具备了这样看似强大的力量，背后还是当朝统治者。

师：或者，更准确地说，也不是“人”主宰了“人”，是——

生：“权力”和“专制”主宰了人。

师：是的，是权力和专制让本是民间的促织之戏，变成了人成促织之戏。

三、思辨读写

（一）比较阅读《促织》和卡夫卡的《变形记》，同样是写人的异化，他们有何异同？

（二）马克思在《〈黑格尔法哲学批判〉导言》中提出“人是人的最高本质”这个命题，学习了这篇文章，请你谈谈你对这句话的理解。

四、教学资源链接

1. 翁君怡，《异化道路上的不同命运——〈促织〉与〈变形记〉中异化的比较》，《东南传媒》，2006 年第 4 期 49—51。

2. 詹丹，《神秘情节中的因果逻辑——重读〈促织〉》，《语文学习》，2016 年 7 月 55—59。

3. 毕飞宇，《传奇的高度与日常的真实——读蒲松龄〈促织〉下》，《文汇报》，2016 年 8 月 5 日第 11 版。

4. 陈德琥，《畸变中有异趣　荒诞里寓灼见——〈促织〉〈变形记〉“人变虫”艺术符码解读》，《合肥工业大学学报（社会科学版）》，2007 年第 3 期 119—123。

揭示叙事艺术密码　领略革命浪漫情怀

——《百合花》思辨教学案例

西北工业大学附属中学　孔令元

一、核心问题：《百合花》中为什么要设置“我”这个角色？

《百合花》是作家茹志鹃创作于20世纪50年代的一篇短篇小说，曾入选高中语文教材。作为一篇自发表之日起就备受关注的革命历史小说，作为一篇被当代文学界研究甚多的小说，作为一篇具有丰富性和隐秘性的文本，除了思想价值之外，小说具有的什么样的艺术魅力，使它这样经久不衰，长期被人关注？

北京大学教授洪子诚在《中国当代文学史》中曾指出：“茹志鹃、刘真等在‘当代’对‘革命历史’的讲述，是有所不同的方式。他们的带有抒情性的作品，传达了更多的个人经验，显现了某种‘另类’的色彩。”从这可看出《百合花》特殊的艺术形式与审美特点在当代文学史的重要价值和意义。正如歌德所说，“优秀作品无论你怎样探测它都是探不到底的”，思考《百合花》的艺术魅力，揭示其创作的艺术密码，感受其浪漫的革命主义情怀，思考其对当代作家创作的影响，仍具有重要意义。

《百合花》一文的教学案例，教学目标和教学重难点大多集中在以下几个方面：

1. 理清文章情节，通过分析通讯员和新媳妇的人物形象，分析人物身上小说表现的革命责任感和人性的光辉、纯洁的品质，揭示小说表达军民鱼水情，传递美好人情人性的主题。

2. 先通过品味生动细节来感知人物身上的人性美、青春美，再引导学生立体思辨看待人物，通过合作探究，从不同角度和层面发掘“百合花”这一主题的独特意蕴。

3. 赏析文章的诗化风格。

无论是对小说人物、细节描写，还是语言风格的赏析，都侧重对文章内容方面的分析，而对小说如何表现这些内容缺乏细致入微的思考与设计。一些教学设计似乎注意到了这些问题，分析了通讯员和新媳妇的人物形象，认为这两人是小说的主要人物，并通过其关系解释小说主旨，但却未注意“我”这个人物的重要作用。的确，通讯员与新媳妇的确是小说的主要人物，在他们身上寄托着作者想“努力发现生活中美的东西”的审美理想。但是，如果仔细分析小说的人物，我们发现，小说中的“我”不仅不是一个若有若无的龙套人物，反而是一个个性鲜明的艺术形象。因此要理解小说的主题，解释深层艺术密码，必须完整准确把握人物，并把人物放在关系中去研究分析。

本文的核心问题，是全面深刻地理解小说中“我”和其他两人的关系，通过揭示“我”在叙事技巧、人物塑造、主题表达、审美理想表现等方面的重要作用，更好理解小说的主题和人物形象塑造的意义。

二、教学设计

本文的核心问题，是深入理解小说中“我”在多方面的重要作用。显而易见的是，“我”是小说的叙述者，作为小说三个人物之一，“我”也参与了情节。小说前半部分主要写“我”和小战士从陌生到熟悉的过程，用“我”对小战士态度和心理活动的变化来表现这一内容：

小说开头“我开始对这个通讯员生起气来”，然后不久“我不禁对这通讯员发生了兴趣”，后来认出老乡“我立刻对这位同乡越加亲热起来”，再到后来“我已从心底爱上了这个傻乎乎的小同乡”。

当“我”对小战士产生喜爱之情后，后续情节还有大量的“我”对小同乡关爱的内容：

如我看到他的衣服没有缝上时，“我真后悔没给他缝上再走”；当我拉开一个重彩号的符号时，“我突然打了个寒战，心跳起来”；通讯员牺牲以后，

“我猛醒悟地跳起身”……

由此可见，这篇小说中的“我”不是可有可无的人物，“我”不像鲁迅《孔乙己》中的小酒保，只是小说故事情节的叙述者，只是一个线索式的扁平人物。“我”的性格丰满，还参与了小说的情节，结尾“我”的部分话语，既有“反思者”的成分，对小说主题表现也起到了重要作用。

基于此，我的教学设计分为以下几个环节：

（一）前置学习：了解作者生平经历和本文写作背景。

（二）教学重点：分析“我”的作用，理解小说主题。在教学时，由浅入深设置如下问题：

1. 梳理情节，归纳本文写了哪几件事。

2. 筛选信息，理清主要情节中“我”和通讯员、新媳妇的关系，分析人物的不同性格，归纳三人的性格特征，继续进而思考“我”对塑造小说主要人物的作用。

3. 结合相关背景，设置相关思辨性思考问题，如“没有‘我’会产生什么效果”“换一个异性叙述者又会如何”等问题，深入分析设置“我”的重要意义，结合小说主题思考小说的叙事人称和叙事技法的选择与主题表现之间的关系。

（三）教学拓展：拓展阅读相关小说，整合思考，更深入理解小说中“我”这个人物设置在叙事技法、主题表现中的重要意义和独特价值。

三、教学扫描及反思

（一）教学扫描一：“我”对小说主要人物塑造的作用

通过预习和筛选信息，学生们能找到相关情节，厘清人物关系，并分析了三个人物不同的性格特征，为接下来开始讨论“我”对小说主要人物塑造的作用打好了基础：

师：前面已经分析得出，通讯员纯朴略带羞涩又正直勇猛；新媳妇开朗、俏皮又充满爱心；“我”的形象特点也很鲜明，那么请大家继续细读文本，筛选信息，思考：作者在塑造小战士和新媳妇的形象时，“我”有没有发挥作用？

生：可以这样理解吗，就是说小战士的一些性格特点，是通过“我”的眼睛观察出来的。比如小说前一部分通过写我对通讯员态度的变化，从“生气”到“发生兴趣”到“越加亲热”，再到“爱上了这个傻乎乎的小同乡”，不仅传递情感，更是侧面表现传递通讯员的拘谨、可爱、羞涩、年轻等性格特点。

师：好的，你注意到了侧面描写的手法，这是人物塑造一种非常重要的手段。还有吗？

生：我觉得“我”对塑造新媳妇也有作用，还是侧面描写。

生：我不同意，我觉得“我”对新媳妇的塑造侧面描写并不如对通讯员那样明显。

师：同学们有了分歧，我们不妨这些来思考一下，我们以前读过一篇小说叫《孕妇和牛》，小说中“牛”和孕妇具有的共同特点都是怀孕，都具有母性，当然我们的类比可能不是很恰当。再看这篇小说，“我”和新媳妇都是女性，她们之间有相似性吗？

生：有，都很善良、慈爱。

师：对。那有没有不同特点呢？仔细找找小说的细节，看看有没有新的发现。

生：我觉得小说中的“我”是一个文工团的同志，根据情节感觉比新媳妇年龄稍大一些，也稍成熟一些。两人角色也不同，“我”是到战斗连帮忙工作的，新媳妇是刚结婚三天的农村女子。我认为新媳妇对通讯员的情感，更多表现的是作为一个女人的那种温柔、关怀，而“我”身上更多体现的是一种革命同志之间的或革命战友之间的友谊。

师：很精彩。这位同学注意到了人物之间相同身份，但他能同中求异，注重分析两人的互补性特点，同为女性，年龄接近但性格表现有差别。大家注意到这个小说的叙述者是一个“女性”，我们不妨深入追问下去，如果小说的叙述者换成一个男性，是否可以？对主要人物的塑造的作用有没有变化？

生：如果是一个男性，我觉得前面很多分析的很多结论就都不成立了。“我”身上表现的这种革命同志之间的友谊似乎也体现得不是那么鲜明。

师：能具体说说吗？

生：首先，如果叙述者变成一个男性，那么“我”对通讯员的从“生气”到“发生兴趣”到“越加亲热”这种情感就无法表现了，两个男性，年龄相差又不大，好像产生这种情感是有问题的（生笑）。即使两人在工作过程中友谊逐渐加深，但这也仅限于“友谊”，而不像小说中，作为女性的“我”对通讯员的情感可以存在部分“越界”的特点。这种“越界”越深，说明“我”对通讯员的认识越深刻，认识越深刻，对通讯员品质的表现就越充分。作为一个男性的“我”，实在是无法达到这样的目的。（生鼓掌）

生：我还想补充一下。小说当中的某些情节是有特定安排的，也是作者精心设计的。比如借被子，如果两个男的去借，当然被子也能借出来，但是对于表现通讯员的那种难为情和尴尬的特点，就没有“一女一男”的这种模式表现得充分。

生：我也补充一下，我觉得两个女性性格既有相似性，又有区别，放在一起，是有作者的深意的。“我”的身上革命性较强，女性的气质虽然体现了一些，但表现得不如新媳妇突出。“我”的革命性比新媳妇强，这既与她的身份有关，也与小说的叙述有关。所以，我感觉作者其实想把这两个人物并列在一起，目的就是为了塑造完美的女性形象。这两个女性的结合，就是在那个革命战争年代，既有革命性又有母性还有美好的人性的完美女性形象。（生鼓掌）

师：同学们的分析都很精彩，老师为大家点赞。通过这个叙述者的改变，我们发现了很多以前没有发现的、隐藏在文本背后的秘密。我们今天的思考也给后文主题的分析打了一个很好的基础。这也启示我们，必须把人物放在关系中去分析，而不是孤立地看待。必须注意人物的特点和身份，当然还有性别。

……

余党绪老师在《以三个转化推动整本书的思辨性阅读》一文提到，如何唤醒学生的思维并让思维处于持续的、有效的推进状态？关键是要找到真问题。有了真问题，思考就有了目标与原动力……说到底，让学生带着问题去阅读，或者在阅读的过程中发现问题，这是将阅读转化为思维的关键。

学生在思考“我”的作用的时候，思维常常受到限制，可能会想到初中课文中的相关知识，简单地用以故事的讲述者、情节的参与者等术语为代表的思维模式去套。在分析人物时，学生对正侧面描写掌握较好，但除此之外思路尚未打开。面对这种情况，教师应及时搭脚手架，把过去所接触过的类似小说和文本进行类比。在分析一段时间后，发现学生思路有所突破，但仍然没有完全打开，这时适时抛出“如果小说的叙述者换成一个男性，是否可以”的问题，顿时一石激起千层浪，学生的思考开始变得逐渐丰富和深刻。

通过分析，小说中“我”在人物塑造上的作用已经很清晰呈现，三人互补，对塑造每个人的形象都有作用，不同性别对人物塑造也有不同作用。分析了这一点，后续再去探究人物塑造对小说多元主题的表达，就会清晰许多。

（二）教学扫描二：通过“我”的作用深刻理解小说主题

前面主要分析“我”对人物塑造的作用，这样做的目的是为后面的分析打基础。但分析“我”的作用的目的，不只是为了更好地理解人物形象，更是为了理解小说的主题、创作技巧和作者创作的审美风格。所以接下来，继续追问“我”的其他作用，进而深入到小说主题和审美风格方面的探讨。

师：同学们，我们刚才分析了小说中“我”对人物塑造的作用。请大家再次细读文本，找找看，“我”在文中还有什么作用？思路可以放开一点。

生：“我”在文中除了记叙与通讯员和新媳妇的交往经过，还用了大量篇幅写了故乡的中秋节，这显然在文中属于回忆性的内容。从叙事节奏来讲，这段描写穿插在战斗情节之前，有舒缓小说节奏的作用。

生：如此紧张的战斗氛围中，作者的描写却不乏诗情画意，给人感觉有点像《边城》的味道，有散文化的感觉。

师：都说得有道理，迁移能力还比较强。其实，这种给文章增添诗情画意的方法全文还有很多，比如？

生：比如对树枝和菊花的多次描写，既是文章前后内容的照应和铺垫，也是一种诗意的营造。

师：很好，你找到了。茹志鹃的《百合花》是战争体裁，但是她以小见大，表现战争主题。而且风格清新飘逸，总有一种诗意在流淌。难怪有的研究者说这些小说在写战争的小说中有点“另类”。这个同学讲的内容，我们可以一起再看一下，第 16 页到第 17 页，作者为什么这时要回忆故乡的中秋节景象呢？直接原因是什么？

生齐：因为他吃了一块家做的月饼。

师：在战争的特殊时刻，写家中的中秋节，除了营造诗意，又有何深意呢？

生：中秋节是中国传统节日，家人相聚，吃月饼，赏月亮，可能小说中的主人公“我”在战场，不能和家人团聚，有一种思乡之情在里面流露。

师：不错，很有道理。我们预习的时候发了一份资料，提到这篇小说写于1958年，正在“反右”斗争的高潮，许多作家知识分子都受到了打击，人与人之间的关系也非常紧张。相比之下，战争中淳朴真挚的人际关系、家庭成员之间的那种亲情更加令人怀恋。我想“我”眼中的这段描写还有这样的作用吧。

……

师：我们还可以来探讨一下“我”对小说主题的影响。我们不妨换个思路，如果小说没有“我”这个人物，这篇小说的主题什么？

生：这个应该很清楚，通讯员是军，新媳妇是民，小说表现的就是军民鱼水情。

师：概括得很精当啊，赞一个！那现在加上了“我”，主题是不是就变得表多元和复杂了？

生：是的，加上“我”以后，由于“我”是小说故事的讲述者，新媳妇和通讯员之间的故事很多都是通过“我”讲述出来的，而且“我”还常常跳出情节，穿插一点诗意的描写。

师：那你就从你以上的分析继续深入思考，你觉得小说的主题可能还有什么？

生：我觉得还有就是表现了新媳妇和通讯员之间那种有点朦胧、有点暧昧的说不清道不明的情感。（众笑）

师：大家别笑，他讲得有道理吗？

生：还是有一些的。

师：我也觉得。因为小说叙述方式的关系，两人很多的对话与情节都被省略了，我们如果能脑补一下，会觉得很有意思。通讯员十八九岁，青涩淳朴，还有点傻乎乎的感觉；新媳妇也才过门三天，略微成熟一点但也很年轻。所以综合来看很多情节，比如借被子、小说结尾就能表现这一点。和前面我们曾经分析的一样，你如果把小说的叙述者变为一个男性，是不是就表现不了了。好，还有吗？

生：小说由于穿插了“我”的叙述，加之前面分析到的对人物塑造的互补作用，加之小说的标题叫《百合花》，新媳妇最后把绣有百合花的被子盖在了通讯员身上，我觉得这篇小说的主题是表现新媳妇身上美好的人性，那种关爱。

师：说得好，细节抓得准。那么你说新媳妇身上有美好的人性，“我”有没有，通讯员有没有？

生：哦，其实都是有的，只不过“我”表现得不太明显。那么这篇小说的主题可以概括为表现战争年代人们身上美好的人性。

师：同学们分析得非常好。我们继续，不妨换个思路，我问大家这样一个问题吧：如果小说的叙述人称从第一人称变成第三人称，会发生什么变化？大家从主题、阅读效果等角度，都可以谈谈。

生：我觉得小说不如以前亲切，当然第三人称本身就比较客观，但是在这篇小说中有多“我”表现出的人物情态就没有了，那种亲切、那种关爱、那种思考。如果要说主题的话，我觉得主题对于表现美好的人性会有所削弱，情感的力度就没有原来小说那么浓重了。

生：我补充，我在预习这篇小说的时候，发现小说本身带有作者自己的生活经历，用第一人称写就更好地把作者当年生活的影子渗透进去，通过第一人称的所思所感，表现作者自己的思考。而且老师前面也分析了作者除了想表现革命性主题之外，还想表达对人性的思考，人性的那种美好、那种温情。第三人称对表达这种人性美好就没有第一人称那么好，显得过于客观，缺乏情感的浓重，完全是一种站在局外的视野。

师：好，同学们从多个角度进行了人称的分析。到这里，我们可以说，作者的人称选择与作者所要表达的内容、主题有密切关系，绝不是轻率的选择。同学们接下来可继续深入思考。

……

经过师生的共同研讨，我们发现：“我”的作用简直太多了，她不仅对小说人物塑造有作用，对小说主题的多义性也有影响，还关涉到茹志鹃小说艺术特色和审美风格方面，甚至还有小说空白或虚构手法的使用。如此一来，小说的情节、人物、场景、主题、虚构、叙述等诸多问题，都在主问题的统摄下一一解决了，而且学生的主动性、能动性得到了极大的发挥，有很多答案也超出了教师的预设。

深感于此，又回到前面的话：说到底，让学生带着问题去阅读，或者在阅读的过程中发现问题，这是将阅读转化为思维的关键。

四、思辨读写

隐含读者是由德国文学理论家伊瑟尔提出的一个概念，所谓隐含读者，是相对于现实读者而言的，是指作家本人设定的能够把文本加以具体化的预想读者。伊瑟尔指出：隐含读者不是实际读者，而是作者在创作过程中预期设计和希望的读者，即隐含的接受者。它存在于作品之中，是艺术家凭借经验或者爱好，进行构想和预先设定的某种品格。并且，这一隐含读者已介入创作活动，被预先设计在文艺作品中，成为隐含在作品结构中的重要成分。显然，这个“隐含读者”排除了许多干扰因素，更符合作者的“理想”，甚至可以说，是第二个作者，即作者自言自语时的聆听对象。

请查找资料，并结合你的思考，探讨《百合花》中是否存在“隐含读者”，为什么？

五、教学资源链接

1. 洪子诚，《革命的另类记忆》，《中国当代文学史》，北京：北京大学出版社，102—105。

2. 陈思和，《战争小说中的人性美》，《中国当代文学史教程》，上海：复旦大学出版社，68—73。

3. 茹志鹃，《百合花的写作经过》，《语文教学与研究》，1996（5）。

4. 茹志鹃，《生活经历和创作风格》，《语文学习》，1979（1）。

5. 余党绪，《以三个转化推动整本书的思辨性阅读》，语文学习，2019（10）。

袁隆平，昂步前进的中国科技代言人

——《喜看稻菽千重浪》思辨教学案例

上海师范大学附属中学　郝丽云

一、核心问题：袁隆平获得首届国家最高科技奖有哪些理由？

《喜看稻菽千重浪——记首届国家最高科技奖获得者袁隆平》放在新教材第二单元，属于“实用性阅读与交流”任务群。它与另外两篇人物通讯一起，试图让学生通过把握典型材料和生动细节，体会人物个性，思考劳动的不同内涵和价值，学会阅读新闻的独特方法。

关于这篇课文，许多教学案例设计主要是从人物通讯细节和典型事件入手，探究人物形象和劳动的价值特点等。这类教学设计的优点是抓住了叙事的特色，能较快引导高一学生切入主题；但在另一方面，却容易忽略了人物通讯特别是特写通讯的新闻视角及其价值，以致对于人物的理解也会浮于表面。“所谓‘新闻视角’是指关于如何发现、报道、突出、强化新闻，促进所报道的新闻广泛和有效地传播，引起人们普遍关注的一套方法论。”“记者在建构新闻事实的时候，往往通过选择叙事视角和视点，选择不同的词语和句式，或明或暗地显示出自己的立场和传播目的。”[①]从发表时间上看，《喜看稻菽千重浪》有一个副标题——“记首届国家最高科技奖获得者袁隆平”，发表于2001年2月22日的《科技日报》上，是颁奖后的第三天，它并没有全面立体式地去展现

① 兰东兴，《新闻报道的角度、深度和可信度》，《新闻窗》，2015年第四期。

人物，而是属于特定事件背景下的人物特写。它的新闻价值就是要向新闻受众传递科技人物的时代风采，弘扬时代精神。从文本上看，这篇通讯的四个部分以时间为顺序，跨越三四十年，而撷取四个杂交水稻发展关键时期的事例，是为了从国家几十年来科技发展的角度突出袁隆平的形象和价值。如果仅用常规的人物通讯的艺术特色作为教学切入口的话，袁隆平所代表的科学家的品质和情怀、新中国科技研究的优势与进步、中国科技发展的前景等具有时代感的新闻价值就难以凸显出来。因此，我们要区分通讯与一般写人叙事作品，才能实现新闻文体阅读教学的意义，应该以文本特色为核心，紧紧抓住杂交水稻发展史的独特视角，补充必要的新闻背景，才能深入思考事例和细节，探讨袁隆平的风采。这样既兼顾到人物形象和描写艺术，更能进一步引导学生思考新闻背后的价值。

由此，我的教学设计了以下几个教学环节：

（一）课前布置预习：这篇人物特写中通过展示了袁隆平的哪些特点，来表现首届国家最高科技奖获得者的风采？圈划出具体语句并分析。

（二）导入：播放《父亲写的散文诗》歌曲，重温时代背景，再用对比的方法呈现饥饿年代与富庶时代差异，直观呈现袁隆平的科研对国家发展人民生活的重要性。

（三）教学重点：围绕核心问题“从通讯中看出袁老获得首届国家最高科技奖有哪些理由？”展开。首先，根据事例和细节探讨袁隆平的形象；其次，探讨本文的新闻视角，由此来补充时代背景和历史数据，深化袁隆平的形象内涵；最后，探讨独特视角与新闻价值关系。

（四）小结人物通讯的阅读方法；拓展阅读《“探界者”钟扬》，分析其报道的角度及其新闻价值。

二、教学扫描与反思

（一）教学扫描一

在探讨袁隆平的人物形象的过程中，学生们能较快地关注到细节描写背后的人物特点，而且思考的方向不尽相同，但有时回答会直接给判断而没有联系具体事实。而且人物形象的概括会比较脸谱化。

师：多数人物通讯是通过“讲故事”的方式，撷取人物典型事例、感人的细节，用事实打动读者，弘扬时代精神。在这篇通讯中“袁隆平”有哪些形象特点呢？

生：我认为他作为科学家，却能像农民一样“蹲田头”，踏实执着的样子很感人。文中第一章节中“跨过”“迈步”“挽起”“泥腿子专家”等词语能体现出来。

生：我也发现了这一点，而且这样的细节，作者在1961年、1964年、2001年都有描写，可见袁隆平老先生，坚持了五十年！可见他老人家长期以来不畏艰辛，奋战一线。

生：我觉得他最厉害的还是发现了杂交水稻普及的方法，对于科学家来说，最重要的还是创新，第二部分小标题里说“创新是科学家的灵魂和本质”。

师：小标题是事实还是论点呢？

生：是论点。

师：那么我们需要结合事实来看，袁隆平的创新事件具体指什么？

生：当时美国教科学上说“杂交无优势”，而袁隆平更相信事实，并且坚持研究。

生：当时美国、日本都有研究，但难度大，没有在生产中应用。而1964年袁隆平发现了天然雄性不育株，而且两年后写了论文，“宣示了袁隆平的理论设想和实现途径，开创了水稻研究的新纪元”。

生：他的创新是在坚持实践的基础上，突破了当时既定理论和现有的实践方案，而寻找到解决问题的新方法。这一点对于一个科学家来说很必要很可贵。

……

《普通高中语文课程标准（2017年版）》在“思辨性阅读与表达”学习任务群中明确要求学生要“学习表达和阐发自己的观点，力求立论正确，语言准确，论据恰当，讲究逻辑”。因此，我们在引导学生思考时，尽量要求学生从文本出发，寻找判断的依据，同时鼓励学生从不同角度去补充和思辨。另外，人物通讯中往往包含事实与观点，我们在阅读过程中引导学生区别两者。这篇文章的前三个小标题是论点，是需要从事实层面分析推导和论证的，从而才能真正理解袁隆平的“创新”“捍卫真理”等真正内涵。即使是这样细节的探究也还是无法全面回答袁隆平获得国家最高科技奖的理由，需要我们进一步思考。

（二）教学扫描二

在初步把握袁隆平的形象之后，我们回归到核心问题的思考上来，以激发学生的自我质询与论证的过程。

师：刚才同学们总结出袁隆平身上许多可贵的品质，严谨踏实、不畏艰辛、坚持实践、敢于创新、捍卫真理等，那么以上这些是不是构成获奖的充分理由呢？

生：这些似乎重点在科学家的精神，好像还没有谈到和国家的关系。

生：这些理由不充分，还要从对国家的贡献上来谈，所以作者在第四部分中写到“由于杂交水稻的研究成功，开辟了粮食大幅度增产的新途径，大面积推广给我国水稻生产带来了一次飞跃”。

生：杂交水稻不仅对中国有重大贡献，而且还走向世界，甚至美国也要向我们学习呢！

师：同学们的发现很有价值，获奖还因为他的科研成果对国家有重大意义。不仅如此，我们还可以从这篇通讯的报道视角来进一步探讨。大家有没有注意到四个部分之间有什么关联？

生：前三个部分重点讲科学家的精神品质，最后部分从贡献上谈。

生：好像是按时间顺序来安排的。

师：第一个同学似乎有道理，那么文章是否有暗示精神品质之间、精神品质和贡献之间的逻辑关联呢？

生：文中好像没有，好像比较松散。

师：我们再看时间顺序，请大家在四个部分中划出相关的时间表述来。

生：第一部分是从2001年春节，倒叙到1961年7月；第二部分重点描写了1964年7月5日的事；第三部分是1992年6月18日；第四部分时间点比较多，1986年、1995年、1997年，近十几年来。

师：为什么会选取这些时间点的事来重点交代呢？

生：这些时间发生的事正好是杂交水稻发展的关键点。

师：大家的发现很重要，很明显，本文是基于杂交水稻的发展历史的视角来展示袁隆平的风采。每篇新闻都有自己独特的新闻视角，新闻视角能够透露作者的立场和思考。读懂新闻视角就能读懂新闻。

师：关于 1961 年甚至更早之前的农业史，我们需要更多了解：

资料一：三年的“大跃进”等政治运动和自然灾害，导致粮食产量大幅下降：

1957—1961 年粮食生产与人口数量变化表①

年份	1957 年	1958 年	1959 年	1960 年	1961 年
粮食总产量（百万吨）	195	197.7	169.7	143.9	136.5
人均粮食（kg）	302	300	252	217	207
死亡率	10.8‰	11.98‰	14.59‰	25.43‰	14.33‰
死亡人口（万）	698	791	981	1684	944
新增人口（万）	1502	1138	685	−303	250

资料二：有学者对《中国历代自然灾害及历代盛世农业政策资料》《中国灾害通史》两书的统计中，发现“西汉—清代（206BC—1911AD）共 2117 年中有饥荒记载的年份达 826 年，占总时间跨度的 39%，饥荒事件记录共 2073 条，……累积共记录了受灾次数 4186 次”。②可见不仅在灾害的三年，而是在漫长的历史中，饥荒始终困扰着中国大地。中国的历史几乎可以说是反饥饿的斗争史。因此，“国以民为本，民以食为天”“仓廪实而知礼节”“手中有粮，心中不慌”“无家不稳，无粮则乱”，这些耳熟能详的语句表明了粮食在中国政治经济文化中重要地位。

资料三：我国杂交水稻种植面积占全国水稻面积的比例由 1976 年的 0.38% 到 1997 年的 50.81%，杂交水稻平均比常规水稻增产 20% 以上。全国每年增产的稻谷可以养活 7000 多万人口。“10 年来（1993 年—2003 年）我国粮食产销实现了由长期向总量大体平衡，丰年有余的历史性跨越”“全国平均每个消费大米在 12000 万吨左右，折合稻谷 17000 万吨左

① 数据获取自国家统计局网站。

② 滕静超、苏筠、方修琦，《中国西汉——清代饥荒序列的重建及特征分析》，《中国历史地理论丛》，2014 年 10 月。

右。目前全国大米供求平衡有余。”①

……

师：看了以上资料，大家有什么认识？

生：没想到，中国作为传统农业大国，竟然有饥荒?！而且不仅一次两次！还造成人口锐减！看来我们实在太幸运了，生在今天的中国。

生：难怪袁隆平会深受饥荒的刺激，现在我们能理解他把粮食增产作为毕生的追求。

“思辨性阅读，必须穿过语言的雾霾，厘清文本的事实，理清文本的逻辑”。“思辨是在反复的质询与反驳中达成的”。② 我们要注意这篇人物特写四个小标题之间的逻辑并不鲜明，看似观点但反而掩盖了真正的逻辑和新闻视角，应引导学生去思辨。著名时评家曹林曾经说过“了解一个社会最好的途径，就是先去观察每天的媒体都报道些什么，每天这个社会中都发生着一些什么”。新闻的实质是真实地反映时代，读新闻讲新闻如果脱离了时代背景，就等于抛弃了它的本质。这篇通讯写于 2001 年，离现在有些远，但在文中已经多处交代了跨越数十年的时代背景，串成了独特的新闻视角。同时，我们有必要补充中国历史上粮食与民生的数据，让学生真切感受到当时的苦难，才能体会袁隆平发现对于中国农业发展史突破性的意义。恩格斯曾说过：“社会一旦有技术上的需要，则这种需要就会比十所大学更能把科学推向前进。”③ “袁隆平获奖理由”的回答，除了其个人风采外，是离不开时代原因的，或者说，从历史和时代背景去进一步理解个人风采，才能完整地诠释新闻的价值。另一方面，学生也会由此思考到个人劳动与社会需求与价值的密切关系。

（三）教学扫描三

在明确本文独特的新闻视角之后，对之前梳理的袁隆平的形象进行再深化、再丰富，从而进一步思考袁隆平的获奖理由，最后探寻这篇人物特写的新闻价值。

---

① 吕新业，《我国粮食安全现状及未来发展战略》，《农业经济问题》，2003 年第 11 期。

② 余党绪，《思辨性阅读：走向真知的必由之路》。

③ 《马克思恩格斯选集》（第四卷），人民出版社 1972 年版，第 505 页。

师：那么，我们来遵循中国杂交水稻的历史梳理一下袁隆平的贡献，由此再进一步理解袁老的风采。请同学在文中圈划出时代背景和袁隆平相应的描写。

生：我在第一部分找到一处联系："20世纪五六十年代我国普遍发生的饥馑"与"青年袁隆平下定决心"。那时，我国还没有杂交水稻，但袁隆平已经立志去找解决粮食问题的办法，因此，才会有后面1961年的发现。

师：你阅读得很仔细，"下定决心"才会有后文的细致的动作描写和心理刻画。

生：那这里是不是也是展示袁隆平的为国为民的大情怀呢？

师：当然。作为农业大国，耕地面积和农民数量较多的传统农业大国，饥饿的乌云却一直徘徊在上空。这是袁隆平开展杂交水稻的沉甸甸的历史背景，更是他执着前行的动力。

生：第二部分第五段又说进行杂交水稻"中国有中国有利条件"，我不太理解。

师：大家看看，这是2019年"惠农网"上高产水稻的前五名杂交稻的数据。

连粳11号	适合江苏省淮北地区种植，推广面积为723万亩。
湘早籼45号	适用于湖南省稻瘟病光照区的双季早稻种植，推广面积已达到774万亩。
龙粳39	适合黑龙江省第三积温带栽培，推广面积为916万亩。
龙粳43	适合黑龙江省第三积温带栽培，推广面积已达792万亩。
龙粳31	该品种只适宜在黑龙江省第三积温带上限种植。近三年推广面积4215万亩。

看了这份表格，大家了解了杂交水稻是需要在不同地区去长期反复试验研究的。因为袁隆平的论文发表后，袁隆平一直找不到不育系，无法继续研究。在1970年，湖南省迅速开展了一个由专业人员和农民相结合的"寻找不育系"的运动，不久形成了席卷全国的"寻找不育系"运动，形成了一个全国的协作小组，袁隆平任组长。所以，才有了文中所说的"没有这样的大协作，杂交水稻研究绝不会取得今天这样瞩目的成果"。可以说，袁隆平的创新不仅是个人科研上的创新，更是中国科研体制的创新，而他正是领导者。

生：第三、四部分好像和科研没有什么关系。

生：第三部分是反驳批判杂交水稻的观点，强调科学家的实事求是的精神。

师：对的，那么杂交水稻除了解决全国十几亿人民的温饱外，还有什么重要意义吗？

生：文中有句话“农民不富裕谈不到现代化，单产上不去农民就富不起来”，就是说种杂交水稻能增加农民收入。

生：推广杂交水稻还能帮助世界其他国家解决粮食问题，还到埃及召开的国际遗传学大会上去交流了。

生：我注意到“圣地”一词，表达出各国水稻科研工作者对我国技术的仰慕之情。

师：大家说得对，文中提到的“863-101-01”专题，就是国家制定的《高技术研究发展计划（863计划）纲要》中的头号项目，这说明国家对于百姓温饱、粮食安全和农民收入等问题的高度重视，而经历几十年的不断实践和创新，杂交水稻已然成为我国科技走向世界的品牌。从这个角度来看，同学是否能回答：袁隆平为什么能获得首届国家最高科技奖呢？

生：袁隆平的科研解决了民生问题，帮助农民致富。

生：袁隆平身上展现中国科学家的为社稷为苍生谋福祉的家国情怀。

生：袁隆平的科研创新具有中国特色，并且成功登上世界舞台，为中国赢得荣誉。

师：有人曾经把杂交水稻与“两弹一星”进行比较，两者都是建国初期举全国之力研发的两大技术成果，前者为稳定的政治环境提供了保障，后者为国防安全提供了保障。确实，从中国杂交水稻的发展史来看，杂交水稻的成果解决中国千年来悬而未决的难题，代表了中国科技的跨越式发展，甚至代表着中国要迈向科技强国的雄心。而袁隆平的价值，不仅在于科学家袁隆平具有的使命感、创新和实事求是的品质，也在于他成为中国式科研的战果，是这个时代科技富民兴国的标杆，这也许就是颁发首届国家最高科技奖的重要意义吧。

这个环节涉及杂交水稻科研的专业知识和一些国家战略政策知识，学生如果不太熟悉的话，对文本里的一些词句会不太敏感。但是在补充必要的一些背景后，学生还是能从国家层面、时代层面理解袁隆平的价值和意义的。相比第一个环节中仅把握袁隆平科学精神，这个环节的探讨和细读，更能紧扣时代内涵去挖掘人物意义，彰显新闻阅读的特殊性。同时可以启迪学生思考个人劳动与社会发展的深层关系。

三、思辨读写活动

（一）阅读《袁隆平又刷屏了，但这次大家有点担心》，思考：与本文报道的角度和主题有何不同？为什么不同时期的报道选择的角度立场会不同？

（二）阅读《“探界者”钟扬》，思考本篇通讯的独特视角与价值

四、资料链接

1. 余党绪，《思辨性阅读：走向真知的必由之路》。

2. 曹林，《时评写作十讲》，上海：复旦大学出版社，2017 年。

3. 兰东兴，《新闻报道的角度、深度和可信度》，《新闻窗》，2015 年第四期。

4. 袁文，《咬住细节、追问主题，读懂中国故事》，《语文学习》，2019 年 11 月。

5. 李黎红、倪建平、陈乾、李西明，《中国杂交水稻的发展和展望》，《种子》，2013 年 2 月。

6. 李晏军，《中国杂交水稻技术发展研究（1964 年—2010 年）》，南京农业大学博士学位论文 2010 年 12 月。

7. 袁隆平，《请别再向超级稻泼脏水》，《环球时报》，2015 年 10 月 9 日。

8.《袁隆平又刷屏了，但这次大家有点担心》，澎湃新闻，2019 年 12 月 11 日。

深入理解“拿来主义”的内涵

——《拿来主义》教学案例研究

上海师范大学附属中学　张培培

一、核心问题：究竟什么才是“拿来主义”？

《拿来主义》是鲁迅先生的经典杂文，是高中语文教材的传统篇目。鲁迅是具有超越性的思想家，他离开我们虽已八十余年，但他当年所思考、所焦虑的问题，到今天恐怕还是我们需要关注的问题。钱理群教授在《怎样读〈拿来主义〉》一文中这样评价：“他的杂文就可以超越时空，从他那个时代延伸到当下的中国社会。我因此常说，鲁迅不会成为‘过去式’的老古董，而是‘正在进行式’的思想家、文学家，他是活在当下中国的。”《拿来主义》一文就是其中的典型代表，至今读来依旧令人深思。

《拿来主义》一文的教学案例众多，教学目标和教学重难点大多集中在以下几个方面：

1. 理清作者先破后立的写作思路，先批判“闭关主义”“送去主义”“送来主义”的实质和后果，有针对性地提出“拿来主义”的主张，进而论证怎样“拿来”，即取其精华，去其糟粕，洋为中用，古为今用。

2. 分析文中对比论证、比喻论证的论证方法，重点落在对“大宅子”“孱头”“昏蛋”“废物”“鱼翅”“鸦片”“烟具”“姨太太”等喻体的分析上。

3. 赏析文章幽默犀利的讽刺语言。

无论是对写作思路、论证方法，还是语言赏析，都侧重对文章形式方面的分析，而对关键概念“拿来主义”的分析似显不足。很多案例将“拿来主义”理解为“取其精华，去其糟粕”，要继承象征文化精华的“鱼翅”，对精华和糟粕互现的“鸦片”，则要取其精华，弃其糟粕，抛弃掉无价值的“姨太太”等，如此解读“拿来主义”显然是不够的。精华当然要取，糟粕当然要弃，但何谓精华，何谓糟粕？高阿蕊在《〈拿来主义〉：对“批判继承文化遗产说”的质疑》一文中质疑说：“乍一看，这样的结论无懈可击。可是，细究之下，这种结论也近乎无聊。对任何一个革新者来说，哪一个不是在继承本民族文化传统的基础上实现自己的创新的呢？”的确如此，即使保守如慈禧太后，她也同样可以高唱“取其精华，去其糟粕”。

本文的核心问题，是全面深刻地理解文章的核心概念“拿来主义”。贯穿全文始终的是作者对“拿来”的反复呼吁：

“但我们没有人根据了‘礼尚往来’的仪节，说道：拿来！”

“我只想鼓吹我们再吝啬一点，‘送去’之外，还得‘拿来’，是为‘拿来主义’。”

“所以我们要运用脑髓，放出眼光，自己来拿！”

“我想，首先是不管三七二十一，‘拿来’！”

“‘拿来主义’者是全不这样的。他占有，挑选。”

“总之，我们要拿来。”

结合时代背景，作者是针对当时社会面对外来文化时或盲目自大、保守闭塞，或恐惧害怕、一概排斥的心态，强烈地呼吁我们要有文化开放的姿态，建立文化自信。“不管三七二十一”，不管它是精华还是糟粕，首先是“拿来”！“他占有，挑选”，“挑选”的前提一定是先勇敢地“占有”，用开放和包容的心态面对外来文化，才有可能在文化实践中甄别出精华与糟粕。曾经的闭关锁国是认为西方的东西全是糟粕所以不取，当时的青年们认为西方送来的东西全是糟粕所以不取，可见，若只讲“取其精华，弃其糟粕”，最终可能还是会陷入保守与封闭之中。“拿来主义”强调的是不预设精华与糟粕的开放，勇敢的“占有”，这是“取其精华，弃其糟粕”的前提和基础；谨慎的“挑选”是“占有”之后的具体做法，认识到这一点才能避免对鲁迅先生提倡的“拿来主义”的内涵的误读。

那么，究竟什么才是“拿来主义”？我们不妨从“拿来主义”的主体、“拿来”的对象、“拿来主义”的背景和原因、“拿来”的方法和目的等方面逐一引导学生结合文本深入思考和分析。基于此，我的教学设想分为以下几个环节：

（一）课前预习：请学生查找本文写作的相关背景。

（二）教学重点：理解“拿来主义”的概念内涵。为了引导学生有层次地理解“拿来主义”的内涵，我设计了以下几个问题：

1. 围绕题目，圈画表明作者观点的相关语句。

2. 筛选文章信息，理解作者提倡“拿来”的对象是什么。

3. 在当时的时代，鲁迅为什么要提倡“拿来主义”？

4. 理解何为真正的拿来主义者。

（三）教学拓展：思考“拿来主义”的当下意义，关注本文的现实针对性，引导学生学以致用。

二、教学扫描及反思

（一）教学扫描一：“拿来”的对象

学生们在预习的基础上，能迅速围绕题目，圈画表明作者观点的相关语句，初步理解核心概念词“拿来主义”的意思，即作者主张我们不能只是“送去”，还得“运用脑髓，放出眼光，自己来拿”。但是对于“‘拿来’的对象是什么”的理解，学生们的回答出现了分歧。

师：作者在文中反复强调，我们要“拿来”，请大家筛选文章信息，理解作者提倡“拿来”的对象是什么？我们究竟要“拿来”什么？

生：我觉得应该是要“拿来”外国的学术文艺方面的东西。因为第 2 小节说：“但我们没有人根据了‘礼尚往来’的仪节，说道：拿来！”既然是“礼尚往来”，那只要看我们送出去的是什么。根据第 1 节的内容可以知道，我们送出去的是“学艺上的东西”，是中国的学术文艺，那么我们也应该要“拿来”外国的学术文艺方面的东西。

生：我在预习时看到一种说法，说第 8 小节的“大宅子”比喻的是中国传统文化的遗产，因为文中说“大宅子”是因为“祖上的阴功”，“或合法继承的”。

生：我不同意，“大宅子”也可以指外国文化，除了“继承”，还可以“骗来”“抢来”“换来”等，因为前文根本就没有提到中国的文化遗产，一直在讲的是外国的文化。

生：我觉得不管是外国文化还是中国文化，我们都应该把好的精华拿来，比如“鱼翅”，而舍弃不好的，比如“鸦片”“姨太太”等。

师：看来大家对这个问题的理解是有分歧的，请同学们关注第8小节：“我想，首先是不管三七二十一，‘拿来’！”你如何理解这句话？

生：……

余党绪老师在《思辨性阅读，走向真知的必由之路》一文开篇解释“什么是思辨性阅读”时指出：“文本是思辨性阅读的基石，这是开展思辨性阅读不可或缺的基本理念。陈思和先生说对文本要有一种‘信仰’，强调的也是这个意思。”同学们的回答能够根据文本中的具体语句来分析，用文本本身说话，这是值得肯定的。

学生们讨论的分歧在于：究竟是“拿来”外国文化，还是中国传统文化遗产？黄邵震老师也曾在《〈拿来主义〉逻辑纰缪》一文中指出，“《拿来主义》这篇文章因为‘大宅子’这个比喻而产生了逻辑上的纰缪，前半部分‘破’的对象是‘外来文化’，后半部分‘立’的对象是‘文化遗产’。‘大宅子’的出现，使原本针对‘外来文化’的矛头，转向了‘文化遗产’”。在我看来，这并不是《拿来主义》一文的重点，作者主要针对的是对待外来文化的态度，但放到对待中国传统文化遗产的态度上也同样适用，外来文化和中国文化遗产均可成为“拿来”的对象。

还有学生提出“拿来”的对象应该只是文化中的“精华”部分，这倒是值得我们关注的问题，也是很多老师在教学中可能产生的误读。无论是外国的文化还是中国的文化遗产，都是精华和糟粕并存的，既有“鱼翅”，也有“鸦片”，然而鲁迅先生在本文中并非着意告诉我们何为“精华”，何为“糟粕”，而是主张“不管三七二十一”，不管它是精华还是糟粕，首先是“拿来”！所以，本文中“拿来”的对象应该是精华和糟粕并存的一切文化，至于文化中的精华和糟粕只有在文化实践中才能逐步被甄别。

（二）教学扫描二：提出“拿来主义”的背景和原因

钱理群教授认为：“鲁迅写杂文，都有强烈的现实针对性，用今天的话来说，就是有明确的‘问题意识’。”那么在《拿来主义》一文中，鲁迅究竟是面临怎样的背景，针对怎样的现实，发现了怎样的问题呢？对文章前半部分的分析应该是理解“拿来主义”内涵的重中之重。因此，我在教学时注重逐层引导学生去深入理解“拿来主义”提出的现实针对性是什么。

师：在当时的时代，鲁迅为什么要提倡“拿来主义”？

生：第7小节中“所以我们要运用脑髓，放出眼光，自己来拿！”——“所以”这个关联词告诉我们答案可以往前找。文章的第1—6小节还讲了另外三种“主义”——“闭关主义”“送去主义”和“送来主义”，结合文章的写作背景来看，作者提倡“拿来主义”是为了针锋相对地批判当时社会上出现的这几种错误的做法。

师：说得不错。那么我们不妨先来看看这几种做法究竟错在哪里？对“闭关主义”的理解比较简单，闭关锁国，故步自封，必将落后挨打。那么我们先来看看当时的“送去主义”者们都送去了什么？

生：送去了学艺方面的东西，一批古董、几张古画和新画以及梅兰芳博士。“送去主义”只是把我们国家的东西——“学艺”就是学术艺术，纯粹地送出去，却没有从外国“拿来”，这是作者所批判的。

师：为什么要“送去”呢？

生：文中说是为了“发扬国光”，但我觉得这里作者是语带讽刺的，这里的双引号应该是表示反语。因为那时其实没有什么“国光”可以“发扬”啊。前面刚讲过中国被西方的枪炮打破了大门，又碰了一串钉子，哪有什么“国光”可发扬，而且现在我们送出去的东西也很少，只是“几位”“几张”，少得可怜，还要在“欧洲各国一路的挂过去”，有点不以为耻、反以为荣的感觉。

生：我觉得他们是因为盲目自大，文中说这样做“一者见得丰富，二者见得大度”，我觉得这里也用了反语，他们自己觉得丰富而已，其实当时中国的文化已经比西方落后了很多了，所以我认为这种盲目自大还是因为他们的保守落后、故步自封导致的，所以他们只是“送去”，而不会“拿来”。

生：我认为他们还可能是想讨好巴结当时的西方列强，以此来从中谋取私利，所以才毕恭毕敬地“捧”着画，显得特别得卑躬屈膝，还有后面的“磕头贺喜”，尽显一副奴才相。

师：同学们分析得很细致啊。我们来看看这样一味地“送去”的后果如何呢?

生：第3小节作者讲了如果只是一味地送出去，最后的结果就是我们的子孙后代就什么都没有了，“只好磕头贺喜，讨一点残羹冷做奖赏”，向别国去乞讨了，这是很可怕的。

师：也就是说，长此以往，中国的文化终会无以为继，走向落后消亡。这种“送去主义”的做法是要亡国灭种，祸延子孙的，所以作者提倡我们不仅要“送去”，更要“拿来”。那西方国家主动“送来”有什么不好呢?

生：因为他们送来的都是些不好的东西，比如第6小节里说的“英国的鸦片，德国的废枪炮，后有法国的香粉，美国的电影，日本的印着“完全国货”的各种小东西”，“送来”的背后是想赚中国的钱，让中国人民走向堕落、毁灭，这种“送来”是别有用心的。

师：说得很好，所以其实质是一种文化入侵，是一种变相的侵略。这种做法的结果是什么呢?

生：第6小节中“于是连清醒的青年们，也对于洋货发生了恐怖。”因为恐惧，所以就一概排斥外来文化，那么长此以往，中国的文化还是会越来越脱离世界，走向落后的。

……

经过师生的共同研讨，我们发现：提倡“拿来主义”恰恰是因为鲁迅发现了当时社会上出现的面对外来文化、面对“洋货”时的问题：卖国者看似走出国门，实则盲目自大、自私自利，根源还是保守闭塞、故步自封；青年们却因“送来”的东西而恐惧害怕，进而对外来东西包括外来文化一概排斥，拒绝接受。长此以往，中国势必走向落后乃至消亡。深感于此，鲁迅急切地反复呼吁，我们要主动地“拿来”，就是要拒绝保守，提倡开放，面对外来文化要有开放包容的心态，拒绝恐惧，建立文化自信，勇敢地、主动地去“拿来”。理解本文的现实针对性对于深入理解“拿来主义”的概念内涵至关重要。

（三）教学扫描三：“拿来”的主体

很多教师会把教学重点放在“怎样拿”，侧重对本文比喻论证的分析和解读，通过对“大宅子”“孱头”“昏蛋”“废物”“鱼翅”“鸦片”“烟具”“姨太太”等喻体的分析，得出“取其精华、弃其糟粕”的批判继承的方法。李娜在《〈拿来主义〉教学内容述评》一文中对此进行了批驳，并提出：“《拿来主义》的后半部分，是在描述‘拿来主义者’（新人）是怎样的人，而不是在论证‘怎样拿来’这件事情，更不是在提供‘拿来’之后怎么处理的方案。”可能有人会认为此观点未免矫枉过正，过于绝对，但我认为它还是值得我们思考和借鉴的。因此，在课堂教学中，我没有问学生们“作者认为应该怎样拿来”，而是换了一种问法：

师：对比“接受一切，欣欣然的蹩进卧室，大吸剩下的鸦片”的“废物”们，真正的“拿来主义”者是怎样的呢？

生：他们会“运用脑髓，放出眼光，自己来拿”。

生：他们不会接受一切，而是会“占有，挑选”，取其精华，弃其糟粕，“或使用，或存放，或毁灭”。

生：“拿来主义”者要“沉着，勇猛，有辨别，不自私”。

……

学生很容易能够从文章中找到相关语句，但普遍理解比较肤浅，这时就需要老师适时地引导，使之思考更加深入。我又追问了几个问题：

第 9 小节开头“他占有，挑选”，这两个词能不能互换一下位置？

第 10 小节的“总之，我们要拿来”后面那句话“我们要或使用，或存放，或毁灭”跟前段的内容似乎更为紧密，是否可以把首句省略？

“拿来主义”者要“有辨别”较容易理解，“沉着，勇猛，不自私”又从何谈起？

经过小组讨论，大家发现“占有”和“挑选”的顺序不能互换，不是先“挑选”，即简单地把“拿来主义”者理解为取其精华、弃其糟粕，而是“首先是不管三七二十一，‘拿来’！”末段再次先强调“总之，我们要拿来”，“拿来”一词贯穿始终，反复强化，这才是文章的重中之重。“沉着，勇猛，不自私”呼应了前文那些因为不够“沉着，勇猛”，为谋私利，而对外来文化保守封闭或害怕排斥的错误做法。“闭关主义者”因为害怕外来的文化科技触碰到自己的利益而闭关锁国；“送去主义者”因为想讨好巴结当时的西方列强，以谋取私利；而被“送来主义”吓怕的青年们对外来文化也一概排斥，这些人恰恰是因为其缺乏“沉着，勇猛，有辨别，不自私”的品质，缺乏直面异质文化的勇气，都不能成为真正的“拿来主义者”。

“拿来”的主体只能是“沉着，勇猛，有辨别，不自私”的“新人”。早在1908年8月，鲁迅就在《文化偏至论》中明确提出了“立人”的思想，即“将生存两间，角逐列国是务，其首在立人，人立而后凡事举；若其道术，乃必尊个性而张精神”。钱理群教授在《以“立人”为中心——鲁迅思想与文学的逻辑起点（上）》一文中提到“在鲁迅看来……民族危机在于文化危机；文化危机在于‘人心’的危机、民族‘精神’的危机。这是一种由外向内的追索，追到‘本根’上，就抓住了“心”这个核心概念：亡国先亡人，亡人先亡心；救国必先救人，救人必先救心，‘第一要著’在‘改变’人与民族的‘精神’.”《拿来主义》的结尾再次呼吁：“没有拿来的，人不能自成为新人，没有拿来的，文艺不能自成为新文艺。”只有先拥有文化开放和兼容并包的心态和观念，才能成为“新人”，才能使中国的文艺走向创新和发展。至此，我们更加深入地理解了鲁迅提倡“拿来主义”的深刻内涵。

三、思辨读写

（一）八十多年后的今天，世界发生了很多变化，正如龙应台在《全球化了的我在哪里》中所描述的那样：

“在100年前，梁启超那个时代，中国的知识分子还在谈论所谓的西学东渐。在当时中国人的生活里头，西方对我们的影响还是刚刚碰到表面。到了100年后的今天，它已经变成了我们的一个生活状态。它已经从大门、从窗子、从地下水道、从门缝里头全面地进入。”

1. 请具体举例说明“西方对我们的影响……已经变成了我们的一个生活状态”。

2. 鲁迅在《拿来主义》中所思考、所焦虑的问题，到今天为止，是否已经全部解决了呢？

（二）“在信息传播过量而又缺少节制的时代，人容易焦躁，思维碎片化、平面化，这时特别觉得鲁迅的宝贵——他的独立精神、自由思想，以及他对中国文化及中国人清醒的认识，都是我们所缺少而又非常需要的资源。”

——温儒敏《在浮躁的世界，格外觉得鲁迅的宝贵——和山东大学学生讨论鲁迅》

谈谈你对这段话的理解？

四、教学资源链接

1. 钱理群,《怎样读〈拿来主义〉》,《中学语文教学》, 2013 年 11 月。

2. 高阿蕊,《〈拿来主义〉: 对“批判继承文化遗产说”的质疑》,《教学与管理: 理论版》, 2015 年第 12 期 88—90。

3. 黄邵震,《〈拿来主义〉逻辑纰缪》,《语文学习》, 2018(9)。

4. 李娜,《〈拿来主义〉教学内容述评》, 语文学习, 2006(6)。

5. 钱理群,《以“立人”为中心——鲁迅思想与文学的逻辑起点(上)》,《涪陵师范学院学报》2003 年第 1 期。

散文中的景与情

——《荷塘月色》思辨性阅读教学案例

湖南省株洲市教育科学研究院　汤飞平

一、核心问题：为什么“今晚的”荷塘“另有一番样子”？

散文是语文教材中占有重要地位的一类文体，其教学内容的确定是值得深入研究的问题。不注重散文中蕴含的情感而去关注散文中所涉及的事物，是当前散文教学的主要问题之一。以《荷塘月色》为例，许多老师将教学的重点放在“荷塘月色”的描写上，而不是体察“赏荷塘月色”的那个人、那个人的心情，这就脱离了散文是抒发作者情感的文体特点。阅读散文就是与作者直接对话，感受作者的所见所闻、体认作者的所感所思。《荷塘月色》缘情写景、以景衬情，因情造境，引导学生读出“景物”中的“心情”或者说投射到“荷塘月色”中的情绪是理解这篇散文的重点，也是掌握阅读写景抒情散文的基本图式。

笔者曾经对《荷塘月色》进行过一次简单的学情调查。很多同学反馈，阅读这篇散文最大的困惑是作者到底是什么心情，想表达什么思想情感。可见，准确理解作者情绪的变化是阅读的一个难点。

在教学中，大多数课堂能抓住文中几处直接表达作者情绪的词句，读出作者情绪的转变。

“这几天心里颇不宁静。”

“我也像超出了平常的自己，到了另一个世界里。”

“便觉是个自由的人。”

“我且受用这无边的荷香月色好了。”

“但热闹是他们的我什么也没有。”

“可惜我们现在已经无福消受了。”

“这令我到底惦着江南了。”

从“颇不宁静”到“淡淡的喜悦”，又从“淡淡的喜悦”转向“淡淡的哀愁”。

其实，作者的情绪并非像一个抛物线一样只有一次起落，而是一直处在矛盾、不宁、变化不定中，起起落落，难以捉摸。整个夜游荷塘的过程中，他都在想逃离而不能，想寻求解脱又没法解脱的摇摆状态。所以，他笔下的荷塘月色尽管幽静、柔美却也有些不协调的景象，“参差”“斑驳”“黑影”“如鬼一般”“重重围住”“树色一例是阴阴的”“没精打采的，是渴睡人的眼”。这些无不反映出他心境的压抑与低落。而且，景物组合成的画面给人一种朦朦胧胧、若隐若现的不真切的感觉，“淡淡”“薄薄”“渺茫”“稀疏”“隐隐约约”“烟雾”“笼着轻纱的梦”，这也是他在现实世界和心灵世界徘徊，没办法真正从“不宁静”中抽离的心绪的投射。

郑桂华老师曾经撰文《从两个句子理解〈荷塘月色〉的两处关键》，认为“今晚却很好，虽然月光也还是淡淡的。”是作者从现实世界进入个人世界的转折点。笔者以为作者想从现实世界走出来的心思已经在之前的“忽然想起日日走过的荷塘，在这满月的光里，总该另有一番样子吧”就开始了。“总该”是对“今晚的”荷塘充满期待的，是对“日日走过的”荷塘心存不满的。而作者想从“不宁静”中摆脱出来的努力则在第三段中有更鲜明的表现。当然，由“好像”“像”“觉得”“且”“好了”这些词可见，他并未能完全地放下“白日里”的自己，并未真正享受这独处的自由。

为什么“今晚的”荷塘“另有这番样子”？对这个问题的探究和思辨目的就在引导学生“不放松文字”，从关键语句的发现和揣摩中体悟到作者微妙变化的情绪和心理，引导学生感受散文“著我之色彩”的言说对象，从而帮助学生体会散文先有“情”，缘情写景、以景衬情、以情缀文的艺术手法，形成散文文体的基本特征的认识，初步掌握阅读抒情散文的基本途径。

二、教学设计

为什么“今晚的”荷塘“另有一番样子”？这个问题其实隐含了三个问题：日日走过的荷塘是什么样的？今晚的荷塘是什么样的？为什么“今晚的”荷塘是这番样子？而“今晚的荷塘”“另有一番样子”又与“我”今晚的情绪、心境密不可分。为此我的教学设计分为以下几个环节：

（一）预习准备

学习任务：圈画记录作者足迹、见闻和情绪变化的关键语句，根据阅读发现，画出“情绪变化曲线图”。要求：以作者所在的地点为横坐标以作者的情绪值为纵坐标，找出关键的标志性词句，并标注在坐标上。

（二）教学主问题及学习活动设计

1. 作者“心里颇不宁静”于是想到了日日走过的荷塘。独自夜游荷塘排解了他的“不宁静”吗？（感受作者的心路历程和情绪变化，初步掌握阅读写景抒情散文的基本途径）结合预习所画的“情绪变化曲线图”交流。

2.“这无边的荷香月色”是怎样一番样子？（感受散文“著我之色彩”的言说对象）

3.“今晚”的荷塘是“日日走过的”荷塘吗？（发现“日日走过的”荷塘有什么特点）

4. 为什么“日日走过的”荷塘“今晚”会是这番样子？

（三）教学拓展

结合之前的阅读经验和理解说说“家”“荷塘”对作者来说分别意味着什么？你有自己的“荷塘”吗？在情绪低落、烦闷、失意的时候，你会去哪，去干些什么呢？能简单地描述出来和大家分享吗？

三、教学扫描及反思

（一）教学扫描一：独自夜游荷塘排解了他的“不宁静”吗

生：没有排解。因为第 7 段有这样一句话“可惜我们现在早已无福消受了”，说明作者还是不宁静的。

师：从这句话你读出了作者怎样的心情？

生：一种无奈吧。

师：还有同学有不同的发现或观点吗？

生：我觉得应该是宁静了。

师：从哪里感受到的？

生：第三段，“我也像超出了平常的自己”“今晚在这苍茫的月下什么都可以想，什么都可以不想”，还有“这是独处的妙处”。作者用“妙处”说明他心情已经变好了。

师：好，找到了好几个词句。平常的自己是怎样的？能在这段文字里找到答案吗？

（其他同学开始七嘴八舌：白天里一定要做的事，一定要说的话现在都可不理）

师：那就是说，“平常的自己”一定要做一些非做不可的事，说一些非说不可的话是吗？（学生点头）“超出了平常的自己”就是？

生：摆脱了这些。

师：或者说忘记了现实烦忧的自己是吗？（生点头）那可以用一个什么词语来描绘作者此时的心情呢？

生：平静。

生：自由自在。

生：舒适。

生：老师，我觉得作者还是不宁静的。

师：有不同意见。跟大家说说哪些词句让你读到了这种感受。

生：第六段，“但热闹是它们的，我什么也没有。”这里可以读出作者心情还是没好起来。

师：“但热闹是它们的，我什么也没有。”作者用了一个转折词“但”是吗？那这句话的言下之意是？

生：我没有它们的热闹。

生：我不能和它们一样热闹欢喜。

师：希望有又不能，是这样吗？（点头）那是怎样一种心情？

生：失落。

生：伤感。

生：但因为他忽然想起了江南采莲的事情。心情又变好了。

师：想起了采莲的事情，心情为什么就变好了呢？大家找找看作者使用什么样的词语来形容采莲的图景的？

生：热闹、风流。（很小声地）

师：有同学不太好意思说出“风流”，这里的风流指什么？仔细看看注释。

生：是年轻男女不拘礼法地表露自己的爱情。

师：那是很自由很美好的事情，不是吗？

生：还有后面这一段说“这真是有趣的事”。

师：很好的发现。那一个人沉浸在这样美好、有意思的联想中心情应该是怎样的？

生：应该比较好。

师：那回到家呢？

生：又不宁静了。因为作者说“可惜我们无福消受了”“这令我到底恋着江南了”。

师：想着这些的时候作者已经到哪了？

生：家门口。

师：对的，从哪些词句可以知道？

生：“猛一抬头，不觉已是家门口。”

师：从“猛”和“不觉已是”中你读到了什么？

生：突然就到家门口了，不知不觉就到家了。

师：那到家时我们应该把情绪值画到什么位置？是和起点一样吗？

生：是的。

生：应该高一点。

师：为什么呢？

生：从我们的生活体验看，心情不好出去散心回来应该要好一些了。

师：结合生活体验来解读，很好。

……

作者当晚心情是复杂的，也是发展变化的。我们通过理清作者的行动踪迹来理清他的情感轨迹，又抓住了一些直接描述作者内心感受的词句来揣摩作者此时此地的心情，目的不在于得到一个“统一的意见”，而是让学生收获阅读写景抒情散文的基本图式，对抒情散文有一个基本的认知，用郑桂华老师的说法就是“散文的要害是写出这个人，这一刻、这一地的真切情绪和感受”。对作者情绪发展变化轨迹的梳理也为接下来认识散文中的景情关系做好了铺垫和准备。

（二）教学扫描二：“这无边的荷香月色”是怎样一番样子

师：请大家找到描写荷塘月色的段落自由朗读，试着用两三个词语来概括。

（自由朗读）

师：谁先来说说？

生：我们认为有两个特点，一是幽静，一是优美。

师：给大家说说你是从怎样的景物感受到的。

生：月光如流水一般静静地泻在这一片叶子和花上。这里可以感受到“静”。然后，写荷叶荷花这里“像亭亭的舞女的裙……又如刚出浴的美人。”可见优美。

师：说得很好，还有也认为是幽静或优美但是感受点不一样的吗？

生：我是从第六段最后“这时候最热闹的要数树上的蝉声和水里的蛙声”这里读到了静。

师：从“热闹”中却感受到“静”，这叫什么？

生：以动衬静。

师：对，准确地说是以闹写静或者说以闹衬静，是吗？好，还有同学有补充吗？

生：我们还觉得今晚的荷塘是淡雅的。

师：说说看，从哪里感受到的。

生：文章里有淡淡的云、薄薄的青雾、脉脉的流水，还说远山也只有些大意。

师：谈得很好。抓住了景物的某些共同特征。

生：我们觉得还有“和谐”。因为作者说：“塘中的月色并不均匀，但光与影有着和谐的旋律，如梵婀林上奏着的名曲。”

师：用作者自己的语言来概括画面特点，这点很值得其他同学借鉴。这种“和谐“之美还可以从哪些地方读到？

生：“弯弯的杨柳稀疏的倩影，却又像是画在荷叶上。”他说是“画”上去。

师：一个画字就写出了柳影与荷叶的完美映照是吗？还有吗？

生：我觉得第六段这一句也可看出“和谐”。“这些树将一片荷塘重重围住只在小路一旁，漏着几段空隙，像是特为月光留下的。”

师：很好，“特意留下”的可见协调。

生：我觉得画面还有一种朦胧的感觉。

师：有新的发现。你说说从哪里感受到朦胧之美的。

生：因为月光是淡淡的，不能朗照。而且后面提到远山也是隐隐约约的。

师：还有哪些地方可以感受到“朦胧”呢？读读作者写荷花和荷香的句子。

生：缕缕清香仿佛远处高楼上渺茫的歌声似的。

师：“渺茫”换个说法就是？

生：隐隐约约。

生：若有若无。

师：荷花呢？

生：“零星地点缀着写白花”“如碧空里的星星”。

生：也是似有似无的。

师：或者说忽明忽暗，对吗？而且白色和月光的颜色是一体的，淡淡的。是吗？

……

“今晚的荷塘”确实“另有一番样子”，柔美、幽静、淡雅、和谐，但容易被人忽略的还有一个最重要的特征——朦朦胧胧，“似有似无”。集中描写荷塘月色的 3 段文字中，大量的修饰词指向这一鲜明的特征：淡淡、薄薄、脉脉、稀疏、渺茫、隐隐约约、阴阴的、烟雾、笼着轻纱的梦……为什么今晚的荷塘会是这番样子呢？大多数学生能找到“客观的因素”——“月光总是淡淡的”，也有学生能联系到作者的心情不一样，所以“今晚的荷塘”景象也不一样，但不能解释：自由、独处、放松的作者眼中的荷塘月色为什么像“笼着轻纱的梦”一样朦胧、隐约？这其实是理解写景抒情散文缘情写景、以景衬情的关键问题。

（三）教学扫描三：为什么“日日走过的”荷塘“今晚”会是这番样子

师：为什么今晚的荷塘却这般柔美、幽静、淡雅、和谐，而且有一种朦胧的美感？

生：因为有月亮。

师：这是一个不能忽略的客观因素。

生：因为作者心情不一样。

师：有什么不一样？有直接描写的文段吗？

生：第三段。

师：好，大家一起来细细读读第三段（齐读），读到哪些不一样了？

生：他今晚是一个人，什么都可以想、什么都可以不想，而且说“这是独处的妙处”。

生：他超出了平常的自己。

师：超出了平常的自己是怎样的？能换个更好理解的说法吗？

生：（抢答）白天里一定要做的事、一定要说的话现在都可不理。

师：很好。这句我们之前提到过，对吗？因为作者今晚享受着自由的独处，所以平日里也许不起眼的荷塘也有了诗意和美丽。同学们生活中有这样的感受吗？

生：有。

师：好，哪位同学来说说。

生：我们才月考完，大家普遍考得不理想，所以就没心情去欣赏美景。但是心情舒畅的时候，校园里某个角度的一朵小花我也会觉得开得特别美。

师：说得很好。作者当晚还有不一样的地方吗？他为什么想起一个人来荷塘？

生：因为“这几天心里颇不宁静”，他想一个人安静一会儿。

师：所以，他感受到的荷塘也是特别幽静的，是吗？

师：还有别的发现吗？

学生沉默。

师：好，我们再来读一读第三段，大家仔细听听我读的和作者写的有什么不同。

老师故意漏读“好像”“像”“觉得”“且”“好了”。

生：少了几个字。

师：少了哪几个字？

生：“好像”“像”“觉得”“且”“好了”。

师：多了这几个字，心境有什么不一样？

生：多了“好像”“觉得”这样的字就感觉作者有点不太确信他是不是真的“超出了平常的自己”“是个自由的人”。

生：“且”字有一种做自己思想工作的味道，好像在自我劝诫“暂且不去想白天里要做的事，要说的话吧。”

师：说得非常好。“暂且”“受用这无边的荷香月色好了”似乎是在自我宽慰，暂时放下现实生活的束缚、责任、烦闷等等，从现实生活中抽离出来。“且……好了”还读出一种什么意味？

生：无奈。

生：还有一种“我太难了”的感觉。

生：（哈哈……）

师：是的，“太难了”想忘记平日的烦忧又好像没有忘记，像是自由的又好像不是，想暂且受用这荷香月色，但又好像难以摆脱现实中的“不宁静”。所以，他眼里的月下荷塘也多了一种似真似幻、亦实亦虚的梦幻色彩，是吗？

“今晚”的荷塘是“日日走过的”荷塘吗？当然可以说“是”，因为文章第一段就有明证：“忽然想起日日走过的荷塘，在这满月的光里，总该另有一番样子吧。”似乎“今晚”“另有一番样子”的理由也一望而知：“在这满月的光里。”但，如果不放松文字，我们不难发现“总该”二字中蕴含了作者内心的一种期待和渴望。而且“没有月光的晚上，这路上阴森森的，有些怕人。”而“今晚却很好，虽然月光也还是淡淡的。”月光“也”还是淡淡的，说明月光和之前一样的，但是他今晚的感受和心情不一样，所以“今晚却很好”没有“阴森森”“怕人”的感觉。可见荷塘“今晚”的这番样子是“今晚”的我感受到的样子，是“日日走过的”荷塘又不同于“日日走过的”荷塘。是属于当晚的朱自清的，是任何人未曾见也是平日的朱自清未曾见过的。这就是我们经常说的“一切景语皆情语”“以我观物，物皆著我之色彩”。

四、思辨读写

1. 从以下三组文章中，选择一组，比照着读一读。想一想，为什么同一个对象，不同的作者笔下有着不一样的“图景”？说一说，你对“一切景语皆情语”的理解。

① 郁达夫《故都的秋》，老舍《北平的秋天》

② 鲁迅《从百草园到三味书屋》(写百草园的部分)，周作人《百草园》

③ 汪曾祺《昆明的雨》，高洪波《昆明雨》

2. 读蒋捷的词《虞美人·听雨》，说说诗人在人生三个阶段听雨的不同感受和心境。想想，这对你认识诗文中的景情关系有哪些帮助。

教学资源链接：

1. 孙绍振，《超出平常的自己和伦理的自由》，《解读语文》[M]，福州：福建人民出版社，2010：170。

2. 钱理群，《关于朱自清的不平静》，《解读语文》[M]，福州：福建人民出版社，2010：179。

3. 陈日亮，《〈荷塘月色〉怎样“超出”平常的自己》，《如是我读》[M]，上海：华东师范大学出版社，2011：47。

4. 郑桂华，《从两个句子理解〈荷塘月色〉的两处关键》，《语文学习》[J]，2011(11)。

5. 陈隆升等，《如何确定散文的教学内容》，《语文学习》[J]，2011(1)。

6. 王荣生、李海林，《让散文教学由“外“及”里》，《中学语文教学》[J]，2011(9)。

7. 詹丹，《重读〈荷塘月色〉》，《语文学习》[J]，2016(2)。

空间的诗学

——《我与地坛》教学案例

宁波效实中学　潘瑶菁

一、核心问题："我"的生命领悟如何与地坛这一空间相联结?

《我与地坛》作为史铁生的散文名篇，深刻地体现了他独特的生命观，而生命教育正是高中阶段的青少年所需要的教育之一。陈思和教授在《中国当代文学史教程》中这样评价《我与地坛》："所以称其为艰难的是真正完全地投入到那生命本身的舞蹈，而这一点唯独还需经过真正的苦难才能做到。由此，我们也就可以更深地体会到史铁生写《我与地坛》所体现出的个人心境的痛切之处以及他对自我所执的真正超越。"

在《我与地坛》的诸多教学案例中，对这个文本的定位通常集中在以下两个方面：

1. 作为"励志"类文本，注目于史铁生残疾人的身份，致力于他用残缺身体追求完整精神的一面，渲染他的身残志坚。

2. 作为"亲情"类文本，强调母亲对孩子深沉的爱，儿子在母亲早逝后的深切愧悔，突出母子情感的书写和营造。

这两类定位固然是基于《我与地坛》的内容体现，但对其生命层面的文本意义的关注尚且不够。李遇春教授就在《〈我与地坛〉：命运的凝望》里质疑这两种教学模式的有效性："史铁生写这篇'大散文'的初衷确实不在于所谓励志，甚至也不在于写亲情，他所要面对是内心的召唤，是生命的自我反思，是对既有的生命之旅的反躬自问，是为了解答生与死的困惑和意义。”

另一类教学则意识到了这种“生命的自我反思”应作为重点来讲述。正如作家王安忆对《我与地坛》的推崇：“我们看见，在这里，生命不是孤立的，而是由人和人连接成整体的，时间也是一个整体，‘我’是里面很小的一个角色，很小的一个瞬间，但就是这样微不足道，‘我’依然受惠了。这就是由于人生大变故所产生的强烈绝望情感，最终达至生命欢乐颂歌的过程，感情的足迹历历可见……你们可以看见情感的比较原初的面目，以及情感经历了理性的磨炼，最后锻造出了一个怎么样的哲学的果实。”然而，一些教师也只是就事论事，仅仅把地坛作为一个背景，一个人生启悟里的偶然，并没有领会到地坛对这场生命之旅的深刻意义。

本文的核心问题，便是探究“我”的生命领悟如何与地坛这一空间相联结，从空间的角度重新理解文本。《我与地坛》全文一共七个章节，地坛几乎处处可见。课文节选了第一、二章共 17 个自然段，其中 16 个自然段都和地坛紧密相关——他指明地坛是自己小说中古园的原型，回顾地坛和家的缘分，对这个园子详加描述，书写里面的每一个建筑细节、每一株植物，书写发生在这里的自己和母亲的故事……

地坛不是一个偶然的、可有可无的背景，而是作为史铁生在此重生的精神家园，在情感上成为别处无法取代的特殊存在，在叙述上也起到了相当重要的作用：“我”在地坛对生命的大彻大悟，成为一种必然。

那么，这种紧密联系体现在哪些方面呢？我们不妨从时间的空间化呈现、作为故事发生的场所、景物皆为自我投射这三个方面逐一引导学生结合文本来深入分析。因此，我的教学设计分为以下几个环节：

（一）课前细读：请学生细读本文中有关地坛的每一处书写。

（二）教学重点：理解“我”的生命领悟是如何与地坛这一空间相联结。为了引导学生阶段性地获得这样的理解，我的教学设想分为以下几个环节：

1. 重点阅读有关地坛的文本，并将其整理和分类。

2. 思考地坛作为原型进入史铁生的小说和文章有什么时空层面的意义？

3. 地坛作为故事发生的地点，好比演出中的布景，起到了什么样的作用？

4. 地坛和“我”更深刻的关系体现在哪些由景物构成的细节？

（三）教学拓展：思考地坛对于史铁生的局限与无限，明确不少作家有其独有的精神家园的文学史现象。

二、教学扫描及反思

（一）教学扫描一：时间长河中的固定空间

学生们在预习的基础上，能够迅速找到作者在哪里点明了地坛曾作为原型进入自己创作的小说和文章，也能明确这篇小说和文章的篇名和相关引文。但是对于这种点明和引用的意义，学生们的思考基本只能局限于内容理解，在时空层面上的理解尚且不足，需要进一步的引导。

师：作者在哪些地方提到了自己小说和文章中所写的那个园子其实就是地坛？

生：第4、5自然段接连提到了同一篇小说："正如我在一篇小说中所说的""我在那篇小说中写道"，第12自然段则说"后来我在一篇题为'合欢树'的文章中写道"。

师：根据脚注，那篇小说是指《我之舞》。不仅如此，文本中还出现了小说《我之舞》和散文《合欢树》的精确引文，这种点明出处和文本引用起到了什么作用？

生：在不同作品里一以贯之呈现同一主体，突出了地坛的重要性和作者思想的连贯性。

师：这是在内容层面。那在形式层面呢？它有没有叙述学上的意义？

生：……

看到学生都很茫然，老师又从其他角度尝试加以启发。

师："我"和地坛这一场相遇前后跨越了多少年？

生：第3自然段说了，"十五年前的一个下午，我摇着轮椅进入园中"。

师：如果把这十五年想象成一根平直的时间轴的话，你觉得这两段引文分别在这根时间轴的什么位置？这里我补充一点，小说发表和获奖在1983年左右，《我与地坛》写于1989年。

生：《我之舞》的段落感觉写的是最初几年，《合欢树》写的应该是这十五年的最后几年。

生：这样看来，刚好是史铁生这段个人历史的一头一尾。

生：而且这两个节点都是他人生历史的转折点，是阶段性经历的体现。

师：杜拉斯的小说《情人》里出现了好几张照片，每次照片出现，就像一块跳板、一个锚，叙述又跳到了拍摄那张照片的时间点。这对你们有什么启发？

生：这些书写当时心境的引文，也起到了这种回溯、跳跃的作用。

师：你们终于领会到了时空层面的意义。另外，我要给你们补充《我之舞》中的一个细节，“我”在几日雨后第一次去祭坛：“我摇了轮椅进入空地，在石柱间绕着走，不得不屏住呼吸小心翼翼。车轮在石面上碾出尖响，传开去，震起回声……我独自在祭坛上坐着，看地行天移。”你们有没有捕捉到矛盾之处？

生：第6自然段说“除去那座祭坛我不能上去而只能各个角度张望它”，现实世界里他应该没有上去过。《我之舞》应该是想象，而且可能是对缺憾的弥补。

师：这就是小说和散文的不同，小说可以有人物、地点的原型，但是它更多的是虚构，这个“我”可以是史铁生，更可以不是。

……

这场探讨以地坛为基点，聚焦于其他小说和文章与这一篇的互文性。学生容易忽视时空层面的意义，因此我提供了不少支架，比如时间轴的概念、和《情人》的类比，让他们明白作者如何借由这些引文，在固定的空间完成了时间的跳跃。最后，我又借《我之舞》来让他们体会到小说中的真实和虚构，让他们对文类有了初步的理解。

（二）教学扫描二：于此静观和经历的布景空间

地坛作为一个容纳人物、发生故事的场所，它的文化象征意义、现实功能意义，都值得深究。正如李振声教授在《书架上的历史》里对地坛独特性的发问：“文本中那些带有通神灵性的絮语，那些近乎宗教超然的思绪，是否与这个场所存在某种隐秘的关联呢？是否源自这个场所的神秘启示呢？”因此，地坛在以前和现在的意义，对“我”的意义，都值得重新审视。

师：你们知道地坛在明清两代有什么特殊用途？

生：祭祀祖先？

生：祭天？

生：那是天坛！

师：祭天的叫天坛，所以……

生（笑，都回过神来）

师：祭地之坛，祭祀的是皇地祇神，也就是地神。除了家离得近这种偶然因素外，这里是不是有一点必然，史铁生为什么一定是在这个祭地之所与生命达成和解？

生：大地孕育万物，史铁生看到地坛有它生机勃勃的一面，和作为残疾人的自己的无生机互补。

师：那它在史铁生那个时代包括今天，又成了什么样的一个地方？

生：不热闹、僻静的一个公园。

师：正因为它是市民公园，“我”才能进入，也正因为它不是一个喧嚣吵闹之所，“我”才愿意进入。进入之后，地坛对“我”起到了什么样的作用？

生：“我”来地坛寻找宁静，思索生命，发生故事。

生：地坛承载了“我”对逝去的母亲的记忆。

师：在《我与地坛》全文里，他的经历更丰富。他在这个园子里遇到了很多人：一对感情很深的夫妻，漂亮的弱智女孩，唱歌的小伙子，喝酒的老头，女工程师，长跑家……节选只呈现了母亲，当然这也是最深刻最动人的一个。王家卫的《一代宗师》里有一句台词，讲三个境界：见自己，见天地，见众生。你觉得可以分别对应史铁生的哪个阶段？

生：他本来只看到自己的痛苦，在地坛里看到了自然天地，现在终于开始看到母亲和别人的命运和活法。

……

经过师生的共同探讨，我们发现了地坛独有的传统文化意义，它本来就是表达一种对大地、对自然的敬畏。话题又顺势来到了它作为市民公园的现代功用，以及对史铁生的意义。在对后者的探究中，我循序渐进地引导学生注意到作者的阶段性变化，用十分贴切的“见自己，见天地，见众生”三个境界来类比，让学生能更好地体会到这场生命领悟不是一蹴而就的，而是持续的、逐渐深入的，而这每一步都和在地坛中静观和经历这一行为紧密相关。

（三）教学扫描三：外在空间与内心空间的共通

张新颖教授在《平常心与非常心——史铁生论》里抓住了“去处”这两个

字作为切入点："'去处'，随手拈来的一个词，可以做两层意义上的理解，一是指客观存在的一个地方，再一层意思就是说，它是自我之所，是'我'投奔的方向，而且包含了一种心情在里面。'我'与地坛那种神秘性的契合、感应，不是别的，是一种物我合一的自适状态。"而这种"物我合一"即外在空间与内心空间的共通，是通过景物的具体描绘来实现的，这成了此话题课堂教学的重点。

师：关于地坛的景物描写，有什么独特之处？

生：地坛的景色和"我"存在一定程度的相似，"我"能与地坛产生共情，用文章里的话说，"这中间有着宿命的味道"。

师：能不能举一些具体文本作为例子？

生：第3自然段写的是地坛曾经光辉之后的没落；第7自然段对落日的描绘，体现了"我"的落日心态，可以作为"我"悲剧人生的意象。

师：这些都是偏消极的，那是不是都有积极的一层呢？

生：第5自然段里，我觉得那些景物体现了小生命和大能量的张力，可以视为小生命给"我"这个大生命的启迪。

生：地坛总给我一种万物生长的感觉。

生：我明白了，地坛的正面和负面，其实也是"我"的正面和负面。

师：柳宗元的《始得西山宴游记》里，其实西山也可以作为柳宗元的自况。这种"物我合一"、将自己类比于外物的文学传统由来已久。

这时候为了让学生的思考转向另一个方向，不仅仅注意到这种人和园的相关性，对生命存在有更深入的领会，我又追问了几个问题。

师：地坛在这儿多少年了？在这段时间里，刚才你们说的这些，哪些是它变化的地方，哪些是它不变的地方？

生：变化的是建成之初颜色鲜艳、物件精美的的宫墙宫殿坍圮了，不变的是老柏树还在，这四百年里，也许一直有鸟儿和虫鸣。

师：这两类变和不变的事物有什么差别？

生：非生命的物体会在时光中淡褪失色，但是像虫鸟树木这样的生命存在会传承和持续。

师：《我与地坛》是这样收尾的：一天，我也将沉静着走下山去，扶着我的拐杖。有一天，在某一处山洼里，势必会跑上来一个欢蹦的孩子，抱着他的玩具。

当然，那不是我。

但是，那不是我吗？

宇宙以其不息的欲望将一个歌舞炼为永恒。这欲望有怎样一个人间的姓名，大可忽略不计。

王安忆说这个结束“是称得上经典的描写，每一个字都找不到别的来替代，每一次读它都会有新的激动”。这个结尾让你们对刚才讨论的地坛中虫鸟树木这些生命存在的不变有了什么对应的新想法？

生：看来不仅是虫鸟树木，个体生命在某种意义上，也是一种永远传承和在场的不变。

师：人在命运面前的无力感，在这篇文章中逐渐被抵消。史铁生的形象，在前面呈现出的是凄凉焦虑，至此已经变得通达平和，他已经完成了这场生命领悟。

……

讨论开始，学生们对“我”和地坛的共性有了初步的理解：两者都有消沉、黯然的一面，也都有生命力的一面。地坛是“我”的个人投影，这也体现了在风物中感怀的文学传统。一定程度上，作为精神家园的地坛与史铁生同构，都从荣华走到“衰败”，但是仍有生机——迷惑于生存的小昆虫、在思索的蜜蜂、祈祷的瓢虫、竞相生长的草木、寂寞的蝉蜕、决然的露水，都是史铁生自己的投射。因为他自己的遭遇，他看到的是地面的坎坷、地坛落寞的时候、人短暂的一生、作为生命低谷的象征的秋天；但他同时也看到，坎坷被照亮、落寞的时候有雨燕高歌、作为生命力的象征的夏天。然后我继续往下深挖，让他们发现地坛阶段性的变更，它在四百年中衰败，四百年后“被不能理解它的人肆意雕琢”，但也有不变：虫鸟树木作为生命始终在场，这也直接导向了作者对人类生命的领悟。

史铁生在地坛冥想沉思了十五年，正是在这座园子里，他通过沉思和写作，走上一条自我救赎之路。地坛作为时间长河中的固定点、故事发生地的布景、内心世界的外在投射，是这一场生命领悟中必不可少的空间存在。

三、思辨读写

（一）梁文道在《一千零一夜》（北京篇）里导读了史铁生的《我与地坛》：

“同样身为小说名家的王安忆有过一个很漂亮的讲法。她认为史铁生的所有作品的一个特点是什么，那就是在于这个局限。即便是再小的一个园子，他天天来这里，十几、二十年间风雨无改天天来这儿，他的接触范围很有限吗？史铁生在这个园子里面见过的人虽然有限，但那些人的际遇组合起来，却几乎是人生所有际遇的一个缩影。就这么一座地坛公园，史铁生在里面能够领悟到我们很多人跑遍大半个地球都不一定能够领悟到的东西，那全拜一个写作的黑夜所赐。”

谈谈你对这段话的理解。

（二）在文学史上，和史铁生的地坛一样，不少作家有其独有的精神家园，如躬耕的那块田园之于陶渊明，作为书房的项脊轩之于归有光，城南的那条胡同之于林海音……他们在各自的精神家园里体验、成长和思考。

你还能想到别的作家和他的精神家园吗？这个精神家园是以什么形式出现在其写作中，又有什么意义？

四、教学资源链接

1. 陈思和，《中国当代文学史教程·我与地坛》，上海：复旦大学出版社2014。

2. 李遇春，《〈我与地坛〉：命运的凝望》，《语文教学与研究》2012年第7期。

3. 王安忆，《小说家的十三堂课·小说的情感》，上海：上海文艺出版社2005。

4. 李振声，《书架上的历史·我与地坛》，合肥：安徽人民出版社 2005。

5. 张新颖，《打开我们的文学理解·平常心与非常心——史铁生论》，济南：山东文艺出版社 2005。

叙述者与主人公

——《祝福》思辨阅读教学案例

株洲市教育科学研究院　汤飞平

一、核心问题：小说中的“我”有何价值?

关于《祝福》的文本解读和教学案例非常多。文本解读大多围绕小说的主题以及《祝福》中的人物形象展开。关于小说主题，中学语文课堂的主流观点是“揭露封建礼教吃人的本质”，揭示国人的“劣根性”或者说是“集体无意识”“启蒙的危机”等观点。对人物形象的分析，讨论最多的是“祥林嫂”和“我”，其次是“鲁四老爷”。

在大量的教学案例中，教学目标和教学重难点大多集中在以下几个方面：把握整体情节后，重点鉴赏人物形象，然后探讨祥林嫂的悲剧社会根源。或抓住《祝福》肖像描写的“画眼睛”的艺术，分析祥林嫂外貌的变化及其原因，挖掘祥林嫂的悲剧命运根源；或细读文本，引导学生在比较中求异，走进小说的塑造人物的艺术和主题意蕴。

随着近年来语文课堂的不断探索和教学改革的深入，我们已经可以看到高中语文教学中对《祝福》这一经典文本有了更新视角的解读。比如，已经有人结合叙事学理论，来分析《祝福》中的多个叙述视点和层次（龚金平的《鲁迅〈祝福〉新论》）；有人在课堂上只讲“我”这一个叙述者的作用，围绕此展开教学设计（彭芬的《〈祝福〉课例鉴赏》）；还有人开始质疑祥林嫂的悲惨际遇究竟是源于封建礼教还是个人悲惨命运（杨舒婷的《谁才是真正的罪魁祸首：封建礼教还是个人命运？》）等。一方面说明《祝福》作为经典文本，有着很大的解读空间；另一方面，也告诉我们，语文教学者不该囿于成见，而应该拓展自己的视野，尊重文本本身，在一个全新的起点对文本进行解读和追问。

小说写的是“祥林嫂”的故事，小说的创作目的是通过讲述祥林嫂的悲剧命运以及引起的周围的反应来揭露封建礼教的残酷、矛盾和荒谬，礼教（观念）吃人的罪恶以及民众的麻木冷漠似乎已成定论。可是，鲁迅为什么会把一个看似极其客观的反礼教小说，放在以“彷徨”为题的小说集里了呢？

如果解读的目光只对准“祥林嫂”一个人物，那么对文章的把握就缺失了一半甚至可能造成对整个小说的一个误读。詹丹教授曾说，对于《祝福》内容的把握，还要看到作为一个受过新思想启蒙的“我’，在遭遇祥林嫂这个受传统思想束缚的苦命妇女时，不知如何应对的一种复杂情感。”钱理群教授曾撰文引导读者关注《祝福》中“我”的故事与祥林嫂的故事，认为小说讲述的是“祥林嫂与鲁镇”“我与鲁镇”“我与祥林嫂”三者之间复杂关系的故事。而孙文辉老师则认为，祥林嫂的故事已经被“我”的故事所包围，祥林嫂故事固有的礼教批判指向在“我”的忧愤与彷徨情绪笼罩下变得不那么突出了。相反，“我”对自己的启蒙身份和启蒙自身的质疑成了小说批判的焦点（从叙事心理看《祝福》的批判指向）。这个批判指向的转移，充分显示了鲁迅小说叙述的复杂性和鲁迅思考的深刻性。

因此，引导学生在读懂“祥林嫂”的故事同时，充分认识到“我”的文本价值和意义，读出“我”的故事中寄寓的作者的深刻思考，才能帮助学生从小说中读出一个脱胎于传统文化承接于现代文明之间的彷徨者与反思者，深切地体会到一个作家强烈的责任感与民族忧患意识，才可以避免对这篇经典小说的浅读和误读。

二、教学设计

基于此，我的教学设想分为以下几个环节：

（一）课前预习：概述小说《祝福》的主要内容

（二）教学主环节

1. 讲述：祥林嫂的故事和祥林嫂。探究：祥林嫂故事背后的深层意蕴。

2. 讲述："我"和"我的故事"。探究："我"的文本意义和价值。

重点内容：

①"我"在祥林嫂的遭遇中扮演的角色

② 梳理概括"我"的故事（心路历程）

③ 探究"我"的形象及"我"的文本意义和价值

（三）教学拓展

梳理第一人称叙述者"我"在小说中常见的作用和意义。

三、教学扫描及反思

教学扫描一："我"和"我"的故事

课前预习要求学生阅读《祝福》全文两遍；概述小说的主要内容（200 字以内）。收到的反馈是：四分之三以上的学生在概述主要内容时是以祥林嫂为中心，且只提到了祥林嫂的遭遇或悲惨命运，对祥林嫂的遭遇和命运，学生的概述总体上比较全面和准确。提到了"我"的少数几位同学，也只是把"我"作为一个引出祥林嫂故事的线索人物。如：本文从"我"年底回乡遇见祥林嫂开始，"我"因认为自己对祥林嫂有关魂灵、地狱的问题的答案不妥而感到不安，第二天早上准备离开鲁镇时短工淡然地告诉我祥林嫂已经死了。紧接着开始回忆祥林嫂一生的悲惨遭遇，祥林嫂是一个穷苦的农家妇女……有个别同学认为小说用的是倒叙。如：作者开头倒叙交代已经遭受诸多磨难的祥林嫂问我鬼神之事以及她在祭祀前去世的结局，展开故事。可见，绝大部分同学忽略甚至遗漏了小说里还有一个重要人物"我"。

师：有同学认为小说用的是倒叙。你们觉得呢？

生：倒叙。

生：插叙。

师：如果是倒叙，是从叙述谁的故事角度而言的？

生：祥林嫂。

生：先写她的死亡，再写她的一生经历。

师：何以见得是插叙？

生：先讲的是我的经历，插叙祥林嫂的经历之后再回到我的经历。

生：开头和结尾是第一人称“我”的叙述。

师：祥林嫂的故事由“我”的见闻和回忆引出的，那在小说里，我是一个怎样的人？

生：有新思想的知识分子。

生：思想先进但懦弱渺小。

生：与鲁镇人不同的新青年。

师：“我”只是祥林嫂故事的讲述者吗？

生：也参与了。

师：“参与”是指？（“我”在祥林嫂的遭遇中扮演了什么样的角色？）

生：群众中的一员。

生：见证者和推动者。

生：促成她悲惨的结局。

生：回答有关地府的发问。

生：“我”的回答对她的死也负有一定责任，在无意间送了祥林嫂一程。

生：“我”是压倒骆驼身上的最后一根稻草。

生：在她陷入悲惨命运时，“我”是旁观者；在她来我这里寻求最后的希望时，“我”含糊其辞使她绝望了。

师：除了引出和某种意义上参与了祥林嫂的故事。小说还写了关于“我”的什么？

生：“我”回到鲁镇后的见闻和感受。

生：“我”面对祥林嫂的发问时的表现和心理。

生：还有“我”见过祥林嫂、听说她的死讯之后的心理。

师：小说的第一个部分，将近全篇的三分之一的篇幅都在写我的见闻、感受和心理。对吗？

生：是的。

由小说用的叙事手法是插叙还是倒叙的讨论，引导学生关注到《祝福》的叙述者“我”以及“我”与祥林嫂、与祥林嫂的遭遇的关联，让学生明确小说不只写了祥林嫂的故事，还写了“我”的故事，“我”的见闻和感受尤其是“我”的心路历程。

教学扫描二："我"的心路历程及其深层意蕴

师：有能概括"我"回到鲁镇之后心理感受的句子吗？

生：无论如何，我明天决计要走了。

师：这句话，出现过几次。请把它圈画出来。

生：两次。

师：联系文本，说说"我"为什么决计要走。

生：四叔的保守封建思想难于与我新思想碰撞、交流，"谈话总不投机，我一人剩在书房"，很无聊。

师：四叔的保守，何以见得？

生：大骂新党，而他指的新党还是"康有为"。可这个时候已经完成"五四"新文化运动了。康有为是维新运动的代表，早不是什么"新党"了。

师：很好。可见鲁四老爷或说鲁镇上的人对"五四新文化运动"是不了解的。还可以从哪里看出他的保守落后？

生：他的书房。对联脱落、字典也是清代的《康熙字典》还不完全。还有那些理学的书。

师：嗯。开篇便介绍了他是"讲理学的老监生"。他的书房给人一种什么气息？

生：没落、腐朽的气息。

生：衰败、守旧的气息。

师：除了鲁四老爷，还有什么是"我"决计要走的原因？

生：与祥林嫂的交谈让"我"总觉得不安，内心不适。

生：鲁镇虽是故乡却没有家了。

生：天气环境压抑，"灰白色的沉重的晚云"。

师：将到新年本该是欢乐、喜庆的呀？感觉到压抑、沉闷是为什么？

生：心情不好。

师：或者说，天气的压抑是我心情不舒畅不轻松的表现而不是原因。还有别的原因让我"决计要走"吗？

生：（沉默）

师：回到故乡，除了与鲁四老爷谈话总是不投机，"我"还感觉到或者说发现了什么？

生：都在准备“祝福”。

生：年年如此，家家如此。

师：这里读出鲁镇给“我”有什么感觉？

生：守旧，没有变化。

师：仔细读前两段文字，同学们不难发现，有一个意思反复在表达。发现了吗？

生：这里的一切没什么大改变，都是老样子。

师：这里的没什么变化让“我”？

生：失望。

生：格格不入。

生：压抑。

师：我们再来读一读，与祥林嫂的见面时，“我”是什么感受和心理？请同学们细读相关文段，圈画出表现“我”的心理情绪的词语或短语。

生：（默读、圈画）

生：“万料不到”“诧异”“很悚然”“背上也遭芒刺一般”“惶急得多了”“很吃惊”“胆怯”“踟蹰”“只得支梧”“吞吞吐吐”“匆匆的逃回”……

师：这些词，有的直接写“我”的心理，有的表现出“我”的心理。简单归纳起来，就是当时的“我”怎么样？

生：很吃惊、很紧张、很害怕。

师：“我”吃惊什么？

生：想不到祥林嫂会问“我”问题。

师：我原以为她要干什么？

生：讨钱。

师：看到她明明向我走来“我就站住，预备她来讨钱”。可见，对祥林嫂向我讨钱，我是不吃惊的、有准备的。她问我问题才让我吃惊。是吗？

生：是的。

师：那是什么让“我”紧张和害怕呢？

生：她问的是“一个人死了之后究竟有没有灵魂的？”这让我不知道怎么回答。

师：这个问题，如果你听身边的人问道，会不会“悚然”“惶急”？

生：不会。但也可能觉得有点奇怪。为什么突然问这样的问题。

师：在大家看来。这是不是一个问题或者说这个问题好不好回答？

生：我们是无神论者。

生：（笑）

师：所以，“我”的紧张和害怕是源于：面对沦为乞丐的祥林嫂，我该给她一个什么样的答案？我不知所措，我毫无准备。所以，最后只能说“我说不清”。

师：我们关联一下，在小说里，“我”代表的是？祥林嫂代表的是？

生：“我”是有新思想的知识分子。祥林嫂是底层劳动妇女。

师：“我”们的初衷和责任本是？

生：唤醒民众。

生：解放她们的思想。

生：解救他们。

师：可是，“这时我已知道自己也还是完全一个愚人，什么踌躕，什么计划，都挡不住三句问。”同学们注意到这句话吗？

生：嗯。

师：从这句话里你读出什么？

生：“我”对自己有怀疑。

生：“我”觉得自己很无力、无奈。

生：“我”在自我反省。

生：“我”对自己有些失望。

……

师：最后，“我”选择了“我也说不清”，选择了“匆匆的逃回”四叔家中。可逃回来之后呢？我又经历了怎么样的心理变化？

生：（默读、圈画）

生：心里觉得不安逸，有什么预感了？觉得如果因此发生别的事，我的答话委实要负若干的责任。但随后又自笑，觉得即使发生什么事与我也毫无干系。

生：“然而我的惊惶不过暂时的事”。“心地已经渐渐轻松，不过偶然之间，还似乎有些负疚。”

师：同学们读得很仔细。从找到的这些词句中，我们能读到逃回来之后的“我”内心一直在哪两者之间彷徨、徘徊？

生：不安和轻松之间。

生：负疚与轻松。

师：也可以说是在觉得与我有关和与我毫不相干之间徘徊。是吗？

生：是的。

师：所以，“我”决计要走，还有一个很重要的原因就是想逃离这种不安和负疚。能理解吗？

生：（点头）

师：同学们觉得“我”该不该对祥林嫂的死负责任？

生：不必。

生：有一点点关系。但祥林嫂的死是必然的。

师：小说中的其他人物对于祥林嫂的死有没有负疚和不安？

生：没有。

生：短工淡然地说，“还不是穷死的”。

生：四叔还骂她是个“谬种”。

师：一个不该负责的人或者说关系不大的人尚且还如此愧疚。能看出什么？

生：所有人都冷漠对待，只有“我”尚且抱有一丝怜悯。

生：更说明鲁镇人的冷漠。

生：“我”对底层人民的同情。

生：“我”有反省精神。

师：鲁迅先生经常把刀刃指向自己，敢于自我解剖。小说中的“我”也许就有先生自己的影子。

……

这一环节，主要引导学生关注到，小说一开始花了三分之一的篇幅来写“我”回到鲁镇后的见闻和感受，尤其是“我”面对祥林嫂的三个问题时的心理及之后的心路历程。让读者看到了经历了新文化运动但仍旧没什么变化的，守旧、落后的鲁镇以及对此感到失望、压抑、急于逃离的“我”，看到了一个有新思想的知识分子面对一个底层妇女提问时的无力、无措和惶急，看到了

"我"在自责自省和推脱、逃离之间的挣扎和摇摆。怎么读的问题，很多时候是"读什么"的问题。学生自读过程中，"我"是被忽略的，经过初步的追问和引导，他们对"我"与文本的意义仍旧停留在祥林嫂故事的"叙述者"的认知上。通过引导学生梳理有关"我"的情节，尤其是走进"我"的内心，他们对"我"，尤其是透过"我"对小说所蕴含的深刻意蕴有了不一样的理解和认识。遗憾的是，我们并未将小说最后一段"我在这繁响的拥抱中，也懒散而且舒适，从白天以至初夜的疑虑，全给祝福的空气一扫而空了"关联起来做进一步的探究。

教学扫描三：小说中的"我"有何价值？

生："我"是讲述人，小说围绕着"我"回乡、"我"的见闻展开。从头到尾都是"我"贯穿的。

生："我"推动故事发展，是线索人物。祥林嫂的故事是我的所见所闻，小说整个在我的思想之下。

生：难道"我"只是为了讲述祥林嫂的故事和加深祥林嫂的故事内涵而出现的？

师：这个问题提得好。如果只是表达祥林嫂的遭遇所指向的这些内容可不可以不用我的视角来讲述？

生：可以的。

师：可见，"我"的存在不只是作为叙述者。

师：作者在刻画"我"的时候主要通过什么描写？

生：心理描写。

师：关联上一个环节，小说主要表现了"我"怎么样的心理？

生：回到鲁镇的失望、压抑。

生：还有祥林嫂带来的不安和负疚感。

师：作者想让我们透过这些读到什么？

师：我补充一下，《祝福》写于 1924 年 2 月，收录在《彷徨》。

生："五四"新文化运动过去了，可是民众身上的旧观念还很根深蒂固。这是作者想表现的。

生：我觉得作者更想表达有新思想的知识分子对现实的失望和无奈、内心的迷茫、彷徨。

生：我也觉得是表现知识分子的彷徨。这篇小说收录在《彷徨》里，而且祥林嫂的悲剧就是让小说里的新青年“我”彷徨的重要原因。当然也有自责和自省。

……

四、思辨读写

1. 重读中学课本里学过的几篇小说，如《我的叔叔于勒》《最后一课》《孔乙己》《故乡》《桥边的老人》等。

① 小说从“我”的视角来叙述故事有什么好处？试着变换一个叙事角度讲故事，体会有什么不同。

② 想一想，小说写了“我”的什么故事？小说中的“我”是一个什么样的形象？“我”寄寓了怎样的意蕴和思考？

③ 小说里的叙述者和主人公有什么关联？你认为“主人公”是谁？为什么？选择其中一篇，写下你的观点和理由。

2. 鲁迅 34 篇小说中 13 篇涉及“我”的形象，阅读鲁迅其他有“我”的小说，试从“我”与鲁迅之关系的视角归类梳理。写一篇小论文，表达你对小说里的“我”和作者之间关系的理解和认识。

五、教学资源链接

1. 龚金平，鲁迅《祝福》新论——以叙述视点和叙述分层为切入角度，《语文学习》，2018 年第 2 期。

2. 王金钟 宫琳琳，《祝福》研究综述与教学建议，《中学语文教学》，2014 年第 1 期。

3. 孙文辉，从叙事心理看《祝福》的批判指向，《语文教学通讯》(高中)，2009 年第 2 期。

4. 钱华，《祝福》中“我”的形象与文本意义，《文学教育》，2008 年第 4 期。

5. 钱理群，《祝福》：“我”的故事与祥林嫂的故事，《语文学习》，1993 年第 7 期。

6. 孙绍振，礼教的三重矛盾和悲剧的四层深度，《解读语文》[M]，福州：福建人民出版社，2010。

7. 余党绪，《思辨性阅读，走向真知的必由之路》，《中国教育报》，2018 年 7 月 2 日。

别里科夫——乱糟糟的群体生活悲剧中错步上前的“小丑”

——《装在套子里的人》教学案例研究

湖北宜昌市葛洲坝中学　谭小红

一、核心问题：装在套子里的人是谁

《装在套子里的人》是俄国作家安东·巴甫洛维奇·契诃夫创作的短篇小说。契诃夫的小说紧凑精炼，言简意赅，给读者以独立思考的余地。他坚持现实主义传统，注重描写俄国人民的日常生活，塑造具有典型性格的小人物，借此真实反映出当时俄国社会的状况，被认为是19世纪末俄国现实主义文学的杰出代表。《装在套子里的人》在契诃夫的创作中占有重要的地位，在这篇作品中，契诃夫塑造了一个性格孤僻、胆小怕事、恐惧变革、想做一个纯粹的现行制度的“守法良民”别里科夫的人物形象。这个人物形象一经面世，就成为因循守旧、害怕新生事物的代名词。

20世纪50年代以来，《装在套子里的人》一直被选入多种版本的中学语文教材，而且也是许多高校中文系外国文学课重点讲授的作品之一，堪称中国语文教材中的经典文本。梳理关于这篇课文的教学案例和课堂实录，其教学目标和教学重难点大多集中在以下几个方面：

1. 作品主题。主要是通过别里科夫的人物形象分析和作者创作背景的角度，来推导出揭露沙皇专制统治外强中干的本质，或是体察到19世纪俄罗斯

大革命来临前知识分子的思想状况。

2. 人物形象。主要是通过分析主要人物别里科夫“有形的”套子和“无形的”套子，以及三个核心事件“漫画事件”“自行车事件”“谈话事件”来分析人物形象。

3. 艺术特色。主要是赏析契诃夫幽默与讽刺的艺术手法，以及通过日常生活和平凡人物来揭示重大社会问题的艺术构思。

4. 删节问题。主要是通过补充原著小说开头、中间和结尾的删节内容，在更广大的背景下更深入地探讨这篇小说的主旨和内涵。

小说作为一种文学表现的体裁样式，关注其中的人物、主题、特色是应当的，也是赏析一篇小说的应有之义。作为契诃夫的一篇经典小说，读懂小说的主题显然是重中之重。考虑到作品的时代背景，如果我们将主题归纳于“揭露沙皇专制统治外强中干的本质，或是体察到19世纪俄罗斯大革命来临前知识分子的思想状况”，对于今天的学生来说，显然是有隔膜的。而这样的理解显然也无法突显出经典小说穿越时空得以流传的经典意义。那么，契诃夫的这篇小说的经典意义在什么地方呢？那就应该是对人的关注。从契诃夫一系列的作品来看，无论是负有盛名的《万卡》《变色龙》《一个小公务员之死》，还是在《苦恼》中，作家的笔触总是把最深沉的感喟给了“小人物”，基于此，探究这篇课文的核心问题，显然应该是关注到我们的标题——装在套子里的人。人才是核心的因素。

那么，谁才是装在套子里的人呢？从课文的描写来看，这似乎是一个不需要动脑筋就能回答的问题。小说的前五段，作者用了极尽详细的笔墨描写了“别里科夫”这个套中人的形象。

“即使在顶晴朗的天气出门上街，也穿上套鞋，带着雨伞，而且一定穿着暖和的棉大衣。他的雨伞总是装在套子里，怀表也总是装在一个灰色的麂皮套子里，遇到他拿出小折刀来削铅笔，就连那小折刀也是装在一个小小的套子里的。他的脸也好像蒙着一个套子，因为他老是把脸藏在竖起的衣领里面。他戴黑眼镜，穿绒衣，用棉花堵上耳朵。他一坐上出租马车，总要叫马车夫支起车篷来。”

这是套中人无疑。可是，我们再读文本，就会发现被装在套子里的，不只是别里科夫，还有全城的人。

“可是这个老穿着雨鞋、拿着雨伞的小人物，却把整个中学辖制了足足十五年！可是光辖制中学算得了什么？全城都受着他辖制呢！我们这儿的太太们到礼拜六不办家庭戏剧晚会，因为怕他听见；教士们当着他的面不敢吃荤，也不敢打牌。在别里科夫这类人的影响下，全城的人战战兢兢地生活了十年到十五年，什么事都怕。他们不敢大声说话，不敢写信，不敢交朋友，不敢看书，不敢周济穷人，不敢教人念书写字……”

从小说的核心事件来看，别里科夫其实软弱得不堪一击，在科瓦连科的“使劲一推”和华连卡响亮而清脆的“哈哈哈”中结束了一切。“可是，一个礼拜还没有过完，生活又恢复了旧样子”，谁该为我们的生活负责呢？显然只有我们自己。就像鲁迅先生在《拿来主义》中说到的，“没有拿来的，人不能成为新人”，没有打碎套子的勇气，我们将都会成为套子里的人。

基于以上分析，我的教学设想分为以下几个环节：

（一）文章标题是“装在套子里的人”，从课文的描写来看，你认为谁是装在套子里的人？

（二）仅仅只有别里科夫是装在套子里的人吗？小说中还有没有写到其他被装进套子里的人呢？

（三）套中人已经死了，这些被装的人从套子里解脱出来了吗？什么时候这些人才能从套子里面解脱出来呢？

二、教学扫描及反思

（一）教学扫描一：文章标题是“装在套子里的人”，从课文的描写来看，你认为谁是装在套子里的人？

学生在通读全文的基础上，能够很迅速地抓住前五段对别里科夫的外貌描写，并且能顺利地梳理出别里科夫“有形的套子”和“无形的套子”，有形的套子是雨鞋、雨伞等，无形的套子是“歌颂过去”，是他教授的古代语言。再加上他的口头禅“可是千万别闹出什么乱子”，一个因循守旧、胆小怕事的人物形象就已经跃然纸上。在这里，我们要引领学生进行思维的质疑。余党绪老师在他的《思辨性阅读——走向真知的必由之路》一文中写道：思辨性阅读实在反复的质询、反驳与论证中达成的。那么，我们很容易在这时设计下面这个问题。

师：我们也会有人有着良好的收纳习惯，习惯将东西放在固定的包装之中，或者，我们也会在晴天记得“勤带雨伞”，可是我们为什么不会认为自己是因循守旧和胆小怕事呢？

生：可是别里科夫跟我们不一样，他有点过了。

师：怎么过了？

生：最晴朗（重音强调）的日子，也穿上雨鞋，带上雨伞。而且他戴眼镜就算了，还用“棉花堵住耳朵眼”。这些都让人觉得超过一般人的理解范围。

师：也就是说别里科夫穿戴这些东西的目的和一般人不一样，我们是为了……

生：我们是为了需要，他是为了躲避。

师：躲避什么呢？

生：书中写着“使他躲避现实生活”。

师：因此，在这个意义上，我们才能得出先前的结论，别里科夫是一个因循守旧、胆小怕事的人。我们的结论才有了实证的支撑，没有这个支撑，结论就很可能流于一个“概念”。

师：契诃夫自己说过，“描摹寻常的外貌恐怕多此一举”，这样的写法是不是违背了他的宗旨呢？

生：我觉得没有。因为作家说的是“寻常的外貌”，这里别里科夫的外貌不寻常。

师：不寻常在哪里？

生：就是刚才分析过的，他的穿着打扮的目的跟别人不一样。也就说，这些穿着对他来说具有超出外观的内涵，具有帮助他躲避现实生活的功能。

师：很好。我们再读一遍这个部分，体会一下，作者透过这种极尽详细的描写，还传达出一种什么感觉吗？

生齐读。

生：感觉他很认真地对待这些小物件。

师：他很认真地对待，可我们却感觉到，这一切都是……

生：没有必要的，是瞎折腾。

师：在这认真与无必要中，作者传达给我们一种什么感觉？

生：很好笑。

师：从修辞的角度来看，这就是反讽。这种反讽构成了一种趣味，不是一般的情趣，而是谐趣。小说幽默的地方就是从这些地方体现出来。

在这部分的分析中，我主要设计了两个主要问题。一般的教学设计在总结归纳别里科夫的人物形象后就停止了。但是，这是不够的。学生对小说人物形象的分析是很容易流入“概念”和表面化的，这是我们的学生始终不能真正提高文学作品鉴赏能力的原因。一看到《祝福》，就是“反封建”；一看到《林教头风雪山神庙》，就是“官逼民反”，没有对文本进行仔细地阅读分析，没有将文本经验与自身经验相结合，就不能算是真正的“读书”。因此，我的第一个问题在于架设文本经验与自身经验的桥梁，帮助学生更好地理解别里科夫的不同究竟在于什么地方，这个问题是通过反驳来达成的。第二个问题在于帮助学生理解小说的幽默，这是审美鉴赏的更高层次。考虑到我的整个设计是以主题探究为线索的，在这里略微提到艺术特色，提升学生的思维层次，这个问题是通过印证来达成的。

（二）教学扫描二：仅仅只有别里科夫是装在套子里的人吗？小说中还有没有写到其他被装进套子里的人呢？

完成了上面的学习，我们还只进行到课文的前五段。但别里科夫“装在套子里的”的形象已经非常明确了。接下来，我们要进行小说中心事件的学习。为了更好地帮助学生得出本文的主题，我们从“只有别里科夫是装在套子里的人吗”这个问题开始。老师指定阅读区间在前五段，学生很快就能找出，还有其他人是装在套子里的。那就是“全城的人”（具体内容见上文）。接下来，我要做的就是引领学生分析这种奇怪的魔力从何而来。

师：刚才大家发现，别里科夫不仅自己在套子里，而且把全城的人都装在了套子里。作者为了说明这一点，用了一个什么词？

生：辖制。

师：在课文的第四段，大家数一数，作者用了多少个“辖制”，有多少个“不敢”？

生：四个“辖制”，九个“不敢”。

师：在别里科夫的辖制下，人们甚至都不敢交朋友，不敢看书，不敢教人念书写字，文中的这些描写简直让我们觉得匪夷所思。别里科夫哪来的这么大的魔力？在文本中找一找。

生：他想开除学生，就“凭他那种唉声叹气，他那种垂头丧气，和他苍白的小脸上的眼镜”，就降服了我们。

师：如果是你，你会不会被这样一个人降服？

生：不会。

师：那为什么全城的人都会被他降服呢？我们来看一下小说的中心事件，别里科夫的恋爱事件。在这个事件中，别里科夫和科瓦连科有一场对话的较量。我们来分角色朗读一下。请同学们思考，你在这中间看到了别里科夫怎样的“魔力”？

生读。

生：别里科夫喜欢吓唬人。比如他说：“校长会听说你骑自行车的，这事还会传到督学的耳朵里。”这就是他暗示别人，你这样会被领导批评的。

师：是吓唬人吗？吓唬是假意渲染，别里科夫是这样吗？

生：不是，他是内心真的认为这样不好。你看他的语气就知道了，唉声叹气，“唉，这么马马虎虎”。

生：他还好像总是站在正义的一方，意思是我劝你的话都是为你好。文中说，“您是年轻人，您前途远大，您的举动得十分十分小心才行”。

生：还有，他还喜欢打小报告，他要把他们的谈话报告给校长。

师：从别里科夫和科瓦连科的谈话中，我们窥见了别里科夫“魔力”之一斑。他之所以能辖制全城的人，最重要的原因是他的身后站着整个的统治阶层，换言之，别里科夫是当时沙俄政府的代言人。

师：同样是装在套子里的人，别里科夫和全城的其他人有什么不同吗？

生：别里科夫是自愿装在套子里的，而全城的人是被他装进去的。

师：孙绍振先生说过，小说就在于把人物打出常规的轨道，从而看到人物日常所不能看到的东西。如果科瓦连科也是全城的人中的一员，这个小说就没有写作的必要了。别里科夫在两个外来人的“使劲一推”和响亮的“哈哈哈”声中结束了生命。我们不禁要问，原来这个让全城的人害怕了十到十五年的家伙居然这样脆弱且不堪一击，在全城的人中，就没有对这个人有过清醒认识的人吗？

生：小说第四段有写到，“我们这些教师都是有思想、很正派的人”。

师：有思想的人屈服于没有思想的人，因循守旧了，读到这里，如果前面对别里科夫的描写是幽默的话，那么这里就是辛辣的讽刺。

通过师生的共同研讨，借助对小说中心事件的品读和分析，从文本中找出别里科夫能够辖制全城的原因，这既是为了和前文形成印证，同时也是为了引出后面的问题。也就是这样一个在全城人眼中看来不得不屈服的人，其实也是虚弱的。这就为后面主题的开掘埋下了伏笔。

（三）教学扫描三：套中人已经死了，这些被装的人从套子里解脱出来了吗？什么时候这些人才能从套子里面解脱出来呢？

在这个部分，我引导学生将关注的目光从别里科夫转移到全城的其他人，包括故事的讲述者。分三层推进，第一层，别里科夫死了，全城的人从套子中解脱出来了吗？学生会从小说的结尾部分找到明确的答案，“可是一个礼拜没有过完，生活又恢复了旧样子”，其原因是“这种装在套子里的人，却还有许多，将来也不知道还有多少呢”。

师：如果全城的人想要过上自己想要的生活，按照这篇文章的逻辑，他们该怎么期盼什么事情发生呢？

生：期盼多一些科瓦连科和华连卡这样的人出现。

师：换言之，全城的人将自己生活希望的转折点寄托在别人身上，是因为别里科夫这样的人力量太强大吗？

生：不是。他们自己完全可以打碎这个套子，从套子里解放出来。

师：那他们为什么没有呢？

学生在这里出现了思维的阻滞，这时我们需要补充一点小说删节的内容给学生，帮助学生进入思维的第二个层次。补充部分为葬礼时的一段描写：“他躺在棺材里，神情温和、愉快，甚至高兴，仿佛暗自庆幸终于装进一个套子里，从此再也不必出来了似的。是啊，他的理想实现了！”而我们这些自诩为不同于“套中人”的“正常人”，因雨天的关系，“都穿着雨鞋，打着雨伞”。

师：从补充部分的内容来看，你觉得作者可能在暗示什么？

生：死亡对于别里科夫是一种解脱，别里科夫死了，可是我们成了新的“别里科夫”。

师：那么“我们”到底是不是别里科夫这样的人呢？从文本中找找看。

生：我觉得也是。文中写到他们不敢这样，不敢那样，其实也是害怕。

师：跟别里科夫比较起来呢？

生：别里科夫更突出一些。

师：是啊。全城的人其实都有套子，只不过他们的套子是普通形态的，而别里科夫的套子因为具有极端的形式而被赋予了夸张和幽默的效果。那么，回看我们前面讨论过的问题，全城的其他人是被别里科夫装进套子的吗？

生：不是。他们也是自愿待在套子里，不愿或者说不敢打破。

思辨性阅读强调的重点之一是“文本是基石”，要引导学生养成阅读的纯正趣味，就要从文本出发，从文本中发掘更为丰富的意义。在备课过程中，我发现有老师关注到小说开篇的第一句话：“我的同事希腊文教师别里科夫两个月前才在我们城里去世。”但对这个“才”字的品味有偏差，因此，我选择了这个点来作为学生思维的第三层推进。

师：我们刚才分析了全城的其他人，可是我们好像漏掉了小说中一个重要的人物，我们读一读开头的第一句。

生读。

生：故事的讲述者。

师：是的，故事的讲述者，别里科夫的同事，也是全城人中的一员。你们怎样理解这个“才”？

生：觉得别里科夫死得太晚了？

师：如果是这样，那只能说明别里科夫做人太失败，而他的同事也冷漠无情。我们把首尾放在一起读读看，有什么发现？

生：连起来的话，好像这个“才”说的不是别里科夫的死，而是对生活的失望。他们原以为别里科夫死了，生活就会好一点，可是别里科夫死了才两个月，生活就和以前一样了。

师：很好。如果我们把小说放在更广阔的背景上来看，我们是不是可以这样认为，全城的其他人都把别里科夫作为“生活中种种不幸”的根源，而实际上，别里科夫不是根源，他也是这“郁闷、无聊、乱糟糟”的生活的产物。契诃夫看似是在嘲讽别里科夫似的人和性格，实际上他真正否定的是“生活”本身。如果不从根本上改变生活本身，所有人都将别无出路，这是契诃夫对他的时代生活最重要的发现。而在这样一个群体生活悲剧之中，别里科夫只是错步上前的“小丑”。

三、思辨读写

（一）梁晓声在他的一篇文章中写道：《卖火柴的小女孩》是写给谁看的呢？是写给不必为了生存在新年之夜纷纷大雪之中缩于街角还以抖抖的声音叫卖火柴的小女孩看的。这些人家的小女孩晚上躺在柔软的床上或坐在温暖的火炉旁，听父母或女佣或家庭教师给她们读《卖火柴的小女孩》，她们的眼里流下泪来了，意味着人世间将有可能多一位具有同情心的善良的母亲。一代又一代，百年之后，一个国家于是有了文化的基因。

那么，你认为《装在套子里的人》是写给谁看的呢？它流传下的文化基因又是什么？

（二）课外阅读赵刚《穿制服的思想——被谎言和怯懦所扭曲的良知》，并思考下面这段话：

“争你自己的自由就是争国家的自由，争你自己的权利就是争国家的权利。因为自由平等的国家不是一群奴才建造得起来的！”（胡适）

结合课文，谈谈你对这段话的认识。

四、教学资源链接

1. 谢政满，《〈装在套子里的人〉研究综述和教学建议》，《中学语文教学》，2015.2，55—60。

2. 田云、郑晓龙，《阅读教学：遵路识斯真》，《中学语文教学》，2013.3，23—28。

3. 董婧，《言不尽，意不同》，《语文学习》，2018.9，42—45。

4. 孙绍振，《挣不脱精神“套子”的悲喜剧》，《语文建设》，2014.6，42—45。

探寻“变形”的秘密

——《变形记（节选）》教学案例研究

太原市第五中学校　刘俊岚

一、核心问题：如何解读现代派小说《变形记》中的“变形”?

《变形记》是奥地利作家卡夫卡的代表作，是中国人最为熟悉的现代派作品之一，曾多次入选高中语文教材。《变形记》原文3万多字，共三章，部编高中语文新教材的必修下册第六单元节选了小说的部分内容。

《高中语文课程标准（2017年）》中“外国作家作品研习”学习任务群的宗旨是：“引导学生研习外国文学名著名篇，了解若干国家和民族不同时期的社会文化面貌，感受人类精神世界的丰富，培养阅读外国经典作品的兴趣和开放的文化心态。”卡夫卡被认为是表现主义的先驱，其发表于1912年的《变形记》，也是学者专家研究最多的现代派作品之一。但在过去的实际语文教学中，基于高考较少涉及现代派外国作品，且这类作品本身较为晦涩等原因，中学阶段的现代派外国文学作品教学未能引起足够的重视。由此也造成了高中语文外国文学作品教学的课堂上出现了教学方式单一、以介绍作品情节或文学知识为主等现象。

通过考察一些《变形记（节选）》教学案例，发现《变形记》的传统教学中教学目标和重难点主要集中在以下几个方面：

1. 了解现代派文学的相关知识。

2. 赏析主人公格里高尔及其他主要人物的形象特点。

3. 借助社会背景来分析主人公格里高尔“变形”的原因，进而把握资本主义制度下人性的“异化”主题。

4. 品味小说的细节，体会小说荒诞虚构与细节真实的有机结合的艺术特征。

从以上案例要点可以看出，中学教学面对卡夫卡这样一个深度影响中国乃至世界的作家的作品时，仍有一些力不从心处：第一，忽略了小说“心灵主题”的探讨。习惯从社会背景来分析人物的命运（“变形”），将主题确定为“资本主义制度下生命异化”的唯一结论或主要结论。第二，忽视了小说的外国文学背景，如具体教学手段中多采用中外对比法，与《促织》“化为促织”、《梁祝》“化蝶”进行简单比附，得出“社会压力下生命异化”的共性结论。第三，对文本细读重视不够。多用传统现实主义小说的三要素教学法来赏析文本，侧重分析小说中符合常理与逻辑的地方（如格里高尔对工作“累人的差使”的抱怨或变形后的虫性特征等），使得学生对小说的“荒诞”特征的体会未能深入到文本自身及细部，而只停留在文学常识的概念识记层面。

事实上，《变形记》作为西方现代派文学的经典作品，它虽然有对传统小说的借鉴与化用，但是它的创作是有着19世纪末20世纪初西方现代派哲学思潮的深刻印记，所以它的主要价值在于对传统的“超越”，即小说的“现代性”特征：（一）表现现代人生存困境的主题。现代派文学主要“表现现代文明的危机、现代人的异化与世界的荒诞、现代人对困境的突围”等主题，它打破了传统作品“表现外部行为”（即社会现实）的限定，而重点表现“心灵世界”；在现代作家看来，心灵世界并非外部世界的翻版，“它是由它自己的规定、原则去推动、发展构造的，这个世界是由一个人创造的”。认识到这一点，我们才有可能把《变形记》从外部现实的纠葛中解脱出来，用心灵读出作者（或现代人）的灵魂的孤独迷茫与挣扎坚持。（二）运用打破传统的艺术手法。现代派文学的情节具有明显的虚构性与荒诞性特征，艺术手法上注重形式与技巧的创新。《变形记》中诸如“身躯又宽又重”“细腿的脚底有些粘性”等符合甲虫生存习性的细节真实，是一般的童话作品都能够轻易做到的手法，这类手法的探讨并不足以概括《变形记》的艺术水准。而把握到文本中“变形”的生命、“变形”的世界、“变形”的手法，才有可能接近《变形记》的艺术本质。

赵百怡在《将课堂教学推向深处——以〈变形记〉教学为例》中充分观

照《变形记》的现代特征，通过援引课外资源、联系现实生活等步骤，展开对文本深度有效的分析，值得我们思考、借鉴。《变形记》的核心问题应该是把它作为一篇现代派小说去解读“变形”的问题，为此，我主要设计了如下教学流程：

（一）课前预习

1. 阅读《变形记》全文，标注出费解之处。

2. 搜集《变形记》的研究成果，梳理主题类别，思考自己认同的观点。

（二）教学重难点

我主要围绕“变形”设计了几个层次感比较强的问题，引导学生逐步深入地体会：

1. 在小组合作探究、交流主题理解的基础上，探讨格里高尔为什么“变形”。

2. 作者为格里高尔设计的遭遇为什么是“变形”？

3. 将《变形记》与《促织》等作品比较，思考为什么变形为“甲虫”。

（三）教学拓展

相关作品拓展阅读，引发学生关于“变形”的系列思考，引导学生思考人生与生命的真谛。

二、教学扫描及反思

（一）教学扫描一：格里高尔为什么“变形”

首先请学生将搜集的主题展示出来：

- 深刻地表现了资本主义社会里“人的异化”。
- 格里高尔的变形，是对劳动异化的下意识的逃避和反抗。
- 《变形记》隐含着另一个同样具有现代性和哲理意味的主题：语言的焦虑。
- 整个作品的核心就是“父亲问题”，是“儿子对父亲的痛苦而古老的指控”。

……

中外文学界关于《变形记》的主题有过社会根源、犹太人命运、作者自叙传、生命本质等许多角度的探讨，中国学界对“人的异化”主题接受度最高；中学教学的目的未必是让学生为主题定论，也并非让各种关于时代背景、作家生平等背景性资料裹挟学生的判断，而是引导学生贴近文本进行有效思考，探寻尽可能接近作品本质的理解。小说关于“为何变形”只字未提，因此我们主要从文本（教材节选部分或《变形记》全文）出发来探究格里高尔变形的原因。

师：小说没有明确交代“变形”的原因，请大家从文章中可能表现原因的细节或情节入手，来分析格里高尔为什么“变形”?

生：我认为格里高尔的变形是他对自由的追求与实现。因为小说开头格里高尔发现自己变形之后，完全没有惊慌，并且冷静地“好好地想想下一步怎么做”。就好像我有时候学习很累时，会忍不住想“要是能变成个小虫子就好了”。

生：我同意“异化”的观点。当格里高尔变形之后，首先想到的是“我选了个多么累人的差使啊”。当他变形已成定局之后，家人对他的态度开始疏远。社会与家庭的巨大压力，使格里高尔变形成甲虫，并且在他失去劳动价值之后对他进行精神和肉体的双重毁灭。

生：我支持“父亲问题”的主题。卡夫卡生平资料显示，商人出身的父亲对待长子实行“专制有如暴君”的家长式管教，要求卡夫卡为了家庭利益涉足商业，这与小说中格里高尔承担整个家庭经济责任的情形是一样的。

生：变形是源于人与人之间无法心灵沟通的隔阂。格里高尔变形之后，父母、妹妹、秘书主任，每个人都要求和他对话，但是格里高尔“叽叽喳喳的尖叫声”却没一个人能够听懂，从此格里高尔失去了“语言”这一沟通工具，承受孤独直至被抛弃。

……

学生对“变形”原因的探讨，也涉及社会、家庭、生命、人性等多方面，大致分为外部环境（劳动异化、情感冷漠、语言隔阂等）对生命的挤压与主人公追求心灵自由两类主题。事实上，促成卡夫卡的特殊写作的，确实可能是作家敏感忧郁的个性、严厉父权的家庭出身、20 世纪急剧变动的欧美世界等多种原因的合力。正如这段话的表述：

> 卡夫卡一生大部分时间生活在奥匈帝国，但他显然不是奥地利人；他虽然用德语写作，但他不是德国作家；按说他应该属于资产阶级，但他对资产阶级生活方式和生活准则却嗤之以鼻；他虽然出身犹太民族，但他与犹太人的宗教和文化却有着深刻的隔膜……①

这或许是进入卡夫卡作品的入口。卡夫卡在日记中说：“我内心有个庞大的世界，不通过文学途径把它引发出来，我就要撕裂了！”这个“庞大的世界”可能包含了作家关于世界的全部体验与认知，“避免撕裂”的文学动机又说明在卡夫卡这里，对世界的体验与文学创作是一体两面的，正如格里高尔的“变形”，可能是主人公在外部世界的压力之下寻找精神出路的方式。这一环节的主题探讨，可暂不下定论，不强求学生达成共识，只要学生能够从文本出发并言之成理地来解读作品，就值得鼓励；注意呵护学生从文本出发的阅读敏感度，避免过分依赖背景资料或学者评论。

（二）教学扫描二：为何是“变形”

“变形”是西方文学中早已有之的文学手段，比如古希腊神话诸神的变形故事，且其中人（神）变形为物往往表达一种惩罚；但进入现实主义文学阶段，更多的文学作品是用“死亡”来标志生命所承受的压力。因此，我们对于1912年的小说中的“变形”就不能只追问原因，还需要探究其形式。

师：文学作品表现外部压力对人的影响可以有很多方式，为什么《变形记》没有采用发疯、受伤、死亡等方式，而偏偏是“变形”？（学生合作探究）

生：格里高尔变形为甲虫，但仍然具有人的思想，还能够用人的思想和情感去感受这个世界，他才看到了世界的冷漠与残酷，这是“变形”才能实现的表达目的。

生：变形成甲虫，失去了人类的沟通语言，小说借此暗喻了格里高尔孤独

① 曾艳兵，《看与挣扎：关于卡夫卡的另一种解读》，《中华读书报》，2012年7月11日，第11版。

迷茫的生命状态。而人受伤了还可拥有语言、表情等交流方式，不能够充分表达“孤独”的主题。

生：“变形”之后的“虫—人”形象，能够让格里高尔一方面体会到“非人”（不同于人）的感受，一方面可以冷眼观察人类的世界。这种双重感受是发疯或者自杀的方式所不能达成的效果。

师：“感受”这么重要？死亡不是比“感受”更具有控诉性吗？

生：《变形记》是表达西方现代人心灵困境的作品，“控诉”可能不是小说的主要指向。

生：死亡是一种结局，而变形仍是生命存在的方式，是一种生命的坚持，格里高尔通过变形之后的一段生活，体验到世情冷漠的同时也体验到了他曾经渴望过的自由。

师：“变形”这种方式，出现在小说中会不会显得情节太假？

生：变形是假的，但是小说对格里高尔变形之后的身体状态与内心感受的描写都是真实的，所以整体读来不觉得很假。

生：这个情节明显虚构，但文学就是“假作真时真亦假”，格里高尔的甲虫外形是假的，但他所代表的现代人“戴着面具”、身心分离的生命状态却是真正发生的“变形”。

……

这个问题十分重要，探讨至此，学生已经比较接近作品的核心。卡夫卡的文学世界是荒诞的、非理性的，他评价《变形记》时说“梦揭开了现实，而想象隐藏在现实后面”，格里高尔毫无征兆“变形”的荒诞情节，其实却是直接以“变形为甲虫”来表现现实中人的孤独与分裂。在格里高尔的“怎么挑上一个这么累人的差使”与父亲口中的“这孩子只知道操心公事”之间，在格里高尔“让这一切都见鬼去吧”与“我马上就会开始工作的”的想法之间，人与人、身体与心灵、语言与意义的扭曲、分裂，就已经发生了，只不过它的发生没有像“人变甲虫”那样容易被人察觉而已。卡夫卡认为人们总是对日常生活熟视无睹，而过去被标榜为“模仿”生活的传统小说，更是阻碍了人们对生活的本质体验，“在世界上没有任何东西要比那种对这个生活经历的描绘离这个生活经历更远的了”。因此，卡夫卡为了达到对生活存在的本质的体验与披露，“变形”就是他做出的审美选择。卡夫卡的作品往往被定义为“人类走投无路时所发出的绝望呼喊”，但是我们探讨发现，“变形”并不比“死亡”更绝望，甚至它还含有希望，虽然格里高尔最终死亡，但他变形的一段经历所代表的可能是人类回归本质的一种方式，他孤独，却也自由。作家残雪评论卡夫卡作品时说：“只有分裂的灵魂才是活的灵魂，可以发展的灵魂。”“当灵魂真正开始分裂的那一刻起，承担就落到了人身上。”在《变形记》中，格里高尔所代表的现代人就在这分裂中看到了世界的真相，更重要的是他在分裂与挣扎中所表现出的力量与执着！变形，成为生命存在的一种方式。

（三）教学扫描三：变形为何

中国读者解读《变形记》往往十分执着于“为何变形”，而对“变形为何”并不在意，甚至认为“主人公变成什么似乎并不重要，重要的是他‘为何’变形”。但是国外评论家却不约而同地对“甲虫”产生诸多探究。

师：格里高尔变形为“甲虫”，你认为“甲虫”形象重要吗？这一形象是否可以被其他物形所替代呢？

生：我认为“甲虫”形象不能被任意替代，因为它代表的是一种弱小、孤独的形象，如果它变为宠物猫或宠物狗，很可能会获得一家人的喜爱，而无法完成卡夫卡关于孤独、隔绝的表达。

生：我认为“甲虫”可以被其他物形所替代，无论变成什么形象，只要不再是人类（即便被人宠爱），它都失去了与他人、世界交流的根本方式。

师：同学们关于“变形为何”，意见不尽一致。那请将卡夫卡的《变形记》与清代蒲松龄的小说《促织》比较一下，你感觉到作家选择变形的形象是否重要？

生：我觉得作家选择形象是刻意为之。《促织》中成名变成促织，改善了一家人的处境，由悲剧转为喜剧；《变形记》中格里高尔变成甲虫，对家庭一无用处，反而成了家庭的拖累，连“房客都吓跑了”。所以《变形记》中，作者就是要选择一个丑陋、无用的甲虫形象来表达主题。

生：甲虫身体巨大，有硬壳包裹，但是其中的身体却又软弱不堪，这个形象是人外表坚强、内心脆弱的象征，是作者用心的选择。

生：我还是坚持“无论变形成什么都可以”的观点。即便是《促织》中的成名变成促织，给家庭带来好处，那也不能改变“变形”本身对生命的伤害。

诸如童话中的人长出“长鼻子”“驴耳朵”等，都是一种对人的惩罚。

……

学生的讨论虽有分歧，但是他们都在努力地用思考来支持观点，非常可贵。事实上，卡夫卡选择“甲虫”也绝非偶然，他曾对出版社说：“别画那个（甲虫），千万别画那个！我不是想限制他的权力范围，而仅仅是我对这个故事显然更深的理解提出请求的。这个甲虫本身是不可画的。即使作为远景也不行。”可见作家对这一形象极度关注，他不同意画“甲虫”并非这一形象不重要，而是这一形象太过重要，在文字想象向画笔描绘的转换中稍有不慎就可能破坏它。《变形记》中，“甲虫”个体庞大，有硬壳，又自带伤痕，软弱到一颗苹果会结束它的性命；就像是承担养家责任、“没有知心朋友”、极力压抑自由欲望服从家庭要求的旅行推销员格里高尔一样。卡夫卡面对强者（如父亲）少有反抗，“为了写作，需要孤独”，他孤独、软弱、无可沟通，独自抵御生活的压力，一如这只甲虫。因此，这样的“甲虫”形象不只是作者表达主题的载体，更可能是作家心中的一个重要“图象”。解读至此，我们才可能走进《变形记》的艺术世界，触摸卡夫卡的心灵世界，踏足现代文学的深邃世界。

三、思辨读写

（一）卡夫卡在《变形记》出版时，他曾建议可以在封面画一些“父母亲和办公室主任站在关闭着的前门，或是父母和妹妹站在开着灯的房间里，而那头通向隔壁房间的开着的门则完全笼罩在黑暗中”的场景。请在阅读《变形记》全文的基础上，探讨这一封面的内涵。

（二）阅读《古希腊神话》或蒲松龄《聊斋志异》中有关“变形”的作品，选择其中一篇与卡夫卡《变形记》进行比较，分析“变形”在两部作品中有何不同的意义。

（三）罗曼·罗兰《先驱者》：精神不是任何人的仆从，我们才是精神的仆从。

袁枚《恶老八首》：精神为主人，形骸为屋舍。主人渐贫穷，屋舍亦颓谢。

黑格尔《哲学史》：人既然是精神，那末，他就必须而且也应该自视为配得上最高尚的东西，切勿低估或小视他本身精神的伟大和力量。

以上名言都在强调精神之于人类，是比肉体更加重要的本质。但是《变形记》中，格里高尔·萨姆沙变形为甲虫之后，虽然仍然具备人的情感与思想，但是他却最终失去了家人的爱，失去了社会的接纳。请思考：我们究竟是通过精神还是形体来认识一个人？

四、教学资源链接

1. 刘洪涛，《西方现代派文学新编教程》，北京：高等教育出版社，2018 年版。

2. 赵百怡，《将课堂教学推向深处——以〈变形记〉教学为例》，《语文建设》，2017 年 1 月。

3. 残雪，《灵魂的城堡——理解卡夫卡》，北京：作家出版社，2019 年版。

4. 弗拉基米尔·纳博科夫，《弗朗茨·卡夫卡〈变形记〉》，《文学讲稿》，2019 年版。